来し方の記

ひとすじの道を歩んで五十年

遠山敦子

かまくら春秋社

2013 年元日の朝、山中湖畔（著者撮影）

幼少期〜大学時代　1938 〜 1962 年

小学校 6 年生の時、桑名市の弁論大会に出場。
優勝カップと（1950 年 8 月）

桑名時代、4 歳の頃（1942 年）

県立静岡高校時代、新聞部の仲間、顧問の吉川晴夫先生（右端）と。後列左端著者（1955 年）

大学合格記念の家族写真。右から父・小沢米太郎、兄・良輔、著者、母・ひさ（1958 年）

東京大学教養学部 LI8B クラス入学式（1958 年）

文部省入省～文化庁長官時代　1962 ～ 1996 年

総理府出向時、青年海外派遣に参加し南欧班副団長を務めた。写真はスイス・ベルン郊外の農家に分宿した際、スイスの青年たちと。右から 3 人目が著者（1972 年 9 月）

日本と中国の教育学術協力のための政府間会議に出席。中国の要人と北京にて（1980 年 9 月）

国際学術課長時代、イギリス訪問の最後、王立天文台長との会見後（1982 年 5 月）

中学校課長時代。就任後間もなく町田市立忠生中学校で校内暴力事件が起こり、緊急対策に追われる日々を過ごした（1983 年）

高等教育局企画課長時代、国会の委員会で答弁に立つ（1986 年）

文化庁次長時代、「日本芸術文化振興会法成立」時の仲間たちと（1990 年 3 月末）

トルコ大使時代　1996～1999年

天皇陛下からの信任状を奉呈するため、軍楽隊が「君が代」とトルコ国歌を演奏する中、大統領官邸に向かう（1996年9月2日）

土日基金文化センター開所式にて、右から寛仁親王殿下、トルコ共和国デミレル大統領、著者、豊田章一郎経団連会長（1998年5月5日）

土日基金文化センターを日本庭園側からのぞむ

教育改革実現のためにとの要請を受けて、文部科学大臣に就任。写真は小泉内閣第1次改造時（2002年9月）

国連子ども特別総会で演説（2002年5月11日）

予算委員会での答弁（2002年）

赤坂御用地内の高円宮邸を訪問。左から福田康夫元総理、森喜朗元総理、牧阿佐美新国立劇場舞踊芸術監督、高円宮妃殿下、著者（2008年）

トルコのカマン・カレホユック考古学博物館の玄関横にて。右から考古学者の大村幸弘氏、張富士夫トヨタ自動車会長、著者（2010年5月）

来日したオペラ歌手たちを自宅に招いて（2010年10月）

来し方の記

ひとすじの道を歩んで五十年

装丁／中村　聡

扉題字／荒船清彦

はじめに

久しぶりに、静岡の名勝、日本平に登った。視界の正面に富士山がくっきりと聳え立っていた。右手に低く愛鷹山、さらになだらかな伊豆半島の稜線を従え、山裾には、駿河湾がひろがる。その水面を富士に向って、右下から斜めに緑の半島が伸びている。三保の松原である。雄大なこの風景を見て、ああこれが、私の人生にとっての指針の一つであったと悟った。

中学一年生の秋、父の仕事の都合で、生まれ故郷の三重県桑名市をあとにして静岡市に移り住んだ。そこで初めて、見はるかす彼方に立つ秀麗な富士山に出会い、その崇高な姿に心が洗われた。それから六十年間、迷いつつ、ときに息切れもしつつ、さまざまな出来事や仕事、そして素晴らしい人々に出会うことができたが、その折々に、ひたすらあの富士山に恥じることのないようにと、ひとすじの道を歩むようにつとめてきたと思う。

これまで私が辿ってきた道は、平坦な道ばかりでなく、行政官として出発し、のちに外交官、閣僚などの重責を与えられたことを振り返ると、ずいぶん波乱の多い道を歩んできたと思う。困難に出会ってくじけそうになったこともしばしばであるが、多くの方々の助けをいただくことによって何とか切り抜けることができた。省みれば、常に自ら歩んだひとすじの道の彼方には富士山が目標として存在していたし、岐路に立って進むべき道を決める際には、根底に幼い頃の両親の教えと家族の支えがあった。加えて読書から得たこと、長じて出会った知人、上司、同僚たちからの貴重な助言と支援があった。この全てに、つくづく感謝の気持ちを深くしている。

今日までの生き方を可能にしてくれたもっとも大きな原動力は、おそらく子どもの頃から見聞きした両親の教えと生き方にあったように思う。父は一技術者として、誠実、勤勉を貫いた人であったが、さまざまな仕事を企画し実現することで生き様を見せてくれた。そして、家族と自然を愛し、折にふれ人生の歩み方を、じっくりとその背中で私に示してくれた。例えば、子どもの頃、松茸狩りに連れて行ってくれた時、何本か見つけて採ったあと、もっと採ろうとしたわが子に、一人で全部採るものではない、次に来る人のためにも残しておくものだよ、とたしなめてくれた。せっかく採りに来たのにと、私は至極残念であったが、ずっとあとになって、自分だけが満足しないで、他の人のことも考えなさいという意味だったと気付いた。

そんな父の生き方と教えを通じ、「己の欲せざるところを人に施すなかれ」と「義を見てせざるは勇なきなり」との二つの精神の基軸は、いつの頃からか、自分の中にしっかりと位置を得たように思う。

母は、戦時中父が戦地にあった時、一人で銃後を守り、私たち兄妹を懸命に育ててくれた。幼い子に食べさせるため、着物や帯を売っての筍生活を余儀なくされ、近郊の農家で慣れない仕事を手伝いもした。僅かに得た食料を自分は食べずに子どもたちに食べさせてくれた。そしてしつけは厳しかった。その母からはごく幼い頃から、「これからは女の子も仕事をもち、世の中のお役に立つ人間になるのですよ」と何度も言い聞かされた。父の帰国後は、母は安心して自らＰＴＡや婦人会で活躍し、社会公共と正義のために心を砕き、社会に貢献する生き方を見せてくれた。

私は、当時の多くの国民と同じように物資的には貧しいながら、いわば慈父賢母の翼のもとで、温かい家庭環境のうちに育てられたように思う。そのことが以後の私の人生で、志を高くもち、あまり迷うことなく前進する生き方となり、人を信じる術を身につけて歩むことができたように考える。とくに、父からの「人として為すべき時は勇気をもって為せ」との教えと、母からの「世のお役に立つように」との二つの教えは、私の生き方のバックボーンとなった。

静岡へ転居したあとの中学生、高校生の時代は、温暖で自然に恵まれた土地柄、穏やかな人々に囲まれた生活でもあり、充実した学校生活を送ることができた。その後、大学生活を始め就職後は東京を根拠とする日々が続くこととなった。

一九六二年（昭和三十七）、私は東京大学法学部を卒業して、文部省に入省した。その頃はまだ、女性にとっては就職のチャンスがきわめて限られていた。したがって国家公務員への道は数少ない選択肢の一つであった。霞が関のいくつかの省で数人の女性の上級職が採用され始めていたが、私は、当時の文部省に女性初の国家公務員上級職として採用された。

以来、一九九六年（平成八）一月に文化庁長官を最後に退官するまでの三十四年間、国家公務員として国の文部行政に従事することができた。その間、若い頃の総理府への出向をはさんで、ずっと霞が関の文部省内において、さまざまな局、課や文化庁での勤務を経験できた。初等中等教育、大学教育、学術研究、文化など広範にわたる仕事にかかわってきた。幸い、どのポストでも存分に仕事をさせてもらい、前例にとらわれない各種の施策の実現にもたずさわることができたのは幸運であった。

二十世紀も末、文化庁長官を辞する直前に、突然の指名をいただき、トルコ共和国駐在の日本国大使となるよう命ぜられた。それまで海外での駐在経験もなく、また、イスラーム圏の国家ということで、大いに驚いたが、半年間ほど猛勉強をして準備を整え、一九九六年夏に赴任した。このトルコでの外交官としての三年余は、全てが新しい経験であり、人生でも格別に思い出深く有意義な日々となった。

それまで無縁であったイスラーム世界に初めて住むこととなり、イスラーム圏で唯一政教分離に成功し、議会制民主主義、市場経済という国家運営を樹立した稀有な国家としてのトルコをつぶさに知ることができた。地政学的にみても、トルコはアジア、ヨーロッパ、中東地域の中央に存在し、それゆえに世界の動きを知るうえできわめて重要な国であること、いくつもの文明が盛衰した歴史を持つアナトリア半島にあって、文明の交差点ともいわれる国に暮らしたことなど、それまでの人生とは異なる、手応えのある経験となった。

赴任してから三年後、帰国予定直前の一九九九年（平成十一）夏、イスタンブールに近いマルマラ海沿いで大地震が起きた。深刻な事態がこの国を襲った。親日国トルコのことでもあり、しかも地震大国日本として、迅速に諸支援、諸協力にとりかかった。医師、地震学などの専門家の派遣はもとより、義捐金の供与、住む家を失った人々に阪神淡路大震災の際使ったプレハブを海上輸送し、仮住まいを提供する手配を整えるなど手を尽くした。ある程度の諸支援の目途がついたあと、私は帰国の途についた。

いわば激動の日々を終えて、しばし休息の時を過ごしたが、半年後には上野にある国立西洋美術館長に招かれた。これからは上野の森で、西洋美術という美の世界を知り、自らの美術館のみならず、美術館界の将来のために働くことができると喜んでいた。だが、わずか一年と二十六日ののち、再び予想もしなかった人生の転機を迎えた。

忘れもしない二十一世紀の初年、二〇〇一年（平成十三）四月二十六日、青天の霹靂というべきか、突然、小泉内閣の文部科学大臣に任命されることとなった。国家公務員時代とは格段に異なる重責のもと、しかも構造改革の嵐が吹き荒れる中で、政治の世界の複雑な力学の働く渦中に立った。その年の秋には、ニューヨークで世界を震撼させた九・一一の悲劇が起きるなど、当時、国内外に次々に困難な課題が生起した。かくて息つく暇もないような緊張感をもって二年五ヶ月を務めた。

その半年後、新国立劇場というオペラ、バレエなど現代舞台芸術のための唯一の国立劇場において、劇場を運営する財団の理事長となった。この劇場の建設には文化庁次長時代にかかわったこともあり馴染みがあった。二期六年間勤務し、二〇一一年（平成二十三）春、その職を辞した。これによって長い間、直接、間接に国の仕事とかかわってきた年月に終止符を打った。

目下は、民間の公益財団法人の仕事をさせていただくなど一民間人として、社会貢献的な諸事業を中心に過ごしている。

私の仕事史を振り返ると、いつも思いがけないことの連続であった。さまざまな課題に直面し、そのたびに戸惑いながらも挑戦を続け、何度も危ない橋を渡ったが、何とか乗り越えることができた。いわば、挑戦の日々であったともいえる。降って湧いたような突然の指名も多くあったが、たとえ困難であっても、それが必要であり意義があると判断すれば、逃げることなく正面から壁を突破し、微力ながらトライするようにつとめてきたと思う。

そして今、最初に職を得てからちょうど半世紀が経つことになった。

私の仕事の歩みを長らく傍らで見てくれてきた人々は、「これだけ官僚の枠を超えた仕事ばかりをしながら、よくぞ生き残ってきたものだ」といささか呆れ顔で言ってくれる。確かに、どちらかといえば前例主義が前提の官僚の世界において、前例にとらわれない仕事をいくつか重ね、われながらよく生き抜き、生き残り、今に至ったと思う一方、それはその時々に一緒に働いて下さった皆さんの助力があったからだと確信している。それにしても、いろいろな局面でともに働いた人々には、尋常でない苦労をおかけしたのでは、と今になって気付き、反省したりしている。とは言えその時点では、驀進せざるを得ない何かが私とその軍団に働いた結果でもあったのだが。

最近、何人かの知人から、一国家公務員の仕事の歴史としては、面白い展開があった、ついてはそのことの記録を残してはどうかとのお勧めをいただいた。私としては、むしろ静かに退場することの美学を貫きたいとの気持ちが強いのが本音である。他方、自分の仕事の歴史としては一つの区切りがついた今、ここで一度、歩んできた道を振り返っておくことも意味があり、さまざまな経験を積んで来た者としての責務の一つであるかも知れないと思うに至った。

目下、官僚批判の圧力が高く、現職の国家公務員には思い通りの力を発揮しがたい時代になった。しかし、官僚をひとくくりにするのは疑問である。官僚の中にも、志高くこの国のために尽くしたいという人士が決して少なくはないと証言したいし、そして公務員の皆さんには、どうかこの国と国民のために、困難でも為すべきことは為してもらいたいという気持ちもあって、一つの生きた証しを示したいとも考えた。

私が何とか今日まで来られたのは、仕事を通じ実に多くの素晴らしい人々に出会い、教えられ、ともに仕事を成し遂げることができたからであった。未熟な私を導き、ひっぱりあげ、激励し、後押し、あるいは叱咤しつつともに苦難を克服して下さった方々。その何人かはすでに天上の世界に旅立たれていてお話をうかがえないが、今もご活躍されている方々も多くおられる。ある時は上司であり、ある時は同僚や部下であり、そしてある時は外側にあってともに働き、強力な支援をして下さった方々の存在である。人との出会いが私のこれまでの仕事を支える力となってきたことを痛感する。

そこで、本書では全体を二部構成とし、第Ⅰ部は自分の生い立ちと仕事の歴史、各ポストでのエピソードを綴りながら、仕事の軌跡を辿る。第Ⅱ部では仕事と苦労をともにして下さった方たちに、当時のことを思い出して語ってもらい、同時にその方々の素晴らしい生き方と信条とを是非ともこの機会に紹介したい。それによって戦後日本の辿った道と並行して、小さい経験ではあるが、同時期に起きた仕事の実相を記録しておきたいと思う。参考として年表を付し、社会史、教育政策史、個人史をまとめておいたのも、その観点からである。

もちろん、応援していただいた方々という尺度でみれば、政界、財界、官界、学界、有識者、知人、友人をはじめ膨大な数の方々にお世話になってきたが、今回は現に一緒に仕事をした身近な方々という観点で十五名の皆様に絞ってご登場いただだいた。第Ⅱ部の成立にあたっては、全て編集部の手をわずらわせた。協力下さった方々は、いずれも超多忙なスケジュールの中で、気持ちよく貴重な時間を割いて、インタビューに応じてくださったと聞く。まことに有難いことであり、感謝の気持ちでいっぱいである。

本書によって、一人の愚直に生きてきた人間の歩みを通覧していただければ、これ以上の悦びはない。

来し方の記　目次

第六章　トルコ大使の日々

第Ⅱ部　仕事の周辺　出会った方々の回想　323

カバー画像・©MAKIKO IZUMIYAMA/orion/amanaimages

第Ⅰ部

仕事との出会い

第一章　幼い頃、学校時代から就職まで

第一節　桑名での幼い日々、小学校時代

ふるさと桑名

私の第一のふるさとは、三重県の桑名市である。伊勢湾の北端にあり、木曽川、長良川、揖斐川の三つの大河が流れ込む河口にあたり、水清く岸を洗うという表現が似合っていた。桑名は、古くから宿場町として栄え、歴史と文化に彩られた水辺の町である。室町時代にはすでに通商の町であったというが、江戸時代の初め、東海道の宿駅となってからは、陸路、海路の要衝の地になった。この海路の船着き場が「七里の渡し」で、尾張国側の熱田宿との間を船で人や物を輸送し、渡し口周辺は繁栄をほこっていたようである。木曽の用材、美濃の米などが運ばれてきて、そこから各地に送るという流通の拠点となり、豊かな城下町文化が形成されたようだ。歌川広重の版画「東海道五十三次」の「桑名宿」には大きな帆を持つ船と城の石垣が描かれている。かの松尾芭蕉も「明ぼのやしら魚しろきこと一寸」の名句を桑名の浜で残した。

「桑名の殿様」と親しまれた桑名藩は、松平定信公が率いた白河藩と縁が深く、松平家の治める藩であり、幕末には会津藩とともに時代を揺るがす鳥羽・伏見の戦い（戊辰戦争）で新政府軍と交戦した親藩であった。結果的に悲劇で終り、明治維新となったことは広く知られた通りである。佐幕派の藩

が辿った運命はいずこも厳しいもので桑名も例外ではなかった。そのうえ、終戦の直前に市内は大空襲を受けてほとんど焼失してしまった。

今はもう、かつての風情は辿りにくいが、近年処々に往時をしのぶ跡も整備されている。蛤の漁獲高も回復し、名物しぐれ蛤の伝統製法は今も残っており、蛤料理の味覚は忘れがたい。また、市の西方には住宅地が広がり、桑名は名古屋経済圏の一環ともなっている。

私が幼い頃、わが家は海からは少し遠く、一つ低い山を越えた先のお寺や桑の畑に囲まれたひっそりとした静かな所にあった。もの心がついた頃、父はジャワに赴き、母一人で私たち兄妹を守り育ててくれた。当時の国民の多くがそうであったように、空襲に怯えつつ、食料も乏しくいつもひもじい思いをしていたが、母の苦労を思えば決して空腹だと言ってはいけないと我慢して過ごしたものであった。

一九四五年（昭和二十）四月、私は国民学校に入り、その直後一年生の夏に終戦となった。終戦前のある日の下校時、低空飛行して来た航空機から機銃掃射の標的となり、すんでのところで命拾いしたこともあった。そして、あの八月十五日、天皇陛下の玉音放送を聞くため、近所の人たちがわが家へ集まった。ラジオ放送が終わると同時に、母は「ああ、これで戦争は終わったのです」、としっかりとした声で皆さんに告げた。その時に母と並んで仰いだ真っ青な真夏の空の色を、今も決して忘れることはできない。子ども心に、もうあの怖い空襲に逃げまどうことはない、父にも会えるだろうしという晴れやかな気分がじっくりと湧いて来るのを覚えた。しかし、近所の方々の「これからはどうなるのだろう」という戸惑いを見て、日本は戦争に負けて、何かしら恐ろしい変化が起きるかも知れない、と複雑な気配も感じとった。

父と母の翼のもとで

母は気丈で、武家の教えを身に付けた誇り高い人であった。戦争中は苦労をいとわずりりしく私を育ててくれたが、平時であればお茶をたしなみ、生田流の琴の名手でもあったようだ。筆もたち、PTAの会合や婦人会などでは雄弁であったと聞く。何より正義感が強く、学校や社会への献身をいとわず、最後までしっかりとした生き方を貫いた。

私たち兄妹がつまらないことで喧嘩をしようものなら、戦地のお父様に申し訳ない、と床の間の父の写真の前に座らされ、厳しく叱られたものだった。といっても日常はやさしく、私は学校から帰ればすぐに家を飛び出し、わが家の小高い庭の端に立って「夕ご飯ですよ、帰っていらっしゃい」と遠くから母が呼んでくれるまで、友達と石けり、鬼ごっこなどをして日暮れまで遊びまわった。母の大きな翼のかげで、ぬくぬくと安心して幼少時を過ごすことができた。編み物も得意な母は、学芸会や遠足などの催しがある時は、真っ白な毛糸で鹿の子編みの模様を入れたセーターを徹夜で編んでくれた。お正月には、母の読む百人一首を家族や近隣の人と楽しむのが常であった。

その母は、晩年、わが遠山家の子育てを担うため、一緒に暮らしてくれた。深夜まで続くことの多かった勤務環境においても、私が安心して仕事を続けられたのは、母と夫の献身的な子育て支援があったからである。娘がヴァイオリンを嗜むようになったのも、母が雨の日も風の日もお稽古に付き添ってくれたおかげであった。母はのちに、縁あってかつて東京大学総長であった矢内原忠雄先生の聖書講義の座に連なり、無教会派のキリスト教の教えを熱心に学んだ。先生亡き後は、その思想の後継者である陳《ちん》茂《も》棠《とう》先生の日曜講話に出席した。終生、清冽な人生であったと思う。

さて、小学二年生の秋、やっと父が復員してきた。どんなにうれしかったことか、その時の一家の喜びは格別であった。家族が揃い、長かった緊張と欠乏から少しずつ離陸していくことができた。父は、帰国して間もなく家族を奈良へ連れて行ってくれた。若草山で鹿と戯れたことが忘れられない。おそらくは戦地にあって、日本の原風景としての奈良への憧憬が強かったのであろう。

桑名時代の母・小沢ひさ

父はもの作りに長け、おもちゃのない私たちにすぐにコリントゲーム器（盤物ゲームの一種。今のスマートボールの原型ともいえる）を作ってくれた。夏には回り灯篭をこしらえて、四面に典雅な絵を描き、ほの白い蠟燭の明かりで照らし出される絵がゆっくりと回るのを、私たち家族は飽かず眺めたものである。

父・小沢米太郎と兄

桑名の夏の祭りは、真夜中に大音声で鉦と太鼓を打ち鳴らして始まる「石取祭《いしどりまつり》」が勇壮であった。各町内が競って提灯を飾った山車を作り、春日神社から出発して町屋川まで引きまわす豪快な祭りであった。浴衣に着替えて一家で繰り出して、堤防の上を山車のあとに続いて砂ぼこりにまみれながら歩いた。この祭りは、二〇〇七年（平成十九）国指定の重要無形民俗文化財となって、桑名の伝統文化を物語る催しになっている。

近くのお寺の夏祭の時には、父は白のかすりの浴衣を着て一緒に出かけながら、ふいと暗闇に消え、大騒ぎする私たち兄妹の前に突如現れたりして肝試しをする愉快さがあった。その父の手作りによる、製図板を使ったがっちりとした机と椅子は、長く私の勉強机となった。

父は若い時、苦学して土木と機械の知識・技術を身に付けた人で、国鉄に勤めていた頃は、製図の技術と信号交換機の知識にかけては名古屋管内でも一目置かれていたと聞く。復員後は、福島・米沢間の鉄道の電化工事にもたずさわった。雪国での工事の難しさは、最近、その地を冬に通った時に実感した。完成後、一九五一年（昭和二十六）には、父は静岡鉄道社長から招かれて急きょ静岡に移ることになった。それ以前に近くに家を新築して引越したのであったが、新居での快適な生活を楽しむいとまもあまりなく、名残を惜しみながら、一家で桑名をあとにした。その家は今はもうない。

招いてくれたのは静岡鉄道の川井健太郎社長（当時）で、戦時中、父がジャワで軍属として鉄道敷設の仕事にあたった時のジャワ東部の陸軍司政長官であった。戦地にあって新たな鉄道の敷設を担当していた父は、過酷な条件下辛酸をなめたにちがいないが、自ら語ることはなかった。しかしその仕事ぶりと人柄とで現地の人々に慕われ、敗戦後も現地に残ってくれと、ジャワの住民や現地の要人から強く引きとめる声が上がったそうである。戦友だった人から、のちに聞いた話である。

父は穏やかで静かな人であったが、仕事への姿勢は真摯で、次々に新しい企画を考案し、それを地道に実現していく底力を秘めた人であったようだ。例えば、静岡での日本平ロープウェイ建設にたずさわったことなどいくつかの足跡を残してくれた。

小学校時代と兄の庇護

さて、桑名で私の通った小学校は丘の上に建つ大成小学校であった。学校を目指して南北の麓から坂道があり、桜の並木が「文」の字型に交差して植えられていた。満開の桜の下、その坂道を母に手をひかれて上り、入学式に臨んだ。しかし、七月には桑名はＢ29編隊による大空襲に見舞われ、市街地はほとんど焼失した。学校も全焼した。その空襲では、わが家の離れの屋根にも焼夷弾が落ち、母と兄とが懸命に消火にあたるのを、水につかった防空壕の中から必死になって見上げていたことを思い出す。校舎がなくなったため戦後はしばらく青空教室であった。校庭が畑になり、芋畑の横で、ゴザを敷いて算数をならった。黒板もなく空で出される算数の問題を、答えた者から下校が許された。

それこそ何もない時代ではあったが、校長先生や担任の先生方に恵まれ、伸び伸びと小学校生活を過ごした。一、二年生の時をはじめ、主としてベテランの女性の先生方に教えられた。とくに印象深いのは五年生の時の担任で、学校を出たての増田正生先生の熱意あふれる指導を受けたことであった。ほどなく志摩に帰られた増田先生はいくつか学校長を務められたあと、今も地元で子どもたちのために子ども文庫をつくり、あるいはブックトークもして伊勢、志摩地区の小・中学校を訪問しては読書を広める運動をしておられる。終生、よき教育者であることに頭が下がる。最近いただいた増田先生からのお便りには、私は児童会の会長として遅くまで学校の仕事をして先生の手伝いをしたとのことであるが、あまり定かには覚えていない。

下校時、待ち伏せしたいじめっ子たちからいじめられそうになったこともあったが、私には守護神がいた。体が人一倍大きく、学業も運動能力も抜群であった兄は、その名が市内に轟いていたガキ大将であった。大勢の子分をつれて野山を駆け巡り、狭いながら天下を牛耳っていた正義の味方であった。その兄の存在によって、私はワルがきたちから守られ、何も怖れることのない日々を過ごせた。兄は、学校や市内の運動会ではアンカーを走り、いつもぐんぐんとごぼう抜きにしてトップに立つのを得意とした。三重県下の学校対抗リレーでも迅速な走りを見せてくれた。兄は以後もずっと妹の私を見守り、応援してくれた。高校時代、静岡に移ってから病を得たが、その後は壮健でかつてのスポーツマンらしく、自ら大型の自動二輪をさっそうと乗りこなし、折々に高雅超俗の師をたずねて、仏教の教えや真の生き方を探求する静かな日々を過ごしている。

校長先生は、水谷みよ子先生という戦後県下で初めての女校長であった。小柄ながらテニスで鍛えた芯の通った姿勢で、きりりと学校を率いた。焼け落ちた小学校を建て直し、見事な校長ぶりであった。

11歳のお正月に（1949年）

母は、学校のＰＴＡ副会長、婦人会の会長として、昼夜を分かたず校長先生を支え、難題がでても直接市長に働きかけるなど学校と地域のために献身的に働く姿を見せてくれた。

私は、そのような母や兄の存在があり、内気で甘えん坊の小学生であった。ただ、「必ず世の中のお役に立つのですよ」との母の言葉は幼い心にも届いており、ゆるがせに生きてはいけない、という決心はあったように思う。

六年生の夏には、学校を代表して市内の弁論大会に出場し、優勝して市長杯をもらったが、その時のテーマは「一日一善」であった。思えばどうやら今進めている、「こころを育む総合フォーラム」（パナソニック教育財団）の活動にもつながるものだったかと、密かに苦笑しながら懐かしく思い出している。

その年の冬には、三重県を代表して日本赤十字社の子ども赤十字の全国大会に出席することになり、生まれて初めて付き添いの先生と夜行列車に乗った。長い列車の旅ののち、東京に着いて会議に臨んだ。私には初めての東京であり、他県からの友人たちとも出会い、目を開かれた思いがした。その時御茶ノ水駅界隈で見たニコライ堂が、都会の建物として雨に煙って墨絵のようであったことが目に焼き付いている。

小学校時代の同級生には、ユニバーサルジョイントをはじめとする精密部品の製造で有名な光精工株式会社の西村憲一社長がいる。同社は国内のみならず海外にも工場を持つ。西村氏は桑名の商工会会頭も務めるなど活躍中であり、ときに交流を深めるのを楽しみにしている。

一九五一年（昭和二十六）春、大成小学校を卒業し成徳中学校に入学した。通学には徒歩では遠く、養老線の電車に一駅乗った先にある中学校であった。電車通学にも慣れた頃、二学期を前に、さきに述べた父の仕事の関係で静岡に引っ越すこととなった。

第二節　静岡での中学、高校時代

富士山との出会い

かくて静岡は、私の人生にとって大切な、第二のふるさととなった。振り返ると静岡への転居を機に、私の人生は大きく展開しはじめたように思う。

転校先の中学校は、市内で最大の生徒数をもつ市立城内中学校で、いわば雑草教育のような活力あふれる学校であった。現在の城内中学校は駿府城址の外堀側に移ったが、当時はお堀に囲まれた石垣の内側で、広大な敷地の中にあった。校舎は、戦時中は兵舎として使われていた古い頑丈な木造二階建てで、真ん中に長い廊下が通っていた。廊下は薄暗く、その左右に教室がずらりと並んでいた。生徒数は一八〇〇人近くの大規模校であったが、校庭は実に広く、全校生徒が集まる朝礼は壮観であった。

私にとって、静岡に移って最も大きなインパクトを受けたのは、富士山との出会いであった。桑名のわが家からは遠景に山はなく、ある日彼方の雲を見て、さては山かと心躍ったが、山ではなく翌日には消えてしまった。そのためか山へのあこがれを強くもっていた。静岡に来てみると、何と日本でもっとも美しい、神聖な富士山を日々仰ぎ見ることができるようになった。自宅の窓から、通学路から、学校の校庭から、常に見上げることができた。この富士山との出会いが、わが人生の転機ともなった。

中学生の時代に、富士に対峙して恥じることのない人生を歩みたいと密かに心に誓い、以後今日まで富士山へのあこがれを持ち続けている。

現在、富士山を世界文化遺産にするために、静岡、山梨両県の関係者と活動をしているのも、中学生時代以来、抱き続けている畏敬の念がベースにあると思っている。

転校生の学校生活

中学校では、転校生にもかかわらず、担任や同級生から全く区別なく受け入れてもらうことができた。それは桑名の成徳中学校の磯貝正校長から、転校先の小林薫校長に対して、懇篤な紹介状があったからだとあとで知らされた。まことに有難いことであった。

ただ、大規模校だけに一クラス六十二人もの生徒がいて、後ろの方の席からは先生の授業の声もあまり聞こえず、雨の日などは先生の板書もほとんど読めないような暗い教室だった。それでも生徒たちは元気そのもの、休み時間にはいち早く運動場に飛び出して遊びまわった。

二年生になると、全校生徒の投票で生徒会副会長に選ばれてしまった。三年生の三橋宏次会長とともに、生徒会を担うことになった。一九五二年(昭和二十七)、読売新聞社のヘリコプターが広い校庭に飛来し、生徒代表として三橋会長と私が乗せてもらうという幸運にも出合った。空中に舞い上がって、静岡の上空を大きく旋回し、龍爪山《りゅうそうざん》や駿河湾を望み、存分に広大な光景を楽しみ、一挙に視野が広がっ

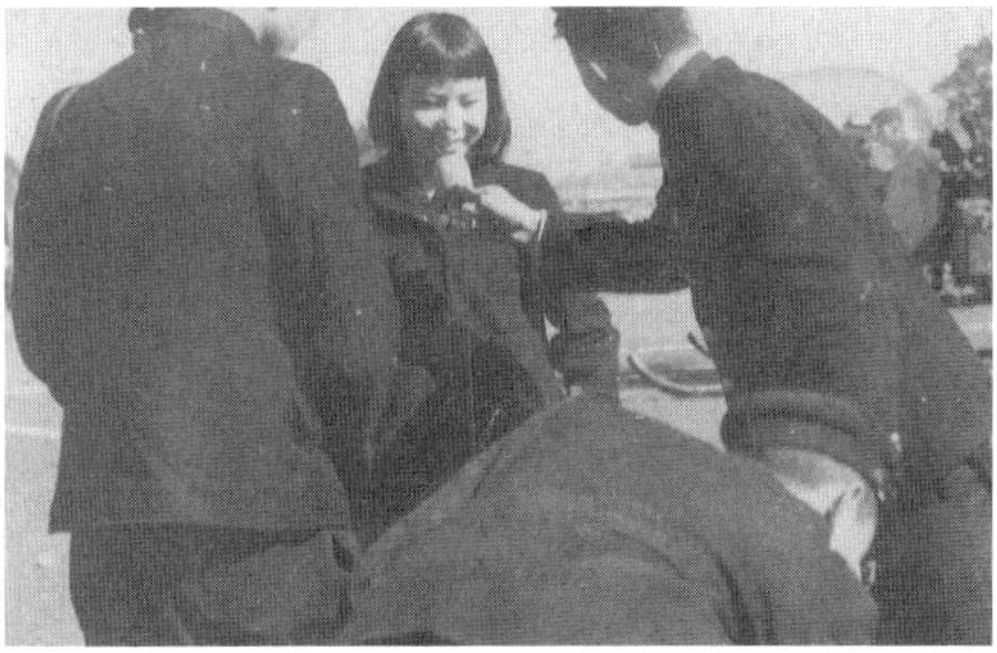

元兵舎だった城内中学校の校庭に飛来したヘリコプター（上）
搭乗後インタビューを受ける当時中学2年生の著者（1952年）

た思いがした。これは戦後の中学生にも夢を、という新聞社の企画であったようだ。

部活動は放送部を選んだ。十分な放送設備もない頃から部員皆で校内放送の準備にあたり、番組を企画し、毎日校内放送にあたった。指導者は若く有能な音楽担当の間宮昭先生だった。上級生の中には、先生とともに放送機器やレコードに滅法詳しい人たちがいて、放送室は活気に満ちていた。複雑な配線をまたいだ先のアナウンサー室で、ガラス越しにディレクターの指示を受けて私も放送にあたった。

ある日、当時入手困難だったべ

中学卒業時。放送部員、顧問の間宮昭先生と（1954年）

ロシティ・マイクが間宮先生のご努力でどこからか登場し、その黒く品格のある大きなマイクロフォンの存在によって放送室の様子は一変し、本格的な放送局の雰囲気が漂うようになった。今も当時の仲間で、間宮先生を囲み、「まみえーる会」を開いている。先生はさすがに音楽の専門家らしく、近年安倍川上流沿いの別邸に完璧に整った音響室を作られ、見事なジャズピアノを演奏され、我々にも聴かせて下さることがある。放送部の仲間たちはそれぞれ個性あふれる有能な人物で、今も交流を欠かさない。その中には、のちの人生で困難に出合った時、何かと助言をくださる先輩もいる。

　中学校での先生たちは、教育への限りない情熱をもって、どの担任も、どの教科の先生もその知識といい、教え方といい、個性的で活力に満ちておられた。あの大規模校で、悪戯ざかりの大勢の生徒を相手に、よくぞ存分に指導して下さったものだ。生徒たちも親たちも、先生を尊敬し、完全に信頼していたと思う。一年生の時の担任であった国語の中村昇一先生、三年生の理科の八木房二先生、それに英語の石川一英先生には、とくにお世話になった。ことに二年生の担任で理科の篠崎清先生は、その頃いくつかの新しい機会に恵まれた私を温かく見守り、指導して下さった恩師である。同級生の中には、その後高校、大学の同窓となり、のちに米国で学び広島大学の教授や日本薬学会会長を務めた、国際的にも著名な薬学（錯体化学）の研究者である木村栄一博士など優秀な人材がいた。

読書と音楽

中学時代の思い出はさまざまにあるが、よく学びよく遊んだ日々であった。学ぶといっても、教科書は学期のはじめに配布されたら、ほとんどその日のうちに読んでしまい、あとは学校の授業を聞くだけである。それより、勝手に古今東西の名著とされる本を国別、年代別に大きな模造紙に書き出して机の前に張り、つぎつぎに読破するのを目標とした。ホメーロスの『イリアス』『オデュッセイア』やソクラテス、プラトン、アリストテレスに始まり、アウグスチヌス、ダンテ、パスカル、ゲーテはもとより、フランス、ドイツ、ロシア、アメリカ、中国、日本の六ヶ国に分けて、名作の数々を整理して紙一杯にならべた。そして順次、岩波文庫の青帯、赤帯などを求めては読んだ。『神曲』『パンセ』『ファウスト』など、理解できたとは言い切れないが、読み終わるとその本の著者と題名の下に赤い線を引いて達成感を味わった。例えば、カントの『実践理性批判』をひもとき、「天に輝く星、心の内なる道徳律」という言葉に出会って永く心に残るなど、多くを学んだ時期であった。夏休みになると、トルストイの『戦争と平和』やドストエフスキーの『カラマーゾフの兄弟』など毎年長編小説を読み終わるのを常とした。

中学2年生の頃

この時書き出した本の数々は、中学生時代だけでは読み切れず、高校、大学を通じて手に取ることになった。

この頃、ご近所から頼まれて一学年下の三人の男子生徒に数学を教えた。私が高校一年の終りにその子たちが揃って市内の別の高校へ入ってくれ、ほっとしたのだった。ささやかなアルバイト料は本代に消えた。

もう一つ大切な思い出は、一九五四年（昭和二十九）だったか、市の公会堂で音楽会が開かれ、来日した若き日のアイザック・スターンが演奏する、メンデルスゾーンのヴァイオリン協奏曲を聴く機会があったことだ。生まれて初めて出会った、かくも美しい調べと名演奏にすっかり心を奪われた。早速ハイフェッツの演奏によるSPレコードを求めて聴き入った。その演奏会は、以後の私の人生でクラシック音楽やオペラ鑑賞へ惹かれていく素地ができた瞬間となった。

静岡高校時代

高校は一番近く、兄も進学していた県立静岡高校に入学した。同校は伝統的に県下一の進学校といわれていたが、入学後初めて、約三八〇人の一年生のうち女子は僅かに十二人という、いわば男子校に紛れ込んだことを自覚させられた。

静岡高校は、校訓が「印高《こうこう》」である。高きを仰ぐ。校歌も「岳南健児一千の理想は高し富士の山」とあり、「清きはわれらの心なり」と結ぶ。私が富士山を理想とした生き方を選んだその思いが、まさに高校の目指すところでもあった。

静岡高校は、歴史も古くいわゆる文武両道でならした学校である。ことに野球部が強く、旧制中学校時代に甲子園で優勝したこともある。私の在学中には、二回も甲子園に出場できたが、優勝には至らなかった。最近では二〇〇三年（平成十五）春の大会（その時は文部科学大臣として開会式で挨拶をし、始球式に臨んだ）、そして二〇一一年（平成二十三）の夏の大会には予選を勝ち抜いて甲子園に出場したが、勝利には遠かった。だが、野球に特化して生徒を採り、特別訓練するような高校もみられる中で、よくぞ頑張ってくれていると私はいつも母校の野球部を応援している。

高校時代の私は、男子校の雰囲気の中でやや戸惑いながらも、部活動では新聞部に入り、印高新聞の編集にたずさわった。国語の吉川晴夫先生が指導者で、同先生はのちに校長になられ、さらに県の教育長にもなられた、温厚で実力のある素晴らしい先生であった。私の一年生の担任であったし、以後も何かと目をかけていただいた。一年生の冬、クラスの女子の友人や上級生と、早朝に静岡駅に集まり、準急東海号で四時間近くかけて、上野の国立博物館で開催されていたモナ・リザ展に出向いた。西洋絵画との最初の出会いであった。のちに西洋絵画にかかわる仕事についたことと不思議につながっている。

高校3年の運動会で（1956年）

進学校ではあったが、学校として特別なことはなく、私ものんびりと各教科をこなしていった。どちらかといえば、受験のための勉強を避けて、生意気にもまっとうな勉強をしたいほうであった。例えば、英語は原書でヘミングウェイを読み、数学は解析精義を自己流で学んでいた。二年生の頃、尊敬する一年先輩から、国語なら古文をそのまま読めといわれ、明治書院の『源氏物語』を貸してもらった。ずしりと重い上下二冊の書籍であった。借りた以上は読まなくては、と家で読み始めたが、各ページにはほとんど解説や注釈がなく、ひたすら美しいかな文字が詰まった書籍であった。はじめは全く分からなかったが、読み進むうちに次第に大意がつかめるようになり、五十四帖を読み終わる頃には、どんな古文も読むことができるようになったように思う。古語になじんだゆえに、今も現代語訳の『源氏物語』を手に取ることはない。

これも二年生の時、校内弁論大会に出場するよう担任から促された。聴衆は在校生のため、ほとんど男子である。一体どうしたものかとテーマに困ったが、ちょうど翌年初に南極観測隊が出発を控えていて、国民的関心事となっていた。そこで、「南極観測隊の壮途に思う」と題して話した。艱難に挑み、人類未踏の地に踏み出そうとする隊員の勇気に魅せられ、人生はかく歩みたいものという趣旨だったか。市の公会堂を埋めた先輩同輩後輩の前で、清水の舞台から飛び降りる思いで話したところ、思いがけず優勝することができた。のちに文部省で南極観測事業を担当する国際学術課長になろうとは、われながら全く予期しないことであった。

省みると、いつも外から機会を与えられ、本音は逃げ出したい心境ながら何とか挑戦してみるという構図であった。しかし、逃げないでチャレンジすることによって、必ず将来何らかの役に立つものだということをのちに実感している。

中学、高校時代には、静岡という温暖で風光明媚な土地柄を利用して、休日には家族でよく野外に出た。お弁当をもって郊外の丘や山に登っては、松葉を拾い集めて、持参した小さな七輪と鉄瓶で湯をわかし、父母と野点をして楽しんだ。茶畑の中で、遥か彼方の富士と、沖を通る船を眺めながら過ごした日々が懐かしい。

日本平ロープウェイ

今や静岡には友人知人のほかはもう寄る辺はないのだが、父が残した仕事の一つが今も残っており、静岡とのつながりを覚える縁《よすが》となっている。それは日本平ロープウェイである。

静岡へ招いて下さった川井健太郎氏は鉄道省から、請われて静岡鉄道社長となり、その優れた指導

現在の日本平ロープウェイ（2012年12月撮影）

力によって、運輸業や観光業などを通じ、戦後の静岡を大きく発展させる功績のあった方である。日本平ロープウェイ建設も構想され、父はその難題に取り組んだ。当時国内には、山の頂上と麓を結ぶケーブルカーはあったが、山頂と遥かに渓谷を挟んで別の山の中腹を結ぶロープウェイはほかに例がなく、前例のない難工事であったようだ。父は峻険な山あいの谷を何日もかけて自ら踏査して設計し、新たな工法での施工を企画したという。日本平の頂上駅と久能山駅を結ぶロープウェイからは、そそり立つ屏風谷と四季折々に美しい樹々の風情が眼下に広がる。彼方には駿河湾や静岡の市街地も眺望する景観を楽しめるが、一番深い谷底からゴンドラまでの高さは九十二メートルもあるという。

　しかし問題は、技術的な面もさることながら、久能山の中腹に駅を作ることが許されるかどうかが焦点であった。徳川家康公を祀る神聖な久能山東照宮には、麓から千段余の石段を上らねば到達できなかった。その石段の途中に駅を作ることが果たして認められるか、その鍵は、かの格式高い久能山社務所の宮司や徳川宗家、信徒や地元の村民の承諾が得られるかどうかにあった。当初は全く不可能と言われたらしい。父には、天下の名跡で景勝地である久能山東照宮と、新日本三景の一つ日本平とを結び付けたいとのロマンがあったのでは、と思われる。父は宝生流の能にもなじんでおり、「羽衣」の霓裳《げいしょう》羽衣《うい》の曲を私も覚えるほどよく吟じていたからである。

その後粘り強く説得を重ねた父の真摯な姿勢と誠意に対し、ついに宮司をはじめ徳川宗家からも了承をいただいて実現に漕ぎつけたという。このエピソードは、ずっとのちに私が文化庁次長になった頃だったか、全国の神社本庁のトップとなっておられた久能山東照宮の松浦宮司からうかがって初めて知った。ロープウェイの完成は一九五七年（昭和三十二）であった。最近も川井健太郎氏のご子息の川井祐一元静岡鉄道社長にお目にかかり、技術者としての真摯な姿勢、粘り強さを見てきたとの話をうかがうことができて、じんとする思いであった。また、落合偉洲現宮司から、このロープウェイがあったからこそ、久能山は現在のように大勢の人々が訪れて賑わうようになったし、

久能山の階段で大学１年生の頃

二〇一〇年（平成二十二）には、あの美麗な久能山東照宮の社殿が、国宝に指定されたと聞いた。ロープウェイも建設後ずい分年数が経ってしまった。今後、富士山の世界遺産化を機に、景勝の地日本平周辺全体を本格的に整備しようとの動きがみられることは楽しみである。

その後、静岡県道路公社へ転勤した父は、そこでも伊豆スカイラインのロケーションにあたり、現地を踏査して道なき道をかき分け、現在のゆるいカーブをもつあのクロソイド式道路を初めて採用して設計したという。私はその頃すでに東京に出ており、具体的な仕事の日常は知る由もなかったが、新道路の交通量予測に関する理論的実証的論文が評価されたらしく、運輸大臣からの賞状が残っている。のちに、富士山スカイラインにもかかわったと聞く。

父は終生、世間的な栄達とは無縁で、市井の人として仕事を愛し、家族と自然を愛したすがすがしい人生を送った人であった。さまざまな難題に立ち向かい、工夫を重ねて挑戦する資質は、私もあるいは父から少しは引き継いだかもしれないが、到底及ぶものではないと、省みている。

進学

さて、どの大学に進学するかを考える時期になっても、「どうすれば世のお役に立てるか」との年来の疑問もあり決めかねていた。医師か、技術者か、公務員か。そのうちに、三年生の担任であった杉山先生から、君は東大を受けるしかないだろう、との一言があり受験校は決まった。では、できる

高校時代、兄と

だけ応用範囲の広い学部をと考え、東京大学の文科一類を受けることとした。法学部か経済学部に進学できるコースである。校内試験や県内の共通試験での成績などから、あまり緊張せずに受験したが、実際の入学試験は全国からの俊秀が集まっての熾烈な競争があり、ことはそう甘いものではなかった。

一校しか受験しなかったがゆえに、当然ながらもう一年待つことになった。落ち込む暇もなく、かつて見たニコライ堂の近くの駿台予備校に通うことになった。大学生の兄と下宿してその世話になりながら、今度は楽しみながらも真面目に受験勉強をして翌年入学した。この一年間の経験は、驕りをなくし、耐えることや謙虚さを学ぶよい機会になったように思う。加えて予備校でも多くのよき友人たちと出会うことができ、人生のまたとない恵みを受けた一年となったと思っている。

第三節　大学時代から、就職まで

大学入学時の驚き

一九五八年（昭和三十三）の春、駒場で合格発表の掲示板を見ていると、文科一類には、氏名の最後に子の文字のある合格者が自分以外に見当たらなかった。そんなはずはない、とさらに探したがほかになかった。そこで、最後に美や江などの付く氏名を探しあて、やっと七人ほどは女性が入ったものと安心していた。だが、入学してみたらその年の文科一類入学者八百人のうち、女性は一人であった。前後の学年は数人ずつではあったが女子学生がいたようである。その年は例外的に一人となった。文科二類には、女性たちも多く入学していた。

大学入試直後（1958年）

ある程度、静岡高校で男子校的雰囲気には慣れていたが、当時の東京大学の雰囲気は、ひたすら男子向けの仕組みであったし、学年で一人とはなんとも住みにくい大学生活となった。田舎育ちの私には、器用に多くの男子学生と付き合い、あるいは男子学生を大勢引き連れて歩くような、大学生活をエンジョイするだけの勇気と才気は全く不足していた。

教養学部では第二外国語の種類に応じてクラス分けがあり、私はドイツ語のクラスであった。五十人ほどの同級生は多士済々で、よくコンパなどを開いていたし、今も時折、集まる機会がある。卒業後は官界へ進んだ人も多く、企業に勤めた人、弁護士になった人をはじめ、のちに国会議員となった同級生もいる。皆それぞれに所を得て活躍してきた友人たちである。

白金寮の仲間たち

東京大学での四年間、私は幸いにも、芝白金にある東大の女子寮に入ることができ、大学生活に自然さを取り戻すことができた。くぬぎ林に囲まれた静かな小さい寮は地方出身の女子学生用であった。ここでも、よき友人たちに数多く出会うことができた。寮での友人から三人と、もう一人大事な友人を紹介しておきたい。

寮で同室だった尾原(当時は石川)蓉子さんは、教養学部のアメリカ科に進学し、その後、まだ女性に門戸を開く企業がほとんど無い頃、旭化成に入社した。抜群の英語力をもち、常に問題の核心をつかみ、的確に意見を表明できる人である。フルブライト奨学生としてアメリカのファッション工科大学(通称FIT)に留学した時、ファッションビジネスという分野に出会い、その名の本をいち早

東大の女子寮、白金寮で友人たちと。2列目右端が著者

く日本で翻訳・出版した。日本にその分野を紹介した第一人者である。その後も仕事や子育てのうえでさまざまな苦労を重ねながら、国内初のファッションビジネスの学校をつくり、有為な人材を多数送り出し見事に初志を貫徹された。

一学年下だった中山（当時は山下）恭子さんは、そのゆったりと柔らかな話しぶりや美しい笑顔は、今も変わることがない。その人が大蔵省に入り、のちに駐ウズベキスタン大使にもなって功績を積んだうえ、小泉内閣時代には内閣参与として北朝鮮の拉致問題にかかわり、拉致被害者の一部を帰国させたことは、記憶に新しい。そして今はご夫君成彬氏とともに、政治の世界で活躍中である。最近は「日本文化による国際貢献を考える研究会」を立ち上げ、企業人をはじめ人々の啓発と文化立国への強い想いをもち続ける人である。やさしさと芯の強さをあわせもった、稀有な魅力をもつ友人であり、さらなる活躍を期待したい。

もう一人の一学年下の畏友というべきは東南アジア史の歴史学者の池端雪浦《せっぽ》さんで、学生時代から常に机に向かって勉学に励んでいた人であった。その後も学問の道を究め、フィリピンの歴史の専門家としてつとに名高く、東京外国語大学の教授としてアジア・アフリカ言語文化研究所に勤務し、所長も務めた。私の大臣時代には、東京外国語大学長となり、国立大学法人化という世紀の大改革に真正面から取り組んで、難しい時代を立派に切り抜けてくれた。鋭い視点をもつ論客でもある。

日本は、先進国の間ではもとより、いくつかの発展途上国と比べても、圧倒的に女性の活躍の場が限られているいわば男性社会である。そんな中で、寮生ではなかったが、はつらつと活躍を続ける仲間として、坂本（当時は片山）春生《はるみ》さんをあげなくてはならない。私と同学年で当時は文学部進学コースだった文科二類から経済学部へ進み、優れた学業とすらりとした容姿で銀杏並木を男性群と闊歩する姿によく出会った。通商産業省に女性上級職第一号として入省され、オーストラリアや北海道でも経験を積まれ、比較的早く民間に転出された。のちに日本国際博覧会（愛・地球博）で事務総長・副会長を務められ、成功に導いたお一人である。今も新たな分野で活躍中である。

大学1年生の頃、国立西洋美術館にて（1958年）

これらの友人たちとは今も交流が続き、互いに全てを理解し、忌憚ない意見を戦わせて分かりあえる、気分よい仲間たちである。

同世代の友人たちの中で、男性については語るべき人々があまりに多く、今もいろんな局面で連携を保ち、出会いを楽しんでいる。ただ、ここではその交友について述べるにはスペースに限りもあるため差し控えたい。

教養学部の授業は、中屋健一先生のアメリカ史など興味深いものもあったが、全体としてばらばらなカリキュラムであり、教養という名のより高次の授業を期待していた身には、やや手応えの感じにくい授業が多かった。

その頃、よく美術館や庭園を訪れた。ちょうど開館したばかりの国立西洋美術館へも出かけた。ロダンの彫刻やモネの絵に心躍らせた。四十年近くものちに、この美術館の館長になる機会が訪れたのは偶然ではあったものの、何か縁を感じる出来事であった。

本郷時代と就職

三年生になると本郷の法学部に進学し、コースを選択することになった。法学部には、司法コース、公法コース、政治コースがあったが、司法界と政治の世界は自分の進路とは結びつかないと思った私は、迷わず公法コースを選んだ。

当時ちょうど教授陣の世代交代の時期であったか、民法の我妻栄、憲法の宮沢俊義、刑法の団藤重光という重量級の諸先生が退かれ、川島武宜、小林直樹、平野龍一、それに民事訴訟法の三日月章という若手の諸先生の授業を受けることになった。やや残念な気分もあったが、川島先生の民法講義をはじめ、それぞれ清新な気風に満ちていた。ただ大教室での受身の授業には物足りない思いがした。

その間、法律相談所にも身をおき、主として弁護士や裁判官を目指す先輩、同輩と貴重な時間を過ごした。今も当時の仲間との気のおけない交友が続いている。ただ、法学部の先輩や同輩とは、全て等距離を保って付き合うことにしていた。その頃、友人の中で工学部の遠山嘉一とは気脈を通じるものがあった。父がエンジニアであり、私はもともと理工系の思考方法になじみ、受験の際も数学と理科（物理、化学）で点数をかせぐ方であった。それに遠山は静岡市の隣の清水市（今は合併され静岡市）に住む親戚を訪れることも多かったらしく、ロープウェイの完成を知っており、無類の鉄道マニアであることからいつの間にかわが家族とも知り合うようになった。のちに私のパートナーとなった人物である。

学生時代の遠山嘉一。工学部実験室にて

四年生になって就職を考える時期となった。就職先については、奇妙な体験をもっている。四年生の初夏、法学部の仲間たちが就職活動のため会社訪問をするという。そこで、一緒に連れ立って出かけた。ある大手の企業であったが、出てきた人事課長が、私に向かって「わが社は女性の重役はいらない。お帰りいただきたい」との挨拶であった。ずいぶん率直で思いがけない言葉に驚かされた。

ときは一九六一年（昭和三十六）、一年前に池田内閣により「国民所得倍増計画」が策定され、日本は経済成長にむけて、一斉に走り出す時期に遭遇していた。大学卒業生は売り手市場、友人たちは次々に採用が内定している様子であった。それまで、長い学校時代を通じて、女性であるからといって、差別を受けることはほとんどなかったため、この扱いには大きな衝撃を受けた。そこで初めて、日本社会での女性差別の実態を強烈に目のあたりにした。今ならば、大問題となる発言であった。しかし、それが現実の社会であり、女性にとっては厳然たる壁であると悟った。

そこで、企業回りはあっさりと断念し、民間企業は選択肢から外した。そして国家公務員試験を受験した。当時は、女性が男性と同格で仕事ができるのは、国家公務員、教師、医師、弁護士くらいしかなかったからだ。

どこの官庁を選ぶかについては、すでに各省に優秀な先輩公務員が若干入省しておられたので、労働省の森山眞弓さん（文部大臣、法務大臣、のちに内閣官房長官を歴任）、厚生省の長尾立子さん（の

大学卒業時、法律相談所の仲間と（1962年）

ちに法務大臣）らを訪ねて話をうかがった。話を聞きながら、私としては、できればまだ上級職の女性を採用していない官庁に入り、パイオニアとして道を開きたいと思った。森山眞弓さんは、霞が関の女性国家公務員のトップランナーであり、のちに政界に転じられた。文部大臣時代も実にさわやかで、すっきりと気持ちよく仕事をこなされ、その姿勢を今も崩すことのない、優れた先輩である。

さて、その年（一九六二年）、幸い文部省が初めて女性の採用のため門戸を開いた年にあたり、入省することとなった。しかも一人では何かと困ることもあるだろうとの配慮からか、その年度は他にも女性上級職公務員が採用された。その一人前田瑞枝さんは、当初からの数少ない国際派としてパリのユネスコ本部でも活動され、帰国後は本省でも活躍され、のちに国立婦人教育会館長も務められた。今も変わらずお付き合いをいただくよき仲間である。

かくしてこの時から、私の長い仕事人生が始まることとなった。一九六二年（昭和三十七）春のことである。それからあっという間に半世紀が経った。さまざまに挑戦を重ねる機会に恵まれ、充実した仕事人生を送ることができた。今にして思えば、あの時、率直に断ってくれた大企業の人事課長には、感謝しなくてはならないと考えている。

第二章

仕事のスタートと他流試合での開眼

第一節　新人公務員の修業時代

婦人教育にたずさわって

文部省に入省して最初に配属されたのが社会教育局の婦人教育課であった。この課は前年出来たばかりで、戦後の教育界においてまだまだ女性にとっては学習の機会が少ない時代に、いかにして婦人教育を振興するかを調査企画し、政策に移すために設けられた課であった。当時の社会教育局においては、青少年教育課（三角哲生課長）とともに省をあげてこの課を重要視しようとする雰囲気があったようだ。塩ハマ子課長は、地方の婦人教育の現場で経験を積み、その道をひたすら歩いて来られた大ベテランであった。どっしりと課長席に陣取りながら、独特の語り口で、全国から訪れる各地の婦人教育指導者層と会い、あるいは各地に赴き、地方の諸団体との連携をはかって、指導力を発揮した。農村部の婦人層には格別人気のある方であった。

上司の志熊敦子係長は、やはりその道に明るく、意欲的に仕事に取り組む有能な人であった。新人の私は全国に広がる婦人学級の実態や婦人団体の活動など、その言葉も概念も初めての事柄が多く、やや戸惑いながらも、初任らしい下働きをこなしながら慣れていった。係長には仕事のやり方を大いに教えられた。

その時の社会教育局は斎藤正局長が率いていた。思慮深く、ものごとの本源的な解釈に立って対策を練る優れたリーダーとお見受けした。局長は私たち若手にもわけ隔てなく議論する機会を作られた。よく局長室に若手事務官や課長補佐たちを集めて、その時の課題について存分に意見を述べるように促された。ある意見を述べると、じっと考えたうえで、きちんと応答して下さった。そういう姿勢には学ぶところが大であった。その頃女性初の上級職である私にどのように接すればよいかと聞いた職員に対し、局長は「小沢さん（私の旧姓）は女性である前に事務官である」ときっぱりとたしなめられたと何年ものちに聞いた。それほど周辺の戸惑いは大きかったことがわかる。

斎藤局長は婦人教育課の重要性に着目され、課の仕事の方向をよく指導された。当時、戦後の日本社会と経済が次第に右肩上がりの成長を始め、また、家庭でも学校でも戦前の日本の価値観を否定するような教育が先行する時代であった。それへの危機感をもち、家庭教育の振興を今後の仕事の重点としようとの問題提起をされた。最初の全国的な家庭教育の研究会であったろうか、斎藤局長の講話は、家庭の在り方についての歴史的解釈のうえに、今後の家庭教育の在り方を述べる、高度で内容の濃いものであったと記憶している。現代もなお、家庭教育の重要性は変わらず、むしろ増大していることを考えると、当時の局長の先見の明に感銘を受けている。

その時私は、仕事人というものはこのように深く考えて、あるべき道筋をリードしていくものなのかと感じ入ったのを覚えている。斎藤局長は、のちに事務次官になられ、学生たちが騒いだあの東大紛争の際には心血を注いで収拾にあたり、当時の坂田道太文部大臣とともにその年の入試を中止するという一大決断をされた。それによって事態は収束に向かったが、その後鮮やかな身の引き方をされた、潔癖で知力と胆力のある方であった。

その頃はまだ毎年十二月の予算案の編成期には、課員は皆、何日も課内に泊まり込み、待機と案の修正などに応じた。寒い冬、どの課でも床に新聞紙を敷き、その上に手配された貸布団を敷いて仮眠をとった。夜中に大蔵省からの問い合わせや原案の変更が生じると、ガリ版を切って謄写版で印刷し、あるいはリコピーをして、関係課へ持ってまわる、そのようにして仕事を一つ一つ覚えていった。お茶汲みも輪番でこなした。その頃、年末の多忙期の夜食には、外からの差し入れもあったが、庶務係のベテラン職員が材料を工面してきて炊き出しをしてくれるなど、厳しくも和やかな職場風景であった。

今振り返ると当時は多分、課員の眼には私は未熟な初年兵として手間のかかる職員であったに違いない。ただ、何かを発想して提案すると認めて応援してくれる鷹揚さもあった。二年目には、課として初めての『婦人教育の現状』という簡単な冊子をまとめて残すことができた。それを最後に二年間でこの課を卒業し、局の第一課（筆頭課ともいう）である社会教育課の法規係に移った。

私はその後再び婦人教育を担当することはなかったが、志熊係長はのちにこの課の課長になり、さまざまな苦難を乗り越えて、埼玉県東松山市の嵐山に建つ、国立婦人教育会館という立派な施設を実現した功労者である。この施設は現在独立行政法人「国立女性教育会館」と、設置形態も名称も変わり時代の変遷を思い知るが、広い敷地に点在する諸施設には茶室もあり、全国的な婦人教育の理想的な拠点として設置した、その志を物語る見事な施設であることを付記しておきたい。この会館は二〇〇九年（平成二十一年）の「事業仕分け」の対象となりニュースでも大きく取り上げられたが、研究所など他の組織も同様に、事柄の歴史も意義も十分には考慮せず、一刀両断ともいえる手法で切りこむ政治主導の方式には危うさを感じたのであった。

結婚に踏み切る

婦人教育課を去る日に近く、私個人にとって人生で大きな転機を迎えることになった。学生時代から折々に付き合ってきた遠山が、工学部の修士課程を修了し、富士通株式会社に就職することとなったのを機に、結婚生活に踏み切ることになった。結婚に際しては、私が「生涯仕事をし続ける」ことに同意してくれた。

一九六四年（昭和三十九）三月、神田の学士会館での結婚式、伊豆半島への短い新婚旅行という簡素な出発であった。遠山は、工学部の応用物理学科を卒業し、修士課程は電子工学科で、当時最先端の固体レーザーの研究を手がけていた。その後、富士通では研究所に所属し、マイクロ波・ミリ波や光通信用半導体デバイスの研究を行い、その間工学博士の学位を取得している。最終的には、富士通で衛星に搭載する機器の開発を担当した。「かぐや」という月周回衛星に載せた観測機器の制作を最後の仕事として退職している。

法学部を卒業し、公務員を皮切りに様々な職種についた私とは全く専門が違うが、その考え方も器用さも、エンジニアの父をもった私には違和感はなかった。生来の緻密さと献身的な姿勢は一貫しており、どこか抜けているところのある私の仕事と人生をいつもしっかりと支えてくれてきた。若い頃から私が仕事でどんなに遅くなっても、一度たりとも苦情を言うことなく、むしろ、私の仕事がさまざまに展開していくのを一緒に楽しみながらともに歩んでくれている。また、わが家の子育てをはじめ、家庭生活に伴う労苦も一緒に担い、最近は娘の子育てを手伝ってもくれる。のちに応用物理学会をはじめ、国の男女共同参画活動の推進に協力し、あるいは東京大学工学部で学生の進路についてアドバイスを行うなど社会とのつながりを続けている。私にとってはまことに人生のよき伴侶となってくれている。

結婚の年の秋、あの東京オリンピックが華やかに開催された。青空に五色の五輪マークが飛行機で鮮やかに描かれたのを、二人で部屋の窓から仰ぎみたことが忘れられない。その頃から日本の経済発展は目覚ましくなり、国民生活も次第に豊かさを増していった。私たちもそれぞれ仕事に手応えを感じはじめていた。

第二節　社会教育から初等中等教育へ

社会教育の世界

次の職場となった社会教育課は社会教育局の筆頭課で、私は経験豊かな河野石根法規係長のもとで指導を受けながら、新たな仕事についた。その課の守備範囲は、全国的な社会教育の振興のための企画調査であった。当時まだ日本全体としては、高等学校や大学へ進学できる人たちは限られており、したがって社会教育の果たす役割は大きかった。そのため伝統的な社会教育の手法を知り、経験を積んだ行政官たちの役目も大きかったのであろう。

係としては、社会教育に関する諸法令の解釈運用、全国に広がる公民館や図書館など社会教育諸施設の物的なインフラの整備、社会教育主事などの人的なインフラの研修、各種の催しなど幅広い仕事を統括する立場であった。

当時の出来事としては、通常業務のほかは何か貢献できたというより、『社会教育行政必携』という法令集出版の手伝いや社会教育について初めて体系的に作成された『概説　社会教育行政』（福原匡彦、大崎仁著）という書籍の、婦人教育の欄を担当させてもらったくらいのことであったか。ここに勤務していたある日の午後、建物が大きく揺れてうずたかく積まれた書類がなだれ落ちそうになった。

一九六四年（昭和三十九）六月十六日の新潟大地震であった。その直後からの一連の仕事から、大震災が起きると行政としては、現地の施設などの復興のために直ちに働く必要性があることをしっかりと学んだ。ここでの一年間のあと、初等中等教育局の筆頭課であった財務課の法規係へ異動した。

財務課での修業

初等中等教育局とは、いうまでもなく、全国の幼稚園、小学校、中学校、高等学校などの諸学校や地方教育行政にかかわる学校教育行政を担当する局で、文部省の中でも中核的な仕事を担っていた。財務課は、伝統的にこの局の筆頭課で、その名の示すように、全国で展開されている初等中等教育に必要な国の法的制度や予算について責任をもつ課であり、局内各課との連絡調整や局を代表して国会や各省折衝にあたる役割ももっている。

局内には、小学校、中学校、高等学校、特殊教育など学校の別ごとに、教育・指導内容といったソフトを担当する課があり、また、教科書無償制度や教科書検定を担当する課があった。中でも地方課は、地方の教育委員会制度の在り方などについて責任をもつ要の課であり、当時、全国の教員の多くが加入していた日本教職員組合の反政府的な動きを注視しながら、地方の教育委員会を指導するなど全国の学校教育の正常化を目指す、重要な役割を担っていた。

財務課の中心的な仕事は、文部省予算のうちの大きな部分を占める義務教育費国庫負担金にかかわる制度の策定と運用であった。義務教育諸学校の教育がしっかりした内容となるか否かは、各学校に勤務する教職員の資質と能力に依存している。そこで公立の義務教育諸学校に勤務する全国の教職員の給与は、各都道府県が負担するが、その二分の一を国庫負担とし、義務教育の質の維持向上に資するための制度が、戦前から確立していた。国家の人材育成にとって、もっとも基盤的なこの制度は、戦前から何度も法改正もあったうえに精緻に積み重ねられてきた複雑な仕組みがあった。

その枠組みを使いこなし、各都道府県からの情報と要請にあわせて、毎月確実に負担金を査定し配分するという神業的な仕事を、財務課の職員が担ってきた。ずらりと並んだベテランの事務官たちが、当時のタイガー計算機をまるで自身の手の延長のように使いこなしながら計算する様は壮観であり、財務課はまさに活気に満ちた課であった。こうした一群の職人芸を持つ職員たちをリードしていたのが宮園三喜課長補佐で、柔和な笑みをたたえながら、仕事への厳しさと確実さとで人心を掌握する名人であった。その中の若い事務官であった遠山耕平氏は、以後も主として地方教育行財政の分野でしっかりと活躍した人物である。

法規係は、そうした「我らこそ日本の義務教育を支えている」という無言の自負と責任感をもって職責を果たしている事務官たちの働きを背後にして、全国から次々にくる各種法令解釈の問い合わせに答え、あるいは毎年、複雑な法律、政令、規則を改正し、または制定し、通知を出して趣旨の徹底につとめ、各県への指導にもあたった。私が法規係にいた時代は、高等学校における学級編制に関する法改正の時期にあたった。一学級の生徒数の標準を五年間で五十人から四十五人にするという大改正で、全国の高校教育を充実する意味をもった。複雑な算式を条文にする入り組んだ法令改正であったため、印刷物も大量で膨大なエネルギーを要する作業であった。

法令改正には、局内での調整、官房総務課法令審議室での厳格な審査、そのあと各省との折衝、法制局での法令審査が待っている。知力を尽くして法令案を書くだけでなく、年度末には国会審議のため連日深夜までの作業が続くのが普通であった。しかし、この課で法律、政令、省令の制定や改正にかかわる一連の仕事をしっかりと訓練されたことで、のちに役立つ局面が再三訪れたのだった。

出産の前後、「くれない族」からの脱却

法規係の頃、ちょうど出産と重なった。一九六七年（昭和四十二）の十二月のことであった。虎の門病院で、娘が無事に誕生した。課の状況は、ゆっくりと休暇を取れるような状態ではなく、予定日の直前まで勤務し、出産後も早い段階で出勤したように記憶している。それでも多忙な財務課の皆さんには、ずいぶん迷惑をかけたと思う。西崎清久法規担当課長補佐には、財務課の仕事についての的確な指導や出産時の前後のカバーもしていただき、法規係の佐藤禎一氏はもとより、周辺の補佐、係長、係員の皆さんには大変お世話になった。二年後輩の佐藤氏とは、のちに大学審議会の創設をはじめ大学改革という大きな課題にともに取組むなどの縁が続いた。

当時は現在のようにあちこちに保育所があるわけでもなく、各人が自分の努力で育児方法を考え、

多くは家族の協力がなくては、仕事を続けながらの子育ては到底不可能な状況であった。私の場合も、出産後は、母が父を静岡に残したまま加勢に来てくれて助けられた。また、当時の住まいは東横線沿線の日吉にあり、慶応義塾高校の先の緑豊かなあたりであった。幸いその近くの富士通に勤める夫の協力もあって、なんとか娘は無事に育ってくれた。

出産、育児をきっかけに、私の中で大きく変化したことがあった。それは「くれない族からの脱却」である。今まで全くの男性社会であった文部省に、いわば鳴り物入りで入省した私に、誰もが親切であったわけではなかったし、かなり好奇の眼で見られていたようである。今となっては思い出話の一つにすぎないが、「女のくせに…」という空気もあったし、失敗を今か今かと待っているかのような雰囲気も少なからずあった。そのうちに、私の方も「どうして助けてくれないの」「一生懸命にしているのに理解してくれない」と思うこともあり、いつの間にか周囲にいささか不満を抱える「くれない族」へとなっていた面がある。しかし出産を機に公私共に多忙をきわめるようになった頃から、私は「〇〇してくれない」と思ってきたが、他者からどう見られているかを気にするより、むしろ自分が他者に対して何ができるのか、また、どれだけ全力で仕事ができているかを考えることとした。くれない族との決別である。これによって他者のせいにしたり、他人の視線をあまり気にしたりすることなく、仕事に集中するようになった。

その後の長い仕事人生を歩むうえで、この思考の転換は大きな節目となった。

財務課法規係員、のちに法規係長となったが、この二年間のあと、今度は大臣官房総務課法令審議室という、省内でももっとも恐れられていた職場に変わった。ここは、省内各局の法令改正などの審査や国会答弁の最終案を審査する、いわば省の頭脳の集積所のような感があった。その作業量はきわめて膨大で、連日深夜まで作業をさせられた。ここには古村澄一総務課副長や石田正一郎審議主任など名だたる法令専門の猛者がおられ、鍛えられた。

育児に気をとられる暇もなく、終電まで働き、午前様の帰宅もたびたびであった。真暗な道を、防犯ベルに手をかけながら走って帰ったものである。この厳しい勤務環境下でスムーズに仕事を続けるため真剣に転居を考えた。かつて入省時、女性には公務員宿舎は貸しません、と担当から言われたことによって、かえって終始自力で住居を工面していくことにつながった。母が探してくれた渋谷駅に近い南平台のマンションに、両親からの援助も受けて間もなく引っ越すことができた。通勤が楽になり仕事に打ちこみ易くなった。官房総務課での修業は二年で終わり、いよいよ新しい世界へ入っていった。

第三節　総理府への出向

総理府青少年対策本部で

一九七〇年（昭和四十五）四月、初めて文部省以外の役所に勤務することとなり、総理府（現在の内閣府）の青少年対策本部へ出向した。今にして振り返れば、この時のいわば他流試合において、それまでの文部省での仕事の仕方とは多分に異なる手法と考え方に出会い、その後の公務員としての道を歩むに際して、得難い知見と経験を積むことができたように思う。

総理府青少年対策本部は、永田町の総理官邸前の総理府内にあった。この本部は、青少年に関する各省の行政を統括する立場にあるため、その本部長は内閣総理大臣となっていた。ただ、それは名目的なもので、実質的に責任と権限をもつ青少年対策本部次長は、文部省から出向した今村武俊氏であった。氏は気骨のある、見通しと勇気をもつ優れた官僚であった。その指揮のもと、青少年対策本部は活性化した雰囲気の中で、前向きの仕事が次々にできる組織であった。そこでは、青少年にかかわる各種の仕事について、各省の縦割りの仕事を調整し、あるいは各省ではできない分野に積極的に取り組むことができた。

トップの今村次長の下には五人の参事官がおられたが、その中には総理府の出身者一人のほか、文部、厚生、法務、警察という青少年にかかわる仕事も担当する各省庁からの個性的で実力派の出向者が揃っていた。

私は、その下の参事官補佐の辞令をいただいた。入省して八年後のキャリア公務員の異動は、通常、県へ出向し県庁か県の教育委員会で課長クラスの経験を積むケースがほとんどであった。しかし、当時はまだ女性のキャリアを地方で受け入れる環境にはなく、私の場合は総理府出向となった。したがって、私には地方での仕事の経験がない。近年では、各県ともに女性キャリアの受け入れに積極的で、文部省からも私の後輩の女性キャリアは県の副知事や市の教育長になるなど枚挙にいとまがないほどで、いずれも現地で見事な足跡を残して、本省に帰任後活躍中であるのはうれしい限りである。

ところで、総理府出向の機会は、各省庁からの出向者の中で揉まれることになり、カルチャーショックを味わうことにもなった。現実には、伝統ある文部省のがっちりした慣習や厳密な法令の規定に縛られた仕事とは違い、かなり自由な発想ができる環境にあり、三年余を全く新しい手法で、初めての分野をいくつか手がけて過ごすことができた。

仕事ははじめ、体力づくり事業と調査担当の両方の参事官のもとで補佐を担当することになった。まず、体力づくりの方は、体育行政を所掌している文部省からの大塚喬清参事官のもとであった。同参事官にはすでに財務課時代にお世話になっていたこともあり、穏やかで気心の通じる上司であった。補佐の下には実務経験豊かなスポーツマン奥村広重係長がおり、体力づくり国民会議のお世話や、各種の大会を催した。

その熱血漢係長のせいか、なんと日本で初めて、スウェーデンで始まったオリエンテーリングというスポーツを、総理府青少年対策本部が音頭を取って導入することになった。その最初の国内大会が岩手県で実施された。オリエンテーリングは赤と白の二色に塗られたポストを求めて、地図と磁石を片手に野山を走りまわる競技である。道なき道を辿り、崖から飛び降りる自分の写真がのちのオリエンテーリング冊子の表紙を飾って驚いたこともある。

当時、今村次長の音頭で、「食」の大切さを普及することも国民運動の一つとなり、「一日六群、六日で六十種」（一日の食事を六つの食品群からまんべんなく摂り、六日間で六十品目になればバランスのよい食生活となる）というスローガンをかかげた啓蒙活動も大事な仕事であった。そこで、食育のみならず国民の体力づくりに参考になる総合的な冊子を作ろうということになった。奥村係長の協力があり、イラスト入りの『体力づくりハンドブック』（大塚喬清編著）を出版できた。イラストは絵の得意な夫が描いてくれて、小冊子作りを楽しんだ。

第四節　世界青年意識調査にたずさわる

世界初の大規模調査に取り組む

一年後からは専任の調査担当補佐として、ちょうど始まった「世界青年意識調査」という、世界の青年の意識を比較調査する、とてつもない大規模な調査に取り組むこととなった。調査担当のトップは、法務省出身の元検事、千石保参事官であった。これは、世界の十一ヶ国の青年の意識を調査し、比較研究し分析して、日本の青年の特質や問題点を描き出そうという画期的な構想であった。

調査対象は、日本をはじめアメリカ、イギリス、西ドイツ、フランス、スイス、スウェーデン、ユーゴスラビア、インド、フィリピン、ブラジルの青年、各国二千人である。この作業は、想像を超える多方面の準備を要するものであった。例えば、調査目的や考え方の検討、調査項目の決定、具体的な質問事項の作成、日本はもとより十ヶ国の外国の研究者や調査会社との連携、調整、サンプリングの客観性の保持のチェック。

そして、一九七二年（昭和四十七）の秋、いよいよ各国の調査会社による調査の実施。その後、調査結果の集積、分析、結果の集約と報告書の作成など無数の課題が待ち構えていた。いわば総合力の問われる大仕事であった。

まず、どのようなコンセプトで調査項目を決めるかがポイントで、そのために内外の参考書を読みこなし、時代の動きをとらえる必要があった。また、松原治郎東京大学教授をはじめとする、この主題に近い専門領域の研究者や林知己夫国立統計学研究所長など調査の専門家の意見を聞いたうえで、実際に意味のある質問を作り上げることが必須であった。弁護士資格をもつ千石保参事官の猛勉強ぶりには大いに教えられた。

調査に先立ち、各国からの一級の研究者や調査の専門家を集めての企画会議ももった。アメリカからはジョージ・ギャラップ博士、スウェーデンのセッターバーグ教授、フランスのリフォー女史らである。のちに松原教授の紹介で、社会学の世界的な権威であるアメリカのタルコット・パーソンズ氏にもお会いでき、胸が高鳴った。

国内では、当時のベストセラー『たて社会の人間関係』を著された中根千枝東京大学教授や『モラトリアム人間の時代』の小此木啓吾慶応大学教授にもお目にかかり、調査項目へのご意見をうかがった。公務員の仕事としてはかなり専門的で高度な内容に取り組むことになった私たちのグループは、青少年対策本部では「花の調査班」と呼ばれていたらしい。

こまごまとしたプロセスは今や明確でない部分もあるが、内外の調査機関の活躍と協力に負うところが大きかった。各国からの調査結果を集め、単純な集計だけではなく、コンピュータを用いての最新の分析手法による調査結果分析は、実に興味深いものがあった。仮説を立て、計算を通じてそれを検証し、意識の特色を描き出していく面白さは格別であった。この時、学者の世界の愉しみというものを、密かに味わうことができた。

そして最終的には分厚い調査報告書を作成できた。その内容は、日本の青少年の意識が国際的にみるとかなり特色があり、今後の青少年教育への示唆をもつものであった。当時は、メディアでもかなり話題になり、また、政治家にも興味を示された方が多かった。官邸や自由民主党の部会、国会の委員会での説明など、千石参事官が忙しく対応された記憶がある。のちに、その結果を、千石氏との共著『比較日本人論』に著すことができたのは光栄であった。

この調査の終了後、私は文部省に戻った。本書第Ⅱ部で、当時のことを語っていただく千石氏は、その後も総理府にとどまって調査担当を続けられた。もともと『民法入門』など、分かり易い法律本の著者でもあり、名筆家とも呼べるほど文章の達人でもある。総理府で国際比較による青年の意識調査の意義と面白味に出会い、退職後もその仕事を継続するために、自らの退職金をすべて注いで財団法人日本青少年研究所を設立し、次々に優れた調査結果を発表された。現在も日本、アメリカ、中国、韓国の四ヶ国の青年の意識調査を手がけられ、各国からの信任も厚い。折々に調査結果を発表し、日本の青少年の意識の問題点を明らかにして、世に警告を発しておられることは敬服に値する。

総理府時代、千石氏から私は公務員としてのあるべき姿勢を教えられた。ある日の雑談の際、「遠山さん、人が君に頭を下げることがあっても、決して自分が偉いからと思うな。人はあなたの椅子に対して頭を下げていると思え。椅子をなくしたあとでも人が頭を下げてくれる人にならなくてはいけない」との教えを受けた。地位と椅子にこだわり、権威をふりかざす人間には決してなるまいと、その時強く決意することができた。公務員のあるべき姿勢を説く、至言であった。

欧州旅行での収穫

総理府に出向中、このような緊張を強いられる仕事ばかりではなく、一九七二年（昭和四十七）秋、まさに各国で調査が実施されている頃、青少年対策本部のミッションである青年海外派遣のプロジェクトに参加できた。これは世界に目を向けるまたとない機会となった。海外派遣の南欧班という私のグループは全国から集まった勤労青年十名、団長にはドイツ語の大学教授、私は副団長という、あわせて

南欧班出発時、羽田空港にて。中央の女の子は娘・真理。右から4人目著者。左から4人目は見送りに来てくれた母（1972年）

計十二名であった。出発前には、忙しい本業のかたわら、何通もの「南欧班だより」を発行し、団員全員が行く先々の国のことを事前に学んでおけるようにした。

一ヶ月もの長旅のため、羽田には家族や友人が大勢見送りに来てくれ、別れを惜しんだ。当時三歳の娘も夫と私の母とに手をひかれながら、何やら晴れがましい雰囲気の中で、懸命に手を振ってくれたのには胸が痛んだ。

何と私をはじめ全ての団員にとって、その時が初めての海外旅行であった。今から四十年以上も前のことで、外国出張に際しては、家族で水杯を交わす気分でもあった。

最初に当時のソ連の首都モスクワに降り立った。暗く殺風景な飛行場から緑豊かな道を通過して赤の広場の近くのホテルに落ち着いた。団としてソ連の青少年団体のピオニールを訪問して交流し、ボリショイ劇場でのバレエ観劇などを楽しんだ。自由時間には、単身でプーシキン美術館やトレチャコフ美術館を見学し、

南欧班で訪ねたイタリア、ピサの斜塔の前で（1972年）

帝政ロシア時代の遺産の豊かさを認識した。ここに三泊も宿泊できたのは、乗り継ぎの飛行機を待つ時間調整のためであったが、通りがかりに町の商店の品揃えの貧弱な様子を垣間見た時は、当時のモスクワ市民の厳しい生活を案じたのだった。

そしていよいよフィンランドを皮切りに、欧州の各国を訪ねる旅となった。目的は各国の青年との友好を深め、親善の役割を果たすことにあった。したがって、各国では青年のグループや代表者たちとの会合や懇談をもつ行事が組まれていた。まずフィンランドでは、正式行事のあと町に出た時、日露戦争で勝った日本から来た青年一行に対し、出会った人々が歓迎してくれ、見知らぬ老人からビールをごちそうになったことも懐かしい。この時、国にとっての歴史のもつ重みをつくづく感じたのであった。ついで西ドイツ、スイス、イタリア、ブルガリアの各都市を訪れた。ドイツではいくつかの都市とハイデルベルクを訪問、早朝、「哲学者の道」を辿りながら、ゲーテも魅せられたという美しい大学街の風情に、M・フェルスター作『アルトハイデルベルク』を思い起こした。

西ドイツの次は列車でスイスへ向かった。そこではベルンの郊外の農家に投宿し、地下室の食料の貯蔵や日常的な銃の手入れなど、永世中立を守る国における堅実で賢明なスイス人の生き方を目のあたりにした。ジュネーブのレマン湖を見下ろす丘にも登った。その後、イタリアではピサの斜塔やフィレンツェとローマでの豊饒な美術品や建造物に圧倒され、ブルガリアでは青年たちの態度や意見の背後にある国家統制の影を感じた。

この時初めて外国を訪れ、一ヶ月間各国をめぐり多くの人々に接したが、その経験がのちに文部省で国際学術課長として、あるいは後年、外交官として働く時に、思いがけず役立つことになった。外国を理解する大切さ、そのために十分事前の準備をしたうえで、現地に赴いて直接耳目に触れて知ることの重要性を認識した。そして国と民族の多様性とその歴史や特色を把握することの意義を痛感した旅となった。

他流試合で得たもの

振り返れば、総理府での三年余の仕事は、その後の私の公務員としての生き方に多大な影響を与えてくれたと思っている。第一に、旧来の仕事の枠や手法にこだわらず、これがこの国の将来にとって大事とあれば、新しい発想で自由に計画を構想し、実現することの大切さを知ったことである。そしてその実現までの過程のわくわくするような面白さも味わうことができたのは収穫であった。

第二に、不可能といわれるようなことも、志を高く真摯に取り組むことで活路が開けることを確信できたことである。

第三に、公務員の仕事であってもすべからく研究的に本格的に学び、知識を蓄えたうえで熟考して取り組むことの大切さを学んだ点である。

その後の仕事人生で、何度も不可能といわれるような課題を乗り越えることができたのも、その原点はここにあったのかと思い出される。このように、総理府への出向は私にとって、公務員人生における開眼の機会となった。あらゆる機会は、人生にとってマイナスにはならず、必ずのちに活きてくるという確信をもつこともできた。

第三章　学術行政に没頭した時代

第一節　学術行政との出会い、学術白書の作成

学術の分野での仕事

総理府へ出向していた間、文部省の伝統的な行政分野や行政手法とは離れて、かなり自由な発想で仕事を続けることができたが、次の仕事は、別の意味で興味深い分野であった。それは、日本の大学を中心とする学術研究をより振興するために、諸施策を企画し、研究者とともに推進するという知的な作業であった。いわゆる学術行政というかなり専門性の高い分野に、三つの課で補佐や課長としてあわせて十年余もの間、過ごすことができた。

一九七二年（昭和四十七）の秋、私は大学学術局学術課の企画担当補佐を拝命した。この局は、初等中等教育局とならんで、大学をはじめとする日本の高等教育機関について所掌するいわば権威ある局であった。歴代の局長、視学官、課長たちはそれぞれに大学や大学行政に通じた、高度の知識をもつつわもの揃いであった。しかし、局の守備範囲があまりにも広く、かつ、国公私立の大学や研究所をはじめ、高等専門学校など関係する機関も多く、加えて学生の育英や留学生の問題、さらには教員養成の課題もあるうえに、何より個々の分野の専門性が高く、課題も多々ありということで、その翌年、二つの局に分離された。

現代は何でも統合、合理化が叫ばれ、一局が二局に分離独立することなどは考えられない時代となってしまったが、当時はそれが可能であったし、それが正解であった。その改組により、大学行政を担当する高等教育局と、学術関係と国際関係とを一本化した学術国際局がつくられた。それによって文部行政も大学の二つの機能、つまり教育と研究の要素に担当を区分したことになる。現在もその流れは変わっておらず、研究部門を担当する局に、のちに科学技術庁の守備範囲が加わり、研究系も今や大きな所帯になっている。

さて、学術国際局は、日本の学術研究をいかに向上させるかとの観点で、研究者たちと一緒に英知を集めさまざまな方策を練るという使命をもつ。具体的には、大学の研究者への科学研究費補助金の予算化と配分を行い、あるいは研究の拠点としての研究所や研究機関をつくって学術研究体制を強化するなど、仕組みや法制の整備、予算、施設設備の整備などの役割をもった。加えて、ユネスコ国際部では、パリユネスコ本部との連携やユネスコ国内委員会の運営、学術の国際交流、留学生の問題に対処する機能をもった。初代の局長がこの分野に見識の高い木田宏氏であった。

学術審議会、測地学審議会の運営

この新局の筆頭課である学術課にいた私は、補佐として庶務以外のすべてを担当することとなったため、なすべきことが山積していた。錚々たるメンバーを集めた学術審議会やその下部組織としての分科会を運営して、日本の学術政策を樹立していくのが第一の役割であった。審議会は役人の隠れ蓑だなどという批判がのちになされるようになったが、学術関係の審議会などには全く当てはまらない。東京大学工学部長だった吉識《よしき》雅夫会長のもと、常に真剣に日本の学術研究の在り方と支援の方策を考察して、答申をまとめ、その結果を行政に反映していくという進め方であった。そこでは、多彩な議論が活発になされた。

もう一つ、測地学審議会という各省にまたがる、伝統ある審議会も担当していた。地球物理学の泰斗永田武会長のもと、優れた地震学者や火山学者たちが集まり、日本の地殻変動を予知するための方策などについての議論が真摯に行われていた。その議論を聞いたうえで、第何次かの地震予知計画や火山噴火予知計画の答申を起案するのも補佐の役割であった。

おかげで、門前の小僧としては、当時すでに人知が到達していたプレートテクトニクス論という雄大な理論をはじめ、地震や火山の噴火が起きる仕組みも学び、予知のための方策も練り、予算化した。こうした蓄積がのちに、トルコにおいて大地震に遭遇した際に、全体状況を把握し、援助の手を考察するのにも有用な知識となった。それに二〇一一年（平成二十三）三月の東日本大震災の起き方やその対策への観方についても有効な知識となっている。全ての仕事は、常にのちの仕事やほかの分野の理解に活かせるもので、仕事上の経験に無駄なことは一つもないとここでも痛感している。

顕彰、共同利用機関、特許のことなど

その学術課は、研究者の顕彰も行っていたため、毎年、文化功労者の選考や文化勲章受章者の決定の裏方もつとめた。その選考は、もとより各分野の専門家からなる選考委員会で厳正な議論によって行われるが、研究業績をとりまとめることをはじめ、総理府の賞勲局や官邸とも水面下で連絡をとるなどの仕事があった。

研究者の世界で最高の栄誉であるノーベル賞の受賞者が決まるのは、毎年十月の初めであるが、この時期は大きな期待とともに迎えるのが常であった。私が学術課にいた一九七三年（昭和四十八）、エサキダイオードの江崎玲於奈博士が物理学賞を受賞された。国民は大きな喜びに湧いた。当時江崎氏は在米中で、ＩＢＭの研究所に在籍されていた。受賞はきわめて目出度いのではあるが、学術課の職員としては大忙しとなる。メディアの取材に対して直ちにその業績を簡潔にまとめて発表しなくてはならず、専門家の助けも借りながら、徹夜を覚悟でとりまとめにあたった。

翌年からノーベル賞受賞者は文化功労者として顕彰され、同時に文化勲章も授与されるのが決まりとなった。江崎氏の場合のように、まだ国内で文化功労者となっていない方のケースでは、すでに内定している文化勲章受章者に加えて追加の作業が必要となる。文化の日までの短期間での作業となった。それらは課長以上の大切な任務ではあるが、下下の私などもそれにまつわる実務経験をしたものである。

また当時、昭和四十年代には日本の学術研究を専門的に深化させるために、高エネルギー物理研究所を皮切りに、各大学には属さない独立した中核的研究拠点として大学共同利用機関の設置が進んでいた。自然科学の分野が主であったが、梅棹忠夫先生が尽力された国立民族学博物館を作る計画も始まっていた。世界の民族を学問的に攻究するための博物館という高い理想があって、大阪万博の跡地に黒川紀章氏設計の画期的な建物を建築する構想が進んでいた。その名称を法律上書くにあたり、民族学の成果を展示する博物館であるがゆえに「学」をいれるべきとの梅棹先生の主張に対し、一般的に博物館に「学」をいれるべきか法制局で大きな議論となっていた。担当課の専門家とともに、法規担当としても法制局に何度も足を運び、「学」の必要性をガクガクと真剣に説明し、梅棹先生の熱意とご期待に応えたこともあった。

忘れられないのは、国立大学教官の発明による特許権の帰属をどうするかについての答申作成にあたっていた時のことである。国立大学の教官の特許は全て国有とする従来の方式では、研究者の意欲が湧かず不適切ではないかとの発想のもとに、審議会の議論を経て答申案の執筆を始めた。とりまとめには、東京大学工学部長の岡村總吾先生にお世話になった。これ以外にもさまざまな仕事が重なり多忙をきわめていた。どうも体調がおかしいのであるが休むこともできず、高熱をおしてお粥を持参して集中していたところ、あまりにも腹部が痛むため、土曜日に自宅近くの渋谷病院へ駆け込んだ。そこで分かったのは、腹膜炎直前の重度の盲腸炎とのことであった。受診がもう少し遅ければ、あやうく一命を落とすところであったらしい。手術と一週間の入院で済んだ。若気の至りの不養生であった。

学術白書の作成

このようにして学術課での一年余りの日々が過ぎた頃、局長室に呼ばれた。当時の木田宏学術国際局長は文部省きっての理論家で、日本の文部行政をよくしたいとの気概と情熱にあふれた英知ある指導者であった。その局長から「君、学術の白書を作ってくれないか」とのご下命があった。これは、思いもよらぬ難題であった。学術の白書とは、日本の学術について俯瞰できる総合的な文書であって、森羅万象を相手とする広範な学術分野を熟知し、そのうえで分析的に行政上の諸課題を提起し、対応策も書かれなくてはならないだろう。学術国際局はできたばかりで、学術白書の前例もなければ、てんやわんやの日々の業務に追われている状況下、とても難しいと思った。しかし、局長の厳命であれば、あらがうすべもない。そこで、笠木三郎審議官に相談したところ、それは是非やってみるようにとのことであった。

木田宏氏ご夫妻と如水会館にて（1989年10月）

それからの日々は、見当もつかない学術白書の作成に挑むこととなった。もっとも、よく状況を考えれば、私以外の学術関係の課長や補佐たちは、笠木審議官はもとより、七田基弘学術課長、手塚晃研究助成課長、大山超学術調査官をはじめ、学術行政の道に長く、十分な知見をお持ちの方々ばかりであった。そのお力も借りながら、ともあれ取り組んでみようということになった。しかも、それぞれの専門分野には、学術審議会などの先生方をはじめきっと力になっていただけると思われる方々がおられた。私の直接の部下には、意欲的で有能な富岡賢治企画係長(現高崎市長)がいてくれて、共同体制をとった。

ある程度準備が進んだ段階で、富岡係長とともに、十日近く共済組合の銀杏荘に泊まり込んで作業をした。そして出来上がったのが、『我が国の学術』という三六〇ページを超える本である。一九七五年(昭和五十)八月、文部省学術国際局とある。木田局長の「はしがき」に始まり、序章は「学術研究の意義と科学政策の重要性」という本質論を述べたあと、学術研究の基盤を論じ、日本の研究活動の概況を各研究分野ごとに詳しくみている。

続いて科学政策の機能と策定機構を述べ、最終部分には、当面する科学政策の重要課題と今後の方向を書き記した。その中には、真理の探究という本来的な学術研究にとどまらず、その時期にすでに推進の重要性をみていた、宇宙科学、加速器科学、生命科学、がん研究、情報科学からエネルギー研究や海洋科学までを取り上げているのは、時代を先取りしたものであった。付属資料の外国事情(米、英、仏、独)、日本の学術研究の発展の歴史年表は、当時としては貴重なものではなかったかと思う。全体としてのまとめには、実に多くの職員や専門家の協力があって出来上がった。その白書で示した方向性は、四十年近く前の記述としては今に続く視点をもっていたように思われる。最終的には局長、とくに笠木審議官のお手を煩わせて完成した。

今、久しぶりにその冊子を手にすると、懐かしい思い出がよみがえる。この白書は、法律に基づく内閣承認の白書ではなく、文部省の一局の白書であるが、その中の科学政策という用語の使用について、当時の科学技術庁からクレームが出された。単身説得に乗り込んで、侃侃諤諤一歩も譲ることなく帰り、木田局長の後押しを得て、原案のまま出版したのだった。その後、続編は発行されていない。

現在は、その科学技術庁と文部省は省庁再編で合体し、学術研究と科学技術との無用な区分を要することなく、省をあげて日本の科学・技術の発展に資しているのは、素晴らしいことである。のちに私は統合後の文部科学省の責任者として仕事をすることになったが、ある因縁を感じざるを得ない。大臣時代には、かつて学術行政の基盤を支えた経験が得難い支えとなって、宇宙分野や核融合や知的財産保護の国家的プロジェクトについても、比較的容易に対応することができた。

第二節　学術情報システムの構想

新米課長が当面した大学図書館の課題

学術白書を仕上げたのち、官房の企画官として一年間過ごし、その後、初任の課長職として、やはり学術国際局の情報図書館課長に任命された。一九七七年（昭和五十二）四月、私は三十八歳であった。課長としての最初のポストでの仕事が始まった。

この課はもともと研究者や学生にとって不可欠な内外の雑誌や図書を購入、整理、閲覧に供する大学図書館の整備と予算、各種学術情報の入手をしやすくするための仕事、広範な学会や学協会の世話、あるいは実験用の動物を提供するための実験動物施設を整備するなど、いわば研究の基盤となる雑多ともいえる諸条件を整える、地味な仕事をする課であった。しかし、課内には図書館の専門家、学術情報の専門家などその道の有能な人材が揃っていた。

次第に課の仕事に慣れるにつれ、この課の仕事をただ前例通りのやり方を踏襲するだけでなく、大学の研究者にとってもう少し最新の学術情報を得やすく、使いやすくする方法はないか、と考えるようになった。学術研究の成果は、国境を越えての寸刻の猶予もない競争の世界でもあるからだ。

そこでまず、大学図書館についてみると、図書館は整備されていても、そこでの仕事は専門書を扱うということもあって、購入図書の整理などは司書に任されており図書カードの作成など手間がかかる業務であった。司書特有のゆったりと綿密な仕事ぶりもあり、急ぎ外国図書や外国雑誌を利用したい研究者たちには不便なことが多かった。図書は分類に沿い、書誌情報が図書カードに記載され整理されてのち、やっと研究者の手に渡る。同じ図書や雑誌について、全国の各大学で司書たちがそれぞれ同じような作業を行っている。これは壮大な無駄ではないか。

毎日、課内の専門家から大学図書館の仕事を学ぶうちに、例えばアメリカでは議会図書館がつくるデータベース（LC－MARC）につなげれば、タイトルを入れるだけで必要な書誌情報は直ちに利用できると聞いた。では、日本の書籍もそうしたらどうか、国内の国公私立の大学図書館で、毎日同じような分類やら図書カードを作成し整理する膨大な作業が行われているなら、日本の学術図書や学術雑誌のデータベースを作って、既存の書誌情報を電子化して瞬時に利用してはどうか。

大学図書館の専門家として理論的、実際的な知見をもって、ともに将来像を描く作業をしてくれたのが田中久文専門員と雨森弘行大学図書館係長であった。大学図書館をめぐる問題をひとつずつクリアして、学術情報のシステムづくりに力を発揮してくれた。特に、田中専門員は、後述する学術情報システム全体の構想づくりを推進してくれた。のちに図書館情報大学の事務局長を経て日本大学の教授として活躍した人である。また、雨森係長は、のちに横浜国立大学や大阪大学、東京大学の附属図書館に勤務したのち、後述の学術情報センター創設後にその出発を大きく牽引してくれた。その後、三重県立図書館長となるなど今も日本の図書館界で活躍を続ける存在で、自らの専門についての綿密な思考と改革の方向性の立案や周辺を巻き込んで実行に移す力をもっている人である。穏やかな中に、シンの強さと内に秘めた情熱をもつ、信頼できるライブラリアンであった。当時、同時並行で進んでいた図書館情報大学の設立（一九七九年十月）についても高等教育局大学課と協力して推進してくれた。

他方、松村多美子学術調査官や課内の学術情報についての専門家からは、国際的には、例えば化学の文献情報はＣＡＳ、物理学はＩＮＳＰＥＣ、というデータベースができている、ほかに医学も生物学もそれぞれ世界的な利用に供されるデータベースができていると説明を受けた。しかし、日本の研究者たちにはそれにアクセスする手段はなく図書館を通じて外国雑誌を購入して、遅まきながら個別に文献を調べる方法しかないことも分かった。

私としては、何とか研究者たちが各研究室のデスクに居ながらにして世界の最先端の学術情報を即時に入手でき、それらを凌駕する研究成果を出すようにできないものかと頭をひねった。つぎつぎにあるべき学術情報の姿が湧いてきた。それが日本の学術研究をトップクラスにする方途だというロマンをもっていたからである。

学術情報システム構想の萌芽と漫画の効用

図書館業務の効率化と学術情報利用の迅速化・高度化という二つのことを可能にする方法はないか、皆で考えに考えた。そしてデータベースとネットワークという二つの要素の結合が鍵であると思い至った。その頃、日本にも東京大学をはじめ七つの国立大学には大型コンピュータが導入されていた。では、それらをネットワークで結んで回線をはり、中心に学術情報のセンターをつくって拠点とし、各大学はそのネットワークにつながって、国内と世界のデータベースにアクセスできないか。図書情報のデータベースもつくり、各大学図書館はそれを利用するようにできないか。夢はふくらんでいった。この分野の専門家としてシステム構想づくりの推進役になってくれたのが前述の田中専門員であり、諸外国の学術情報に詳しい松村学術調査官やコンピュータ、データベースを知悉している中山和彦学術調査官らの存在が大きかった。

ほぼ課内で案ができたあと、その構想を本格化、精緻化するため、学術審議会に学術情報資料分科会を設け、一級の専門家たちによって議論してもらうことにした。その分科会長には日本の化学界の碩学であられる長倉三郎先生に就任をお願いした。メンバーには電子工学者の猪瀬博先生、情報工学の長尾真先生、図書館学の津田良成先生をはじめ錚々たる学者、実務家がおられた。会議は集中して行われ、試案がより厳密に議論され、ほどなく学術情報システムに関する答申がまとめられた。

これでいよいよ実現にむけて歩きだせると思った。だが、最新技術を駆使する壮大なシステム構想であったためか、局内でまず難航したが、とにかく大崎仁審議官、松浦泰次郎局長までの了解をもらった。次に、これを実現するため制度化し、予算化し、新たな仕組を構築するには、省内の合意を取り付ける必要があり、大臣官房長の理解を得なくてはならない。意を決して官房長室に乗り込んだ。井内慶次郎官房長を前に、一気呵成にお話しした。しかし、書誌情報、LCカード、データベース、ネットワーク、コンピュータ端末からのアクセスなどと立て続けの説明では、戸惑われたのも無理はない。今から三十年以上前のことであり、まだ、IT（情報通信技術）の普及は初歩的な段階であった。聞き終わっての最初の言葉が、「遠山さん、あなたの言うことは全く分かりません」という衝撃的なものであった。上司に分かりませんと言われるのは、その案はダメだということなのである。

しかし私は、お役人の世界での常識をあまり意識しなかったため、ではとにかく理解してもらえるよう工夫すればよいと考えた。課に戻り、これからもっと分かりやすく説明するために、誰かにイラストを描いてもらうことにしよう、と言うと、直ちにある図書館の漫画のうまい職員が浮かび上がった。そこで、早速一連の構想を漫画風に描いてもらうことになった。現在研究者がおかれている窮状をあらわす絵と、システム完成後の状態を対比させることにし、ねじり鉢巻きの研究者の切羽詰まった様子と、卓上の端末から最新情報を取り出して楽々と論文を書く姿、などの十枚ほどの絵が出来上がった。

漫画の効果は抜群で、今度は官房長も了解して下さった。そして次は、予算をとるために当時の政権党である自民党の文教部会長、森喜朗先生にご了解をいただかなくてはならない。先生をお訪ねして、漫画を用いて説明した。少々いぶかしそうではあったが、幸いにも、新システムの意味をご理解いただけたらしく、最終的には激励されて帰ることができた。森先生との出会いはその時が最初であったが、その後しばしば仕事上、あるいは折々の出来事の際にも、声をかけていただきお目にかかる機会が続いている。文教問題にはことのほかご造詣が深く、一九八三年（昭和五十八）文部大臣に就任された。当時私は次章で述べる中学校課長として校内暴力と格闘していたが、翌年中曽根康弘総理大臣のもとで臨時教育審議会を発足され、教育改革の推進にあたられた。日本の文教問題に関する重鎮でもある。その後、通商産業大臣などを経てのち、内閣総理大臣になられたが、いつも変わることなく和やかに接していただけるのは有難いことである。近年は、この国の行方を示唆するご発言もされて、混迷する政治や外交に道筋をつけるため助言されるご様子を遥かに拝見している。

システム構想のすべり出し

さて、そこからは一瀉千里、新しいシステムの実現に向けて、課内の専門家たちを中心に新体制を組んだ。そうした努力の成果か、何とか動き出す目途もたった。とはいえ、実際には日本でも前例のない大型の情報ネットワーク形成や外国のデータベースとの連携を実現していくのは、技術的にも、予算面でも、想像以上の困難な壁が次々に立ちはだかる状況であった。

このシステムを機能させるには、国際的な連携協力を必要とするため、日本の新たな学術情報システム構想の説明に、長倉先生や中山・松村両学術調査官らにもお願いして、ロンドン、ワシントンなど外国へも出かけた。ライブラリー・オブ・コングレス（アメリカ議会図書館）をはじめ関係諸機関を訪問、説明や意見交換を行い、これらの先進国諸機関との協力体制の基礎固めができた。

一九八〇年度予算で、学術情報システムの中心となるセンターの調査費を計上することができて、大きなシステム構築が実現に向けてそろりと動き始めた。感無量であった。私は何としてもこのシステムが完成するまで担当したいと主張したが、役人の世界では勝手は許されず、ほどなく、一九八〇年（昭和五十五）夏には次の仕事に移らざるを得なかった。しかし、後任の各課長、とくに田保橋彬課長や西尾理弘課長の活躍は目覚ましく、加えて学術情報に詳しい田中専門員など専門家たちの懸命な努力によって、次第にシステムの実現に近づいていった。その過程で猪瀬博先生をはじめ多くの研究者や職員の多大な尽力があったからこそ、このシステムは日の目をみることができた。

この構想は更に進展し、独立行政法人国立情報学研究所の設立につながり、猪瀬氏、末松安晴氏、ことに坂内正夫氏らの歴代所長のもとに、学術情報ネットワークが着実に構築されていった。現在はサイネット・フォー（ＳＩＮＥＴ４）にまで発展して全国の大学や研究機関にノード（ネットワークの接続拠点）が設置されている。さらに海外研究ネットワークと相互接続も図られ、国際的先端研究プロジェクトに対して円滑な情報流通に貢献している。「地球シミュレーター」やスーパーコンピュータ「京」をサイネットを介して研究に活用した事例も報告されている。このような優れた学術情報ネットワークの形成につながる基礎の基礎を築くことに若干でもたずさわれたのは幸いであった。

最近でこそ、世界中がネットワークの時代になっているが、今から三十年以上も前に、学術情報ネットワーク、しかも外国のデータベースと国内の各大学を結ぶ壮大なシステムを構想したことについて、最近、若手研究者から評価する言葉を聞くことができた。公務員冥利につきるというべきかも知れない。

第三節　南極観測船「しらせ」の船出

国際学術交流の領域

次の仕事は同じ局内の国際学術課長としての役目であった。学術研究は、もとより真理の探究という普遍的な価値を探求するものであり、研究の成果は、人類の共有財産として国際的な価値をもつと同時に、次世代に受け継がれていく。必然的に国際的なつながりと協力が不可欠な分野である。各国ともに科学研究への支援は国家の大きな使命の一つとなっており、国ごとにさまざまな機関が活動している。アメリカのＮＳＦ（国立科学財団）、フランスのＣＮＲＳ（国立科学研究センター）、ドイツのゲーテインスティテュート（ドイツ文化センター）などとの連携も大事であった。ユネスコや国際学術連合会議（ＩＣＳＵ）の自然科学プロジェクトとの協力も進める責務があった。学術の国際交流を図る施策としては、研究者の交流、国際共同研究の推進、国際会議の開催への支援、研究者の海外学術調査の支援などさまざまあったが、国際会議への出席や二国間の科学技術協力協定に基づく交流の一端も担った。

中国との学術交流

そんな中で中国との学術交流の仕事は印象に残っている。当時はまだ中国との関係は他国との関係ほど濃密ではなかったが、日中間の教育学術協力のための第一回政府間会議にも出席した（一九八〇年九月）。会議後、慣れない茅台酒《マオタイチュー》の乾杯を続け、立ち上がれなくなった失敗もあった。そのあと上海へも立ち寄り、パンダにも歓迎された。

また日本画家の平山郁夫先生の熱意に応えて、敦煌遺跡での調査研究に対し、中国文物管理局との難度の高い交渉を続けて支援したこともあった。平山先生の幅広く平和を目指す活動は、その壮大な画業とともに、日本の文化外交にとって大きな足跡を残されたと思う。

もう一つ、中国との間で忘れられないプロジェクトがあった。文化大革命後、中国では革命で教

中国科学技術大学を日本人研究者たちと訪問した際、中国側要人と（1981年3月）

上海でパンダの歓迎をうける（1980年9月）

師や学生を下放された大学が機能不全に陥っていた。その一つ、安徽省の省都である合肥《ホーフェ》にある中国科学技術大学への協力依頼が文部省にあった。同大学は中国での自然科学系の英才が集まる大学であったが、教授陣も設備も弱体化しているため、日本の大学の理工系教授の協力が欲しいとのことであった。そこで大崎仁審議官を団長にして五分野五人の東京大学工学部の教授にお願いして現地調査に出かけた（一九八一年三月）。あの『三国志』に登場する曹操の故郷として有名な合肥も、当時は荒れ果てた農村となっており、私たち一行の旅も人々の好奇の目にさらされた珍道中のようなものであった。

その時の訪問を機に、東京大学の情報学の権威元岡達先生、金属材料工学の久松敬弘先生をはじめ何人かの教授たちの協力を得て、日中の学術協力が始まった。以後、何年間か東京大学と中国科学技術大学との間で、先生方の講義のための出張や学生の受け入れが続いたと聞く。私としては、古来日本が中国から受けた知的文化的恩恵を考えれば、「天平《てんぴょう》の甍《いらか》」以来初めて、日本から知的な恩返しができるのでは、とロマンを感じての仕事であった。日中交流の初期、ほんの小さな漣のような出来事であったが、ご多忙の中、ご協力いただいた諸先生には今も深く感謝している。

これら国際学術課長としての仕事に際しては、中国との関係構築をはじめ多くの場面で、英語も中国語も堪能で外交的なセンスもある光田明正留学生課長の助力をいただいた。

南極観測事業の支援と観測船「しらせ」の命名

さて、この課での最大課題は、国家的プロジェクトとしての南極観測事業の支援であった。南極の過酷な自然の中での観測を通じ、毎回隊員たちの必死の努力によって、日本の観測隊は赫々たる成果を上げていた。課では、滝本南極観測監理官が中心となり、観測隊の予算、南極観測事業の諸支援、活動のフォローなど観測事業にかかわる全てを担当していた。もちろん、当時永田武博士が所長をつとめていた国立極地研究所が内容面の全責任を担っていたが、大蔵省や観測船を運航する役目の防衛庁との折衝などはすべてこの課で対応していた。

南極観測船「しらせ」の進水式

国立極地研究所を訪問。所長の永田武博士と（右から3人目）

その頃、観測船「ふじ」が老朽化し、次の二万トン級の大型観測船を建造中であった。歴代の課長や監理官の多大な貢献で建造が進んでおり、私が担当した頃は、その最終場面であったため多額の予算を必要とした。予算期には担当者の努力によって必要な予算を獲得でき、船は完成に近づいた。最後に、観測船の名称を決めるのも課の任務であった。国民の夢を実現する南極観測船であり、これは役所が勝手に決めるのではなく、公募してみようということになった。新聞に広告を出して新船の名を募ったところ、六万通くらいの応募があった。最高得点は

D. フィリップス卿のご自宅で（1982年）

「大和」であったが、これは防衛庁から使用を強硬に反対された。戦艦大和の後継船が南極観測船というわけにはいかないのだろうと、止む無く断念した。

他方で、日本人で最初に南極点に辿りついた白瀬中尉の名を、との声が地元を中心に盛り上がっていた。白瀬中尉は、アムンゼン、スコットと並び日本人として最初に南極を目指した探検家であり、その名を何とか留めたいとの地元の意向は理解できた。しかし、船の名は地名でなくてはならないと言われ、いったん「しらせ」は不可能かと思った。だが、南極の研究者に知恵者がおり、南極には日本人が発見した白瀬氷河がある。白瀬はすでに地名であると。かくて新船は「しらせ」と命名することができ、一九八二年（昭和五十七）十一月に就航した。現在は「しらせ」の第二代目が南極海で活躍している。南極観測について熱意をもって仕事をしたのは、おそらく高校時代の弁論大会で、南極観測を主題にして優勝した経験があったほど、若い時からの思い入れをもっていたからであろう。

一九八二年の初夏、ヨーロッパ各国の科学政策関係機関を歴訪し、各国の行政府をはじめいくつかの研究機関を訪れて、日本の大学、研究所との学術交流の拡充強化につなげた。その際、かつて訪日され懇談した元オックスフォード大学総長のデイヴィット・フィリップス卿はイギリス学術界の泰斗であるが、ロイヤル・アカデミーや国会議事堂、加えてオックスフォード大学内を案内して下さり、英国の科学政策や研究の実態についてお話をいただいた。大学に近い学者一家の静かなお住まいに泊まり、歓待を受けた楽しいひとときを思い出す。六月末には、キャンベラでの日豪科学技術協力協定に基づく政府間会議に、草原克豪補佐と出席して帰国した。その後、中学校教育課長への異動を告げられた。草原補佐にはよく仕事をサポートしてもらったが、氏はのちに拓殖大学の副学長となり、大学に関しての著作のほか、最近では新渡戸稲造の全体像についての優れた大著を出版された。

ここまでの学術行政十年余の経験は、私にとっても収穫の多い貴重な日々であった。いつも担当する仕事に後ろ髪をひかれながら次の仕事に向かうということが多かったが、この時も同様の気分であった。

第四章　中学校教育から大学改革まで

第一節　中学校の校内暴力との格闘

中学校課の抱える問題

一九八二年(昭和五十七)七月、その当時まだ中学校教育課と称していた課に移った。いうまでもなく、小学校、中学校という義務教育段階の学校教育の分野は、一国の国民の人づくりにとって、いわば骨格の部分にあたる。したがって、文部省が所管する諸領域の中でも、国民の関心が高く、影響力も大きい分野である。

十九世紀の後半、日本が西欧文明に出会い、江戸時代の幕藩体制から明治時代の議会制近代国家に移行したのち、まず力点を置いたのは義務教育の普及と充実であった。一八七二年（明治五）には早くも「学制」が発布され、全国に小学校が、ついで中学校がおかれていった。この時の国家の指導者たちの教育を重視する見識は、見事であったと思う。この時代に整えられ、その後整備されていった日本の初等中等教育は、全ての国民を対象とし、しかも高い教育水準を保ち、世界に誇れる内容であった。日本が第二次世界大戦後の貧困と混乱から立ち上がり、世界も瞠目する経済発展を導いてきたのは、充実した初等中等教育が資質の高い国民を育んできたからだといわれたのは、記憶に新しい。それゆえに小学校、中学校、高等学校などを所管する課には、教育行政のノウハウが長年にわたって蓄積されていたし、担当者にも揺るがぬ誇りがあった。

新しい教育課程の実施

私が、この伝統ある分野の一隅を直接担当することになったのはこの時が初めてであった。若い頃、その局の筆頭課である財務課の法規係に属しており、法制や施策、予算の側面からある程度全体を見渡すことはできたが、学校段階ごとの教育内容や指導方法などについては課長になってから当面することになった。その課名は間もなく省内の組織の改組があって中学校課となった。この課は、名前の通り全国津々浦々の中学校にかかわる、あらゆる課題を扱うことになっていた。時を経て、大きな行政改革があったせいか、今やもう小学校課、中学校課、高等学校課などという懐かしい区分はなく、初等中等教育に関する教育課程課、児童生徒課など、学校段階別ではなく機能別に組織された課で構成されるようになって今日に至っている。

就任時は、一九七八年（昭和五十三）に改訂された新しい学習指導要領に基づく教育が各学校で実施され始めた直後であった。いわゆる「ゆとりと充実」と称する最初の改革で、戦後積み上げてきた少々過密な学校教育を見直して学校教育にゆとりを、という流れをつくり始めた最初の大きな変革であった。例えば中学校の英語の時間が、それまでの週四時間から三時間に減らされて、内容が薄くなった時である。語学教育などはむしろ集中的に学んだ方が効果的であり、これでいいのだろうか、と思っ

中学校課長として講演をする著者（1984年）

たがすでに実施に移されていた。

辞令を受ける時、上司の鈴木勲局長からは、中学校の教育課程についてよく考えるようにとの話があった。中学校課では、全国の中学校における教育の水準を確保するため、教育課程の基準をつくり、その維持向上を図る役割をもつ。私としては、その大事なミッションを示されたことによって、常に学校教育を充実しようとする文部行政の姿勢を知ることができた。

課には中学校にかかわる諸問題、例えば教育課程や生徒指導などを企画担当する事務官のほか、国語、数学、理科、社会、英語、音楽などの各教科の内容面について専門的な立場から学習指導要領の改訂や全国的に指導を担当する何人もの教科調査官たちが、ついたてを挟んで一緒に仕事をしていた。教科調査官は、それぞれの分野の専門家であり、各県の指導主事や大学教員の中から転任してもらうことが多かった。おのおの個性のある、しかし、有能な人たちであった。課長としても、調査官の皆さんにはずいぶん教えられ、また、仕事上頼りになる存在であった。課の中では調査官も課の一員ではあるが、各県に赴くと県の指導主事や各学校の教員の皆さんにとっては、中学校や高等学校の教科について、国の方針を伝えて指導する、強い影響力を発揮する人たちである。現在では教科調査官は、関係課に属することなく、同じ建物の中ではあるが、国立教育政策研究所の教育課程研究センターに所属して、教育課程に関する諸調査研究や企画、指導助言にあたるようになった。

当時、全国の公立中学校は一万校余もあり、地域によって、学校によって、さまざまな問題を抱えていた。その問題の様相を見るにつけ、小学校との違いは大きいものがあると思った。小学校では、一人の教師がクラスを担任し、全ての教科を教え、こまごまとした問題にも目を行きわたらせることができるが、中学校になるとクラスの担任はいるものの、教科担任制であって、子どもたちは一人の教師に終始見守られている生活とは異なる仕組みに適応しなくてはならない。そうした変化とギャップに馴染めない子どももいるし、中学生にもなると思春期、反抗期の入り口にあたり、まだセルフコントロールの能力も十分には育っていない時期特有の問題もある。そのため、中学校の抱える問題性は、かなり複雑で難しい面がある。中学校課では日々、それらの問題についての問い合わせや指導、調査、対策の立案、そして国会対応や対外的な会合など、なかなか忙しい毎日が続いていた。

町田市立忠生中学校の校内暴力事件

就任後間もなく、忘れられない事件が重ねて起きた。

一九八二年（昭和五十七）十二月頃から、横浜市などでは無抵抗な浮浪者を集団で襲撃して傷つけ殺害するという、あってはならない事件が頻発するようになっていた。

翌年の二月十一日の真夜中に、ある新聞社の記者から電話があり、「市内の中学生を含む十四歳から十六歳までの少年による浮浪者襲撃事件が起きた。中学生がからんだこの事件について、中学校課長としての見解を問う」ということであった。事実関係も不明確なまま見解を求められるという課長の立場に驚いた。その時は何とか凌いで、翌朝から直ちに情報収集と対応にあたった。

その直後（四日後）、さらに思いがけない事態が起きた。今度は東京都の西部、町田市立忠生中学校での出来事であった。同校では日頃から校内暴力が激しく、同年二月十五日、粗暴な三年生男子生徒が帰宅しようとした教諭に向かって玄関の泥落とし用金属マットで襲いかかろうとした。教師は身を守るために自宅に持ち帰ろうとポケットに入れていた果物ナイフでその生徒を刺したのだった。これは教師が教え子に傷害を与えるという前代未聞の事件であって、そこまで中学校は荒れているのか、という社会への問題提起につながった。その日から、わが課はまるで事件現場のようにごった返した。

まず、早朝から国会に呼ばれて、党の勉強会への出席をはじめ、衆・参の文教委員会での審議が相次いだ。その答弁資料作成、大臣説明、文教委員会への出席。しかも他の地方行政委員会、法務委員会などは担当課長が出席し答弁することになっていたため、自ら国会答弁をするという直接的な責任があった。次第に、メディアの報道も過熱し、まるで日本中の中学校が荒れているかのような騒然とした雰囲気になっていった。その間、取材も頻繁にあり、メディアの中には中学校へ出向いて「やらせ」

の取材をして報道し、事態を混乱させるところまで出てきた。

こういう場合、まず大事なことは正確な情報を収集することである。そこで、忠生中学校や都内の中学校のことはもとより、各都道府県の教育委員会を通じて全国的な実態を緊急に調査するなど事態の把握につとめた。ただ、情報分析などの作業は対外的な仕事が終わってからの深夜になるため睡眠時間はほとんどとれず、とれても眠れない日が続いた。そうした状況下、この混乱のままで流されていてはいけない、何とかしなくてはならない、では一体どうしたらいいのか、と昼夜煩悶する時間が続いた。

緊急の対策に乗り出す

この頃わが家の娘は渋谷区内の公立中学校に通っていた。まるで、日本中の中学校が校内暴力で荒れているような報道や国会審議に悩み、深夜まで働く私をみかねて、自分の通っている松濤中学校は何も荒れていないし、暴力沙汰もない。周辺の学校の多くもそうだと話してくれた。この娘の気遣いと援護が、以後問題に冷静に対処できるきっかけとなった。確かに、日本の校内暴力は、当時の世界各国に比べて事件発生の割合はケタが違う少なさであった。だが、国内では大きな問題となっていることは確かで、担当課長としては気の休まらない緊張の日々が続いた。

そうこうするある早朝、一つの案を思いついた。「この事態の解決には、緊急に全国の中学校長に対して明確なメッセージを出し、校内暴力対策の方針を明示して、学校、教育委員会、文部省それぞれの為すべきことを明らかにすること。それによって各学校の戸惑いに応えるとともに、社会的な混乱にも対処することができるのではないか」と思った。それも「文部省で自ら起案して行うより、専門家の意見を集約して提言をつくることが適切ではないか」と……。相次ぐ事件で朦朧とする頭の中にひらめいたアイディアであった。

出勤後、直ちに鈴木勲局長にお話しすると、了解と激励をいただいた。方針が決まれば一気にはずみがついたかのように、課内でも懇談会のメンバーをすぐに検討してくれた。そして小・中・高の学校長の代表者をはじめ、教育学者、心理学者、精神科医、カウンセラー、科学警察関係者、青少年問題関係者など各界の専門家十六人をリストアップし、ただちに連絡をしたところ全員から了解を得られた。

そして「最近の学校における問題行動に関する懇談会」(間宮武共立女子大学教授が座長)の第一回を、二月二十一日に招集した。忠生中学校事件から六日目であった。専門家全員の意識は、問題や原因の把握においても、対策の考え方においても共通する点が多く、議論は白熱のうちに進み、短時間で収斂することができた。緊急事態の危機管理であり、長く検討期間をかけてはいられないとの判断から、当初から三回で結論を出すこととし、二回目は三月三日に、三回目は三月八日に開催。最終日には提言書をいただいた。

そして、提言書を受け取った二日後の三月十日には、緊急に全国の都道府県・指定都市教育委員会教育長会議を招集した。それは提言をベースとして、一連の問題への対応策を徹底するための会議であった。しかも同日付で、局長通知を発し、各教育委員会、各学校での「生徒指導に取り組むための学校運営上の点検項目」を明らかにして、地域での取り組みを促す会議となった。

その提言の内容は、まず問題の背景として物質的には豊かな社会で他人を思いやる心の軽視や、家庭における親の養育態度の変化、学校における教師の指導力不足、過度の受験競争などがあるととらえ、そのうえで学校、家庭、社会の在り方を示すものとなっていた。

とくに効果的であったのは、学校が取り組むべきことを「緊急課題」と「長期的課題」に分け、緊急課題の第一に、校内の「教師の一致協力体制の確立」を取り上げたことである。多くの問題校の特徴として挙げられるのは、教師の意識・行動がバラバラで、学校全体で問題に取り組む姿勢の脆弱さが目立っていたからだ。このポイントを取り上げたことで、各学校で校長のリーダーシップがとり易くなり、教師全員の一致協力を強力に促すきっかけになったと確信している。

校長のリーダーシップの大切さ

問題の忠生中学校は、事件によって全国的な注目をあび、メディアや各種の対応で混乱をきわめていた。三月末の卒業式には、警察官の立会いをみとめるかどうかなどが世間の大きな関心を呼んだ。四月一日、新学期とともに、近隣の中学校で優れた学校運営をしていた長谷川義縁《よしより》校長が、忠生中学校の校長となり教頭も交代した。町田市も適切な人事をしてくれた。長谷川校長の前任校では、荒れ模様の他の中学校とは違い、学校のガラスが一枚割られても直ちに補修して学校を荒れさせないという管理が校長を中心に行き届いていたという。

突然の配置換えで、荒れた雰囲気の中学校に赴任した長谷川校長は、教師たちがバラバラな状態の学校を立て直すため、その強い意志としっかりしたリーダーシップによって事態の収拾を図ることを決意したという。明示的な条件を提示し揺るぎない姿勢で臨んだがゆえに、当初教員たちはやや冷ややかな対応であったが、次第に無関心や非協力の姿勢を変え、学校は沈静化をみはじめたようであった。校長・教頭のリーダーシップによる教員の一致協力体制と保護者（ＰＴＡ）や地域の人の参加協力の確立が、荒れる中学を立て直す第一の要諦であることが立証された、とのちにうかがって提言の意義を確信することができた。

本省の担当課長としては、全国中学校長会を通じて、長谷川先生とは、先に述べた提言のことや同校のその後の対応の在り方など連絡を取り合い、バックアップにつとめた。その後、同校を訪れる機会があったが、その頃には、教師たちの一致協力も目覚ましく、これからはしっかり学校を立て直していこうという姿勢が読み取れた。長谷川校長は生徒と学校を愛し、よりよい教育のために一身を捧げる信念の人であり、剛毅な気迫をもって問題解決にあたられた。見事というほかない。長谷川先生とは、それ以降も難事をともに乗り越えた、いわば同志のような心持ちでの付き合いが続いている。本書第Ⅱ部に登場願った由縁である。長谷川先生は校長職のあと、私立大学の教授として教育論を展開し、学生たちがよき教員になるよう、学校現場での経験に基盤をおいた熱意ある授業をされたと聞く。最近もまだ矍鑠《かくしゃく》として教育への限りない情熱をもっておられる。

最近（二〇一二年八月）、大津市の中学校のいじめによる自殺事件などを聞くにつけ、いまだ学校によっては同じような問題をはらんでいることが分かりまことに残念である。長谷川校長のようなリーダーシップをもって、子どもからのＳＯＳを受け止める仕組みを校内につくり、教員の一致協力によって、迅速に、かつ、小さい芽のうちから毅然と対処する学校の姿勢はつくれないものか。いじめはいつでもどこでも起きるとの論理で、子どもが安心して学ぶべき学校において、集団による陰湿で卑怯な言動や暴力が放置されることは許されてはなるまい。教育委員会、地域の大人、警察との連携も密接に、為すべきことを為す学校であってもらいたい。往時の対応を振り返るにつけても、ことが起きた時の危機管理の重要性を痛感する昨今である。

さて、この忠生中学での一連の作業は、かなりの効果を生み出したようである。文部行政としては前例のない緊急の提言をまとめ、直ちに招集して説明した全国教育長会議ののち、さしも荒れていた多くの学校で、ほどなく校内暴力は収束をみはじめた。ただ、国会では衆参の文教委員会をはじめ、国会内で校内暴力小委員会のような組織がつくられるなど、担当としては休むことなくさまざまな会議に呼び出されることしきりであった。この校内暴力の発生は、中曽根康弘総理大臣のリードによる臨時教育審議会の設立にも影響があったように聞いている。しかし現実には、四月以降、全国の中学校での校内暴力の件数は格段に減少していった。それは、不思議な感覚にとらわれるほどであった。いかに各学校の校長先生たち、心ある教師の皆さんが真剣に事態に対処しはじめてくれたか、ということである。

出席停止措置の検討

と同時に、硬軟を取り混ぜた施策を講じたことも効果を生んだのでは、と振り返っている。提言において、社会的に大きな関心を呼んだのが、問題行動のある子どもに対する方策であった。学校が最大限の努力をしてもなお生徒が暴れまわり、学校での正常な教育活動ができなくなったような場合、その生徒を出席停止にすることができるとの提言がなされていた。今では当然のことと受け止められている措置であり、しかもその詳細はおって検討すると記してあったのだが、当時としてはそういう強い指導を問題視する向きがあった。

全国会議後の報道で、ある全国紙の一面トップに、文部省が出席停止を可とすることを取り上げ、問題であるかのような記事がでた。あれだけの神経とエネルギーを注いで緊急に校内暴力対策を練り、短期、長期の対策に分けての施策を講じ、しかも丁寧に記者会見をした結果が、対策のねらいや内容の本質を全く書かず、施策の中のほんの小さい部分でしかない出席停止措置の可能性を、まるで大問題であるように仕立てあげて書く新聞記者と、そのまま掲載するメディアの在り方には、驚きを禁じ得なかった。しかし、その後も長い仕事の過程において、一部の新聞ではあるがその類いの報道に出会うことはしばしばであった。

もちろん、提言をよく読めば、事後の教育的指導に十分配慮をしながら、法令に定める出席停止の措置も取り得るということで何ら問題はないのである。ただ、学校教育法上に出席停止の根拠規定が定められていたが、どういう場合にどのような条件のもとに出席停止ができるかなどの定めがないこともあって、長らく抜かれざる伝家の宝刀となっていた。そのため学校現場では、抜いてはならない宝刀のように思われていたとしても致し方ない。

この出席停止の問題に関しては、予定通り、その後「問題行動生徒に対する措置に関する検討会議」を開催して指針を審議してもらった。委員には行政法の塩野宏東京大学教授ほかの先生方の協力を得た。これもその年の八月から九月にかけて三回の会合で結論を得た。この検討会議の結果に基づき、学校教育法第二十六条の出席停止の意義や運用の在り方について、文部省の考え方を明らかにするため、初等中等教育局長通知を出した。そこでは、出席停止の措置は、市町村の教育委員会の責任のもと、校長の判断により十分な教育的配慮を貫いて行われるべきこととし、その出席停止の要件や手続きについても、教育的観点と法的観点から具体的に述べた内容であった。

これらの難儀な仕事を綿密にしっかりと遂行してくれたのが、当時の中学校課の崎谷康文補佐であった。さきの懇談会や局長通知をはじめ、めまぐるしい仕事にも的確に取り組んでくれた。そういう支えがなければ、あのような効果的な仕事はできなかったであろう。

その前後、中学校課で一緒に働いてくれた銭谷真美補佐はのちに文部事務次官から東京国立博物館長に、近藤信司補佐も国立教育研究所長から国立科学博物館長になるなど、ともに苦労した後輩たちが活躍を続けてくれたことを見るのはうれしい限りである。ここには書き切れないが、これ以外に昼夜骨身を惜しまず働いてくれた有能な職員の顔が数多く思い浮かび、そういう仲間の存在があって初めて難題を乗り越えることができたのであった。

自然教室やコンピュータの導入

校内暴力のような行動に走る中学生の問題は、実は家庭教育や小学校教育の在り方にも起因する面があるが、中学校レベルでも生徒の豊かな人間性を養うための配慮が学校に欠けていることから起こるのではないか、ということにも気付かされた。そこで、中学生がしばらく自然の中で過ごせる自然教室の事業を始めることになった。中学校の授業の一環として、生徒たちが家庭を離れ、生徒同士互いに協力し合いながら一週間ほど自然の中で学び、楽しみ、共同生活をするというプロジェクトで、当時の大塚雄二文部政務次官など政治家の指導と支持があった。実際には、塾へ通うことを理由に反対する親や、随行する負担を厭う教師の消極的姿勢もあって、ついに二泊三日でもよいことになったが、それでもなかなか大きな動きとはならなかった。子どもをめぐる大人の思惑の在り方によって、あるべき教育が制約を受けることの問題を痛感させられた。

さて、この時期、世界や日本の科学技術の進歩は著しく、各国ともに学校へのコンピュータ導入の動きが模索されていた。そこで、日本の中学校にもコンピュータを導入して新たな情報化時代に対処することが任務と考えた。専門家の意見を聞くなどの諸準備をしたあと、コンピュータ導入の予算化など最初の道筋をつくることができた。ただ、その後学校における情報化は大きなうねりにはならなかったようだ。情報化時代の到来を予感し、先取りをして事柄の重要性に気付くには、残念ながらわが国の行政官も政治家も学校教員も、やや時間がかかりすぎ、結果的に日本ではこの分野は大きく出遅れた。二十一世紀の昨今になってやっと学校へのＩＣＴ機器の導入が加速されはじめた。あの頃からもう、四半世紀も経っている。

天城会議への参加とそこで得たもの

校内暴力対策が一応の収束を見た頃、日本ＩＢＭの椎名武雄社長から、同社の主催する天城会議に出席するように勧めて頂いた。この会議は、毎年夏、天城高原にある同社の天城ホームステッドに日本を代表する論客が五十人前後集まり、俗世間を離れ、年一回気宇壮大なテーマのもとで論戦を戦わせるという会議である。遥かに富士を眺め、高原の空気を吸って、二十一世紀の日本の在り方などをはやばやと議論する場は、知的な刺激に満ちていた。

出席者は、財界人、文化人、学者、外交官や官僚のOBたちという日本を動かしている人々であった。そこに若年の私が参加させてもらい、議論の渦中に入って鍛えられた。この会議で盛田昭夫氏、黒川紀章氏、牛尾治朗氏、伊藤雅俊氏、平松守彦氏、野田一夫氏をはじめ、名だたる論客や実業家に出会うことができ、人生のよき財産となった。そのメンバーとは、のちに多くの場面で邂逅することがあり、さまざまに指導や支援をいただく機縁ともなった。その後メンバー構成も変わり、七十歳定年制となり雰囲気も変わっていったが、私にとっては広い視野と論戦への度胸をつけさせてもらう貴重な機会となったと感じている。

このようにして、三年間の中学校課長時代も、忙しい中にも皆さんに助けられて、手応えある日々を過ごすことができた。

第二節　大学改革問題との遭遇

大学教育の課題は何か

次に取り組むことになったのは、大学問題であった。一九八五年（昭和六十）七月、高等教育局企画課長の職を拝命した。企画課は、大学に関する仕事をする高等教育局の第一課で、大学課、医学教育課、学生課、教職員養成課や私学部の仕事について連絡調整し、あるいは省内、国会などへの対応や予算の取りまとめを行う役割があった。課独自の課題としては、当時の十八歳人口の増加にともなう大学進学者の増大にどう対処するか、という大所高所からの高等教育計画の企画にあたるポジションであったし、同時に、私立大学の新設や学部増設の設置認可の審査にも責任をもつ課であった。そのため、大学設置審議会という、大学設置の可否を審査する審議会の事務方もつとめていた。

当時、大学設置審議会の委員には、私立大学や国立大学の錚々たる学長たちが任命されていた。大学の世界で高名で発言力もあり、社会的影響力のある学長や学者の先生方である。例えば、慶応義塾の石川忠雄塾長、戸田修三中央大学長、岡本道雄京都大学総長、香月秀雄千葉大学長、有江幹男北海道大学長などという聳え立つような大学人のお名前を思い出す。したがって審議会運営もいつも熱気あふれる議論がなされた。それらを通じて大学が抱える問題を学ぶ貴重な機会となった。時折、会議終了後に集まって話し合うインフォーマルな会合では、和やかなうちに大学問題についてのさまざまな教えや叱咤激励をいただいた。

私の仕事の歴史においては、既述の通り大学の教育・研究の使命のうち学術研究に関してはかなり長い間たずさわってきたが、大学における教育や大学経営の問題についてはまだ経験がなかった。むしろ前職の中学校課長の時から、大学入試や大学教育の在り方に大きな関心を寄せてきた。というのは、一国の最高教育機関である大学がどのような教育理念をもち、どのような教育をし、学生たちにどんな知識技術を身につけさせてくれるか、が日本の初等中等教育、ひいては人材育成にとって要ともいえる課題であるとの信念をもっていたからであった。

日本の大学教育の問題状況

各大学が学生に真の実力をつける教育に熱心であるならば、大学入学を目指しての初等中等教育段階の学校における学習や真剣な競争は、大いに意味がある。しかるに昭和六十年代前半頃の実態は、未曾有の経済発展を達成している日本企業の意気は高く、企業は大学でどんな学力を身につけたかには関心を払わず、大学入試で学生の選別をしてくれれば、あとはOn the Job Trainingで企業の欲する人材に育成するという傾向が大手を振っていたように思う。大学側も多くの場合、その傾向に異を唱えず、自らの教育理念を明確にもって本来の充実した教育を行ってきたとは言い難い状況であった。もちろん大学、学部により異なるが、大学は概してレジャーランド化した様相を呈しはじめており、学生側も大学側も弛緩していた面があったのではないだろうか。

そういう実態は初等中等教育にも影響し、教師の指導も子どもたちの学習の姿勢も、とにかく有名大学に入るために試験で良い成績をとることを優先し、暗記や迅速な解答をすることに力点をおいてきたのではないか。子どもたちは、学ぶことの楽しさを味わうこともなく、あるいは自分で考えて独創的な答えを見出す喜びを知ることとも程遠く、教師も保護者も生徒たち自身も、あまりに受験競争にシフトしすぎていると思われた。そうした傾向が受験生には大きな抑圧となり、逆に受験にかかわらない生徒の気持ちを荒れさせ、生徒たちの問題行動にもつながっているのではと考えてきた。

さらに当時、塾の勢力が次第に大きくなっていた。しかも、塾は通商産業省の所管であって、文部省がその実態を調査することはできないと省内で正式に告げられ、大いに疑問を感じた。中学や高校で子どもたちは、自分の真の知力を磨くというよりは、入試にうまく適応できるための知識や技術を重視しすぎてはいないか。大学入学の目的が、最高学府の教授たちの高い知性から自分にとって真に必要な知力を得、あるいは将来の職業人や研究者となるための必要な知見や生き方を学ぶことにあるというよりは、むしろ、名目的な学歴を得るために過酷な受験競争に耐えているのではないか。この思いは、かつて青少年の意識調査をベースにした拙著『現代フレッシュマン論』（一九七七年）を書いたときにすでにもっていた疑問であったし、中学校課長時代の関心事でもあった。

そこで私は長い間、大学がよくならなくてはその下の段階の教育は決してよくならない、という考えをもってきた。日本の大学は、戦後の学制改革でアメリカ方式の大学制度を受け入れて、二年間の教養教育と後半の専門教育とに分けられ、単位数や大学の施設などについての細かい大学設置基準は定められていたが、そこでの教育の在り方は大学の自由の名のもとに各大学に任され、アメリカ型にみる教育重視の授業への努力は必ずしも十分ではなかった。そういう課題を抱えながら、諸外国の大学と日本の大学の比較を含め、大学の在り方を客観的、総合的に論ずる場はそれまで設けられていなかった。大学については、当時、大学設置審査のための審議会と私立学校法人の審議会があっただけで、これらはむしろ大学の量的拡大への対処が中心課題であった。日本の大学のあり方全般を見渡して論ずる仕組みはなかったのである。

第三節　大学審議会の創設

高等教育改革に向けて

新任の企画課長としては、筆頭課長に特有の局内や全省的な連絡調整や、予算案の立案、折衝、加えて国会対応などの仕事に追われながら、さきに話した大学教育の本質的な問題にどう取り組んでいくかに関心があった。そのため、佐藤禎一大学課長らと局内での勉強会を何回ももって議論を重ねた。ときに郊外の研修施設に泊まり込みで出かけて討議したこともある。大崎仁高等教育局長や佐藤課長はすでに大学関係の仕事にも長く従事され、大学問題について深い知見をもつエキスパートであった。議論はときに激しく、また教えられることが多かった。しかし、最終的には同じ方向を目指して進むことができた。その頃、私は「今が年来考えてきた大学改革の好機」ととらえていた。

当時、臨時教育審議会の議論が進んでいたが、その第四部会「高等教育の改革」(飯島宗一部会長)で、ユニバーシティ・カウンシルの設置が論じられていた。その動きは、文部省高等教育局としても、問題意識を共通にしていた。そのため、「高等教育の改革」を含んだ臨時教育審議会第二次答申（一九八六年四月二十三日）が出された直後には、局内に「大学改革協議会」を設けて、大学審議会創設の議論を開始した。というのは臨時教育審議会の答申は、大学設置基準等の改善、大学院の飛躍的充実と改革、大学審議会の創設など緊急課題が含まれているが、その具体的な方策の検討は行政当局に任される内容であったからだ。

その協議会には、石川忠雄先生をはじめ飯島宗一名古屋大学長、西原春夫早稲田大学総長、森亘東京大学総長をはじめ財界人など錚々たるメンバーの参加を得た。この協議会で、大学審議会の具体的構想や審議すべき方向など濃密な議論が進んだ。これが、のちの大学審議会に発展していくことになる。

その後、局長は大崎局長からやはり大学問題に造詣の深い阿部充夫局長に交代した。急な大臣交代もあって塩川正十郎文部大臣をお迎えした。このお二人のもとで大学審議会の実現に向けての作業が本格化した。

そもそも大学審議会の設置は、日本の将来を築くうえで大学教育の改革を推進することの重要性に照らし、大学関係者をはじめ、広く各界の英知を結集して、大学を中心とする高等教育の基本的在り方を調査審議する常設の機関を創設しようとするものであった。そこで、協議会の議論を進めながら局内で検討を続け、関係部課の協力を得て、新たに大学審議会を設置するための「学校教育法及び私立学校法の一部を改正する法律案」を作成した。臨時教育審議会の答申への対応としてもっとも早く、かつ、実質的なものであった。

ただ、法案作成の作業は決して容易ではなく、まず局内では行政改革の観点から、既存の大学設置審議会と私立学校審議会という伝統ある二つの審議会を再編統合して大学設置・学校法人審議会とすることによって初めて新審議会を立ち上げることができるため、関係部課には思わぬ迷惑をかけることになった。また、各省折衝では、どの省の担当者も大学と若干のかかわりしかないにもかかわらず、縄張り意識からか法案に対してさまざまな理由をつけて同意をしない。その頃まだ若い事務官であった常盤豊法規係長（現在、高等教育局担当審議官）が、理不尽ともいえる折衝でも長時間耐えながら電話で冷静に受け答えしていたのも印象深かった。企画担当の遠藤純一郎補佐は直接法制化をすすめる立場にあり法案の作成やその後国会審議への対応などに全力で取り組み、大学審議会設置後はその審議の本格化につとめてくれた。また、諸橋輝雄庶務担当補佐は、大学審議会を予算に計上し省としての機構・定員として認めてもらうため、大蔵省主計局や行政管理庁担当者に夜討ち朝駆けの折衝を繰り返していたが、発想を変えた独自の説明資料を編み出してつくるなど意欲的に仕事にあたっていた。このように課の全員が一丸となって頑張ってくれた。土曜日曜も返上し、連日深夜まで働く日々であった。

法案の国会審議

いよいよ国会審議が始まったが、野党や大学人の一部から大反対を受けて難航した。一国の最高教育機関である大学について文部省におく審議会で論議することに対し、学問の自由や大学の自治を侵すものとして大々的な反対キャンペーンがなされた。これは全く皮相な誤解であることは設置の趣旨から明らかであるが、日本ではこと大学に関する法制化については常に同様の反対が起きてきた。大学紛争後の諸法制化の時も同様であったし、のちに国立大学法人化を進める時も然りであった。大学人の一部には、大学の自治、学問の自由を信奉するあまり、社会的存在としての大学の役割をかえりみない傾向がみられるのは残念である。

特に野党議員との質疑応答は苛烈で、反対派の議員は容赦ない言葉で対立をあおった。一九八七年(昭和六十二)八月十九日の衆議院文教委員会での審議は、野党議員の質問中に与党議員が質疑打ち切りの動議を出して、乱闘ともいうべき状況下で法案が可決された。ただ、不思議なことに、それ以降の国会審議は比較的順調に進み、九月四日に法律は成立した。

こうした国会での論戦に際して塩川正十郎大臣は、明快に、かつ、信念をもって立法の趣旨に沿った答弁をなされた。ついでながら、塩川大臣とは、省内のゴルフコンペでご一緒した思い出なども懐かしいが、のちに私がトルコ大使として赴任中、外国で奮闘する者を慮ってか、その頃日本で話題になっていた知的な新刊書を時折送って下さった。その後塩川大臣は、小泉内閣の財務大臣として私も同時期の閣僚であったが、厄介な質問にも悠揚迫らざるユーモアあふれる答弁で煙にまく芸当に、国民の人気も高かったものである。筋の通った懐深い政治家であったし、私にとっては若輩にも参考になる書籍を遥々送付して下さった得難いお人柄であることが忘れ難い。

阿部充夫局長は大臣答弁を補佐する政府委員として、どんな質問にもためらうことなく、大学問題への深い理解に立った見事な答弁をされ、背後に控えるわれわれも安心して質疑応答を聞くことができた。阿部局長は、包容力のある柔軟な思考をされる行政官として、部下の意見も十分に受け入れ、おかげで一同もこの難しい事態を何とか乗り越えることができた。国会審議を終えた日には、深々と椅子に座り、お酒の入ったコップを片手に煙草をふかしながら何事もなかったかのように悠然と過ごされていたのが印象的であった。

大学審議会の発足

法案可決後は、担当課はこれまで以上に多忙となった。大学審議会は、答申のほか文部大臣への勧告権ももち、その委員は内閣の承認を受けるという格の高い審議会であった。それだけに人選や手続きは複雑な経過を辿った。前身の大学改革協議会のメンバーを中心としながら、より広い立場からの委員を加えて構成された。次いで新しい審議会にどのような諮問をし、どのような議論をしてもらい、勧告権までもつ審議会の運営をどうやっていくか、次々に決めるべきことがあったが、これらについても、阿部局長のリードで、比較的スムースに決定できた。諮問事項は、「大学等における教育研究の高度化、個性化、活性化等のための具体的方策について」という総括的なものであって、そのもとで次々に議論を深め、答申できるものから答申してもらうという賢明な方式がとられた。その内容は、第一に大学院を中心とする教育研究の高度化、第二に学部レベルの大学教育の個性化、第三に大学の組織運営の活性化という三つの基本的な観点を意味している。阿部局長はのちに文部事務次官になられ、部下の信頼も厚く今も慕う人たちが多い。本書第Ⅱ部に登場願えたのも有難いことと思っている。

大学審議会は一九八七年（昭和六十二）十月十三日に発足し、真剣な審議が開始された。会長の石川忠雄先生には、協議会以来、終始ご指導をいただくことができた。慶応義塾の塾長室を何度もおたずねし、会議の進め方や方向性をうかがうとともに、折に触れて中国政治の学者としてのお考えを教えていただくこともあった。壁面を埋める蔵書に囲まれた塾長室で、パイプを片手にゆっくりとご意見を述べられる、そのひとときは私にとっても、学び、考える貴重な時間となった。会長のリードもあって、この審議会では実り多い審議が重ねられた。私はしばらく大学審議会などの事務に従事したあと、一九八八年（昭和六十三）七月には、三年間の企画課長時代を終了することになった。これで日本の大学改革は前進できるとの確信をもって、次の仕事に移ることができた。

その後の大学審議会の動きに触れておくと、委員の方々の真剣な討議や後輩たちの努力によって一九八八年末にはまず「大学院制度の弾力化」が答申され、次いで一九九一年（平成三）二月に三つの答申が出されたが、その中心は、「大学設置基準の大綱化」を含む「大学教育の改善について」であった。戦後新制大学になって以来、長く大学を縛ってきたこまごまとした「設置基準」を大綱化し、できるだけ各大学の裁量に任せるという画期的な内容であった。ただ、この大綱化が各大学で教養部廃止という流れにつながっていったことは、多分審議会メンバーにとっても予想外の出来事であっただろう。学者も行政官も政治家も新しい政策を考えるに際しては、できる限り将来を見通しておく必要があると、つくづく考えさせられることが多い。近年やっと、大学における教養教育の充実の緊要性についての認識が高まってきた。是非ともこの機会に、本格的にリベラルアーツ教育が確立されることを日本の未来のために切望する。

この答申を皮切りに、審議会は次々に優れた内容の答申を出してくれた。

なお、大学審議会関連の仕事に没頭していた頃、同じ霞が関で労働省では赤松良子婦人少年局長、佐藤ギン子審議官らの活躍により、いわゆる男女雇用機会均等法が成立（一九八五年）した。やっとその時代が来たかと思いつつ、私自身は自らの職務に専念した。それからしばらくして、わが家でも娘がよき伴侶と出会い結婚した。婚家のご両親の温い理解と協力も得て、その後三人の子育てと両立させながら研究系の仕事を続けている。

高等教育局長としての日々

私は、その後文化庁勤務となり、次章で述べるが、文化庁部長や次長としての三年間を過ごしたあと、文部省の教育助成局長となった。初等中等教育の諸学校にかかわる教員給与や施設補助をはじめとす

教育助成局長時代、省内運動会で優勝

る仕事であったが、一九九〇年（平成二）十一月十七日に起きた長崎の普賢岳噴火後の支援が記憶に残っている。

教育助成局長になってから、僅か一年ののち、私は高等教育局長となった。その頃、大学審議会から次々に発せられる答申は、各大学にとって大学改革の大きな推進力になっていた。高等教育局長として、大学改革の潮流が始まっていることを実感する毎日であった。学部教育の充実を図るファカルティ・ディヴェロップメント（大学教員の教育能力を高めるための実践的方法）や学期はじめには講義要項を学生に明示するシラバスの作成、外国語教育の充実など、かつてない大学教育改革の動きが見られた時期であった。各大学の学長や総長からは、大学での改革の進捗状況や課題をお聞きすることができた。とくに井村裕夫京都大学総長は学内で意欲的にリーダーシップを発揮されたことが印象深い。その後も私の大臣時代には総合科学技術会議議員など要職を歴任され、今も先端医療や臨床医学分野のため活躍中である。それ以外にも当時の先生方との出会いが、のちのちの交流につながっているのは有難いことである。

思うに、大学審議会を創設できたことが、日本の大学改革を推進する契機になり、大学の歴史の中でも一九九〇年代の改革の動きは長く記録に残るであろう。ただ、この重要な役目を果たした審議会が、行政改革の末、二〇〇〇年（平成十二）末には廃止され、中央教育審議会の一分科会になってしまったのは実に残念であった。阿部局長もその廃止を惜しんでおられる。発足からの約十三年余の間に、精力的に活発な議論が積み重ねられ、実に二十八件に及ぶ答申等を発出するという大きな成果を残してくれた。閉じられる直前の一九九八年（平成十）には「二十一世紀の大学像と今後の改革方策について」、二〇〇〇年には「グローバル化時代に求められる高等教育の在り方について」という今なお通用する内容を盛り込んだ答申が出された。

一連の改革の動きによって、大学教育の充実は図られたと期待していたが、最近も依然として広く日本の財界、有識者の間にも日本の大学教育の形骸化を危惧する動静があり、中央教育審議会大学分科会での「主体性をもった学習」の答申をはじめ、世界で活躍できる高度で、幅広い学問と専門をもつトップリーダーの育成が渇望されている。日本の大学教育の改善は待ったなしのように思われる。

高等教育局長としての任期は二年で終わり、一九九四年（平成六）七月には文化庁長官となった。その七年後に、大臣として大学問題に再び本格的に取り組むことになったが、われながら大学問題に関しては宿命的な因縁を感じている。

第五章　文化の世界との出会い

第一節　文化は国民の共有財産

文化行政を担当することになって

一九八八年（昭和六十三）六月、文化庁文化部長を拝命した。文化庁勤務は初めてであった。この時から始まった日本の文化や文化行政とのかかわりは、のちに文化庁次長、長官となった期間をトータルしても僅か四年半という決して長い時間ではなかった。ただ、文化の世界とのかかわりやそこで出会った仕事のいくつかは、私の仕事史の中でも思い出深いものの一つとなっている。

それは、一国にとって文化のありようというものは、その国の存在意義を物語るだけでなく、人々の生活にも日常的に影響を及ぼす力をもっており、仕事として文化振興の分野にかかわることができたことは、私の人生にとっても大きな意味をもったと感じるからである。そもそも、文化とは定義することも困難なほど、きわめて幅広く、また、奥深い内容を含んでいる。

「文化は、人が人として生きるあかしであって、人間の本来的、根源的な欲求である」、文化を享受し、創造し、文化的な環境で生きることは古今を通じての人間の願いであり、文化は国民の共有財産となって、「国民性を特色づけ、国民のアイデンティティを形成する源」であるとは、ちょうど赴任時に発刊された「文化白書」に書かれており、その頃の文化のとらえ方であった。いわば、文化は高い芸術性をもった文芸、美術、音楽、舞台芸術、あるいは歴史とともに守り伝えてきた文化財といったものばかりではなく、国民の間に広く普及している生活文化や行動様式まで含む幅広い概念なのである。

確かに当時の文化部の守備範囲を思い出しても、五つの課はいささか寄せ集め的な集合体であった。文化普及課、芸術課、著作権課、国語課、宗務課など、バラバラの感はあるが、いずれも大事な仕事の分野であった。各課とも、時代の変化のもたらす新たな政策課題を抱えて、それぞれに忙しく働いていた。文化普及や芸術分野の振興をはじめとして、例えば当時、著作権行政関係では、著作隣接権の保護期間延長や外国レコードの保護強化を含む著作権法の一部改正にも取り組んだ。国語政策関係では、「外来語の表記」の答申がまとめられた時期であった。宗務行政に関しては、のちにオウム真理教事件が発生し、文化庁として問題解決の前面に立って、宗教法人法の改正に至る厳しい業務が待っていた。

少しこの時代の日本を振り返ってみると、文化行政の担当となった翌年、一九八九年（昭和六十四）のお正月は、一月七日朝に天皇陛下が崩御され、深い悲しみのうちに昭和の時代の終わりを目のあたりにして、時の経過に一抹の寂しさを覚えたのであった。二月になって、天皇陛下をお送りする「殯宮《ひんきゅう》の儀」に参列して御柩のおかれた宮殿の松の間に、各界から選ばれた者が順次侍り、漆黒の闇の中で祈りをこめて過ごすという時間をもった。聞こえるのは、宮中の上空を飛ぶカラスの声だけであった。六十三年余にわたる長い激動の昭和の時代を思い起こしながら、その厳しかった時代を常に国民と共にあって平和を希求してお過ごしになられた昭和天皇のご生涯を偲んだ。その間、日中戦争や第二次世界大戦と敗戦、終戦後の困窮から国民一丸となっての努力によって奇跡とも言われた日本の立ち直りがあり、一九八〇年代に日本経済は世界第二位となるに至った。しかし、その時がまさに頂点であり、以後凋落の道を辿るとは、その時誰が予想できたであろうか。

昭和天皇が崩御された日、一月七日には小渕恵三官房長官が「平成」の字の書かれた色紙をかかげて記者会見し、翌八日、新しい時代が始まった。この年は、ソ連でも政変が起こり、共産主義の独裁体制が打ち破られ、ゴルバチョフ首相の登場によって、第二次世界大戦後長く続いた冷戦構造に終止符が打たれた。秋にはあの強固なベルリンの壁が崩壊して、翌年（一九九〇年）十月、東西に分断されてきたドイツの統一が図られることとなった。まさに、世界史上の大転換期にあたった。

一九八九年（平成元）の四月に私は文化部長から文化庁次長となり、守備範囲が芸術文化に加えて文化財保護の分野まで広がった。フランス語に堪能な文化人植木浩文化庁長官のもとであった。次長は局長級であるので長官を助けながら、国会対応をはじめ、文化に関する実務面の責任者となった。次長として過ごした二年二ヶ月の間に、通常の職務のほかに二つの大きな仕事に出会うこととなった。その一つは、日本芸術文化振興基金の創設であり、もう一つは、壮大なオペラ劇場を中心とする新たな第二国立劇場（現在の新国立劇場）の建設への道筋をつけることであった。前者は、六百億円余の基金を前例のない手法で一気に創りあげる仕事であり、後者は、これも政府としては前例のない、空中権の使用許諾という方法によって劇場建設の基礎固めをした仕事であった。いずれも、一九九〇年（平成二）春の法律改正で制度的に達成できた事柄であったが、今にして思えば、チャレンジングな仕事にたずさわった疾風怒濤の日々であった。

第二節　芸術文化振興基金の創設

基金創設の機運

基金の創設と劇場建設という二つの仕事は時系列的には同時並行的に進んだ面があり入り組んでいる。分かりやすくするためまず、芸術文化振興基金の創設について思い出してみたい。文化庁次長となってあらためて文化行政全般について展望した時、文化の重要性に比してその予算があまりに少ないことに驚かされた。それまで、学術、初等中等教育、高等教育、という分野を担当してきて、それらの分野も決して十分な予算上の手当てがなされていたわけではないが、文化予算の額の貧弱さに愕然としたことを覚えている。

当時の文化庁予算は、総額約四百億円であった。諸外国では、イギリスは約一千億円、フランス、イタリアは約二千億円の時代に、である。その後間もなくフランスの文化予算はラング文化大臣のもと急速に拡充され、私が文化庁長官になった頃、年間予算は約三千億円になっていた。その格差が年々累積すれば、一国の文化振興にどれほど大きな質的、量的な差異が出てくるか、想像にあまりある。

しかも、その少ない文化予算の大部分（ほぼ七十％）は、文化財保護の経費に充てられていた。もとより、一国にとって、歴史的な価値をもつ文化財を保護することは必須の責務であり、史跡、名勝、天然記念物の保存と管理は手を抜くことはできないが、とくに史跡保存のための土地購入の補助費が予算の過半を占めており、いささかアンバランスな予算であった。加えて世界最古の木造建築である奈良の法隆寺をはじめ古代からの社寺建築や街並みの保存、あるいは仏像をはじめとする広範な美術工芸品など多岐にわたる有形文化財を守るとともに、無形文化財としての人間国宝の方々の技や各地に残る多彩な民俗芸能などの保存や継承にあてられる経費も重要であった。

文化財保護については、戦後早くも一九五〇年（昭和二十五）に制定された世界に冠たる文化財保護法の体系のもと、芸術文化の領域に比べれば、保護は格段に手厚かったが、それでも自然災害や経年による損壊に際して、十分な修復を行うにも事欠く程度の予算でしかなかった。

私は、文化行政は初めての経験であったが、日本文化の幅広さ、創造され守られてきた歴史的な積み重ねの層の厚さ、それぞれの領域の奥行きの深さは世界に誇れる内実を備えており、これを維持発展させることによって日本の存在感が増し、国民の誇りも保つことができると内心確信していた。着任した直後の一九八八年（昭和六十三）六月には、当時の大崎仁文化庁長官のもと、横瀬庄次次長の努力もあり『我が国の文化と文化行政』という前述のいわゆる文化白書が初めてとりまとめられ、文化振興の機運が高まってきていた。

他方、芸術文化予算、ことに音楽、美術、舞台芸術など多彩な芸術の分野を振興するための芸術文化関係予算はあまりに少額であった。芸術家たちの要望も大きな声となり、次第に政治家の間でも問題意識をもって下さる方々が増えていた。当時の好調な経済状況も反映して、一九八九年（平成元）の夏頃から、日本の芸術文化をもっと振興しようではないかとの国会議員の声が高くなってきた。青木正久先生をはじめ当時の自民党国会議員の多くが賛同して下さったことを背景に、一九八九年七月には時の塩川正十郎官房長官が記者会見において、三千億円程度の文化振興基金をつくる構想を打ち上げられた。当時日本は、経済成長の頂点に近く、いわゆるバブル崩壊前の好景気に沸いていた。そのため、国庫収入も潤沢で、補正予算の措置によって通常予算の不足部分をまかなうことが可能であったからであろう。

塩川官房長官の発言の趣旨は、新しい文化の創造と伝統文化の保存・活用のために通常予算とは別に基金をつくり、その運用益で芸術活動を支援するというものであった。そのためには補正予算を計上しよう、という画期的な考え方を明言していただいた。何と有難いことか、それによって基金構想は一気にはずみがついた。

民間からの寄付集めの困難さ

ところが現実は厳しいものであった。有力政治家の発言はあってもその構想を実現に結びつける具体的作業はすべて文化庁事務方の責任であり、それからが大変であった。基金構想は閣議決定がなされたわけでもなく、財政当局の賛同を得たものでもなかった。そこでまず、大蔵省との折衝が始まった。大蔵省は、「補正予算というならば、明確な補正事由がいる。芸術振興のための予算は通常予算の色彩が濃く、補正予算にはなじまない」、という論理であった。さりながら、通常予算では大きな額を一気に予算化することは難しく、当時比較的手当てがしやすかった補正予算でということが政治的にも賛同されていたことから、大蔵省としてもその理由を見出すことに力を注いでくれた。

その結果が、民間からの寄付が集まれば、「民間の意思を尊重するために」国としても補正予算を組むというシナリオであった。しかし、大型の補正予算を組むには、民間からの寄付も少なくとも百億円は集めるようにとのことになった。これは国家公務員がかつて経験したことのない無理難題であった。しかし、私を含む文化庁の幹部たちは、長年の芸術家たちの希望に何とか応えたいという気概をもっていた。

そこでまず、当時の石橋一弥文部大臣にお願いをして、経済団体連合会を訪問していただき、この基金構想の重要性と民間からの寄付の必要性を説明していただいた。しかし、民間企業の寄付を扱う経団連の花村仁八郎事務総長からは、五億円までなら協力しましょう、そして二百社で分担することにし、寄付の依頼は文化庁で手分けして行うようにという回答であった。五億円では、補正事由にはならないし、会社数も多く、人手もなく多忙をきわめる私どもには不可能と映る回答であった。そこで、大臣のご出馬でも不可能なら、この計画は無理という雰囲気が文化庁、文部省を覆った。ここで諦めるのが模範的な官僚である。

文化貢献企業の発想と各社巡り

しかし、私は何とかこの機に日本の芸術文化を振興して、日本の文化水準を高め、日本の存在感を昂揚させたい、との思いが強く、容易に諦める気にはなれなかった。それは日本の文化を振興させたいという私を突き動かすロマンがあり、挫けてはならないという心情が働いたからだ。そこで、思いついたのが、たまたま存じ上げていた財界人で、当時経団連副会長であったソニー会長の盛田昭夫氏にご相談することであった。毎年夏、日本ＩＢＭ主催の天城会議でお会いしており、いつも気さくにお声をかけて下さっていたためお話しできると考えたからであった。

お忙しい時間を縫って、全く個人的に溜池の高層ビル内にあった迎賓の執務室で単身お会いいただけた。日本の芸術文化振興への熱い想いと基金設立の苦境をじっと聞いておられたが、やがて「それなら遠山さんが自分で企業をおまわりなさい」というお答えであった。それまで、一国の文化の振興のためであり、国家的な事業であるので、どこか有力な経済団体でのルートができれば、そこを通して話が進むものと考えていた。だが、それは何と甘い夢であったことか。自ら動かなくては寄付などいただけないという現実に突きあたった。国家公務員が自ら個別に企業を訪れ、総額百億円の寄付を依頼して回る……それは事柄としても時間的にも途方もないことであり、いわば絶望的な壁がたちはだかったことになる。

愕然としながら、ここで諦めては、と三晩ほど煩悶した。母からの「世のお役に」、父からの「義を見てせざるは勇なきなり」という、私にとっては二つの魔法の言葉が頭をかけまわった。朦朧とした中で、ある朝一つの案を思いついた。それは、一社一億円をお願いしよう、百社ならば、何とか手分けできるのではないか、そして、寄付をいただいた企業には、「文化貢献企業」として末永く公的に名をとどめさせていただく、という案であった。その案をもってもう一度盛田氏にお会いし、ご説明した。氏もそれは名案だと即座にご賛同を下さった。その答えをうかがった途端、突然ではあったが、では、どうか盛田会長のソニーがその文化貢献企業の第一号になって下さいませんか、と畳みかけた。

自分のためであれば一円の無心もできないような誇りを捨てて、陳情した。盛田氏にとってもいい迷惑であったろう。が、呆れたように、「君ね、一億円というのは一人で決められるような額ではない、社長もいるし、株主総会での説明もいる」と苦笑いをされながらのお答えであった。ただ、その温顔に、ひょっとしたら動いて下さるかもしれないとの直感をもった。思い起こせば、この夜の会談が一つの正念場であった。

ただ、そこまで進めてからも文化庁でのやや四面楚歌の状況は変わらず、どうするか迷った。考えれば、国家公務員が企業から高額の寄付を募って歩くのは前例のない無謀な話であり、責任ある立場の人たちが反対をとなえるのも当然なのだろう。そこで、切羽詰まり当時の國分正明文部省官房長に事態を説明し、予算編成の時期も迫ってきて、時間がないのでとにかく企業回りを始めてみるがよいか、と直接電話で尋ねた。官房長は反対されず、「わかった。骨は拾って上げましょう」とのお答えであった。少々時代がかったその一言を得て、次長職の超多忙な時間を縫っての企業回りが始まった。國分氏とは一緒に働いたことはないが物事の軽重を見極め、道理に照らして適正に判断される頼りになる存在で、その後も直接、間接にさまざまな局面で支援をいただいた。のちに、事務次官を務められた。

その日から、とにかく僅かな伝手も利用し、存じ上げている社長さんを次々に頼って面会を依頼した。大企業の社長との面会は普段は難しく、文化庁次長の私が寄附依頼のために会えるのは総務部長が限度のようであったが、私は社長に直接お会いすることにこだわった。企業のトップでなければこの志を理解し、前例のない申し出に耳を貸してはいただけないと考えたからである。幸い何人かの社長さん達とお会いできるようになった。

夫の勤務先であった富士通株式会社にも出向き、山本卓眞社長にお会いできた。すぐに立場をご理解くださり、打てば響くご対応をいただいた。しかし多くの場合、社長さん達は、説明をいぶかしげに聞きながら、「普通寄付は二百万円単位で言ってくるものですよ、一億円とはあまりに高額です」との反応であった。私も内心では「そうでしょうね…」、と思いながらも引き返すことはできなかった。

後から聞いたことであるが、いくつかの企業から大蔵省主計局に問い合わせが入ったという。文化庁次長が一億円の寄付といってきたが、一体何者で、どういうことなのか、と。大蔵省側も多分文化庁には無理だろうと考えていたようではあるが、企業からの問い合わせがあり、どうやら本気であることに気付いてくれたようであった。

ロンドン上空からの盛田昭夫氏の電話

文化庁内でも企業回りのやり方が決まってからは、何人かの課長たちが本気で各企業へのアプローチを開始してくれた。予算編成があるこの年の暮れまでに寄付金の目途をつけなくては、補正予算を獲得できる千載一遇のチャンスも逃げてしまう、気の急く思いの日々が続いた。次長は文化行政の種々の仕事とともに国会答弁もあり、数々の通常業務をこなすだけでもかなりの仕事量である。加えてのちに述べる第二国立劇場にからむ仕事もその時期、難しい壁に直面していた。そんな中、多くの職員が努力を続けてくれた。渡辺通弘総務課長は幅広い芸術家とのネットワークを活用してメセナに理解のある企業をまわり、西尾理弘会計課長はこれまで文化庁とはルートのない建設業界などとの難しい交渉を手がけてくれた。ともに個性的で有能な事務官であり、西尾氏はのちに出雲市長として敏腕をふるった人である。ただ、その頃はまだ、各社とも当然ながら、なかなかはっきりとした寄付金額の提示はなく、やきもきする毎日が続いた。

晩秋になったある日の午後、私のデスクの電話がなった。突然の国際電話であった。いぶかしく思いながら受話器をとると、思いがけず盛田昭夫氏ご本人からで、「今ロンドンの上空にいる。これから英国女王に謁見するが、その前にいいニュースを伝える。ソニーとして三億円を寄付することにした」と。まさに、天空からの救いの声であった。あの劇的な朗報をもたらして下さった盛田会長、また、社長として寄付をご承諾下さり、早や天上に戻られた大賀典雄社長には、今も心からの感謝と惜別の気持ちで一杯である。そこまでの動きを水面下で支えてくれた同社の星久人渉外総括部長の尽力も大きかった。

ソニー三億円寄付、のニュースの効果は絶大であった。その記事が出てからは、各企業の協力機運も一気に高まり、何社もの寄付申し込みをいただけるようになった。その頃、文化庁として経済界と文化人からなる「芸術文化振興基金推進委員会」を立ち上げ、一九八九年（平成元）十二月一八日には基金設立の提唱とそのための民間からの資金拠出への協力要請を盛り込んだ提言がまとめられた。そして、この提言を石川六郎日本商工会議所会頭、三浦朱門日本文芸家協会会長、ほかの方に記者発表をしていただいた。国としての予算案を編成する直前であった。元大蔵事務次官の長岡實氏からの応援もいただいた。

こうした努力の途中で思わぬところから横やりも入ったが、海部俊樹総理大臣が基金の設立を断固として支持されたと聞く。その後何回もの国会質疑でも基金設立を支持する答弁をしっかりとして下さった。

基金設立の舞台裏

このように、文化庁文化部関係者の必死の努力が続いたが、国会対応や外向けには、あくまでも民間からの発想による寄付申し込みがあり、それに応ずるために国として補正予算を組む、という補正予算のストーリーであって、舞台裏での苦闘の事実は国会議員やメディアや芸術家たちにもほとんど知られることはなかったし、補正事由を守るため、私たちも苦闘が外に知られないように動いた。今や二十年余も経っており、秘話をお話ししても許されるであろう。基金設立を決定するまでのプロセスでは、町村信孝文部政務次官をはじめ多くの政治家からのバックアップがあった。ただ、事務方としてここまでまとめられたのは、当時の大蔵省主計局次長が、たまたま大学のクラスメート藤井威氏だったことが幸いした。大蔵省と文部省は三年坂を隔てて真向かいである。深夜、打ち合わせのために何度か次長室を内々に訪れた。友人とはいえ二人とも仕事のうえでは立場を異にし、譲れること譲れないことがある。そこでは、丁々発止、ぎりぎりの交渉を重ねたのであった。

藤井氏は、いわば生来の英才ともいえる人物で、東大時代はラグビー部に所属して日々練習に打ち込みながら、法学部の試験もなんなくこなし、卒業時には卒業生総代を務め、大蔵省に入省した。読書家でもあり、諸事に精通する博識ぶりと能弁さには敬服したものである。何年かのち彼は主計局次長、私は文化庁次長という立場で相対することになった。民間からの寄付を前提とする基金設立は大蔵省にとっても前例のない難題であり、この記念碑的な仕事の舞台裏を同級生のよしみもあって、当方には厳しく当たりながらも、大蔵省内では実質支えてくれたのではないかと推察する。のちに二人とも大使となり、私はトルコへ、藤井氏はスウェーデンへとほぼ同時期に転出して貴重な経験を積むことになるとは、お互い知る由もなかった。まことに不思議な縁である。氏は、駐スウェーデン大使時代の経験とその後の研鑽を積み、同国についての書物のほか、社会福祉論についての専門書『福祉国家実現へ向けての戦略』を出版し、この問題に関して揺るぎのない主張と信念をもつ理論家でもある。当時の思い出を本書第Ⅱ部で語ってくれている。

構想の具体化と国会審議

文化庁にとっての次の課題は、基金をどのように構成し、どこに寄付金を受け入れてどこを根拠として運営するかであった。本来は巨額の基金を扱うための独立組織を新たに設立するのが筋であるが、厳しい行政改革の時代には不可能である。結局、文化庁が所管する特殊法人国立劇場に属するしかなく、伝統ある国立劇場の法人名を変え、内部に基金部を設けるというお願いをすることになった。国立劇場の会長は第二章で触れた斎藤正氏、理事長は佐野文一郎元文部事務次官であり、いずれも私の尊敬するお二人であった。日本の伝統芸能を守るための国立劇場から、芸術一般に対する援助を行う基金をあわせもつ「日本芸術文化振興会」へと名称を変え、歴史的な変質を余儀なくする組織改正をお願いすることとなった。

佐野理事長は同郷の出身で、文部省内の静岡県人の集まりである「羽衣会」でご一緒ではあるが、優れた法理論家でもあり著作権法の大改正や高等教育計画の立案など諸懸案にじっくり取り組んでこられた。しかも役人の限界をわきまえる方でもあり、時折、私の走り過ぎにやんわりと注意をいただくこともあった。おそらく難渋の末であったろうが、ご両所に了解を得たことによって、法律改正のプロセスを進めることができた。

年末に予算案が決まり、百億円の民間寄付が集まることを条件に、補正予算として国費が五百億円拠出されることになった。それゆえ、年明けからは寄付金の総額を何とか積み上げるため努力することが不可欠となった。寄付を約束してくれた企業にとっても、年度内に法律が成立し、受け入れの基金が制度上できあがり国費が投入されなくては寄付をすることはできない。また、会社によっては法律が成立したあとで株主総会に説明して認めてもらい、出資していただく手筈になっていたところもある。したがって、年度内の法律成立が不可欠の条件であった。

しかし、新年になり通常国会での法案審議において、予算委員会での質疑があり、「百億円といいながら今一体いくら集まっているのか」、「集まらない限り補正予算案は通せない」などと、厳しい野党質問の矢面に立たされた。その時、石橋一弥大臣の後を継がれた保利耕輔文部大臣にはしっかりと対応いただいた。私も大臣から全幅の信頼を得て、ときに答弁の補佐をさせていただいた。予算委員会で政府委員として答弁に立った際、橋本龍太郎大蔵大臣の前を通ると、「遠山さん、頑張れ」と励まして下さった。そのお声は今もはっきりと耳に残っており、その瞬間、大蔵大臣もご存知だったのかと、勇気がわいた。

審議は他法についての与野党の駆け引きのためにずれ込み、基金設立と第二国立劇場関係の改正条項も織り込んだ、複雑な国立劇場法の一部改正法案（一九九〇年三月）は年度末ぎりぎりになっても採決されなかった。万一廃案になれば、これまでの努力が水泡に帰し、基金は夢と消える。それでは協力企業にも多大な迷惑をおかけするし、予算案の修正もいる。切羽詰まった状況下、文部省の大臣官房や国会担当の職員が水面下で必死の努力を続けてくれた。

三月末のその頃、週末も返上して疲弊しきった日々を過ごしていた時、ほっとする出来事があった。日頃こわもての井内慶次郎東京国立博物館長（元文部事務次官）が、「遠山さん、今年は桜見物ができないだろうから東博《とうはく》の裏庭から桜をもってきたよ」といいながら次長室に大きな枝ぶりの桜を何本か持参して下さった。桜が大好きな私には、どんなにうれしかったことか、人の情けに心打たれたひとときであった。その時初めて、薄緑色の桜の花が御衣黄《ぎょいこう》という品種であることを知り、品のよい桜花に見入り、励まされたのであった。

桜が運をもたらしてくれたのか、法律が通ったのはその直後、一九九〇年（平成二）三月の年度末最後の法律として、三月二十九日に成立した。そして、翌三月三十日には「国立劇場法の一部を改正する法律」が公布、施行され、政府出資の五百億円も拠出された。かくて、年度最終日の三月三十一日には、民間企業からそれまでに確約してもらった十七億円の寄付金が直ちに拠出された。四月一日には新たに振興会に基金部が設置された。こうして芸術文化振興基金は芸術家たちの期待に応え、晴れて新制度として発足することができた。

この法改正によって、新たな法律名は国立劇場法から「日本芸術文化振興会法」となり、特殊法人の名称も国立劇場から日本芸術文化振興会に変わり、今日に至る。基金の根拠や関連条文を加え、附則で税法一部改正を織り込んだ。同時に基金のこと以外に、第二国立劇場の建設を当時の建設省に委託するための他法の改正も含めるという、文化行政としては大きな懸案を進める重要な内容であった。

一連の膨大な法改正作業のために、文部省の配慮もあり、庁内に玉井日出夫氏（のちの文化庁長官）をはじめとする有能な事務官たちのチームがつくられ、若い彼らの活躍によって大作業が進んだことも成功の大きな要素であった。

企業からの寄付

基金を設立してからは、寄付金集めも順調にすすんだ。しかし百億円を達成するための努力は並大抵ではなかったが、この大事業を渡辺、西尾両課長たちをはじめ、多くの文化庁職員の努力にゆだね、私は第二国立劇場の土地問題や他の山積する課題に没頭した。彼らの獅子奮迅の活躍により、寄付金は二年後に百億円を達成し、最終的に一三四社から一一二億円という、今にして思えば想像を絶する巨額の寄付を仰ぐことができた。拠出金三億円をお願いできたのは、ソニーのほか、第一生命保険相互会社、日本生命保険相互会社であり、これに次いで、主要な諸銀行、証券、生命保険の各社からも協力をいただけた。さらに、製造業界からは、トヨタ自動車、富士通、松下電器産業をはじめ、日本電気、東芝、日立製作所など有力企業七十一社から、これらに次ぐ額の寄付をいただいた。

いずれの企業も日本文化の振興のためとはいえ、よくぞご協力下さったものと、頭が下がる思いである。ご協力いただいた各企業の関係者、そして働いてくれた省内の職員全員に、衷心より感謝しなくてはならない。とくに文部省の先輩の加戸守行氏には、外郭団体の理事長の立場にあって金融機関を中心に裏から力強い働きかけをして下さっていたことを忘れてはならない。その頃、一流紙に有力な演劇人からの基金不要論が掲載されて驚いたが、作曲家の三善晃氏が渾身の論説をもって反論して下さった。また、演出家の鈴木忠志氏、劇作家の山崎正和氏らの真摯な芸術支援必要論をいただいて窮地を脱することができた。実に多くの皆様の支えをいただいて、この基金制度は発足することができた。

第三節　空中権の活用による新国立劇場建設への一歩

オペラ劇場建設の夢

もう一つの難問がオペラ、バレエ、演劇など現代舞台芸術のための第二国立劇場（新国立劇場が出来上がるまでを、愛称として使われていた「二国」と呼ぶ）の建設にかかわる仕事であった。日本の伝統文化の華ともいうべき歌舞伎、文楽、日本舞踊などのための劇場としては、すでに一九六六年（昭和四十一）に、皇居とお堀をはさんでの一等地、半蔵門に校倉造りの品格ある国立劇場が出来上がっていた。ただ、西欧由来の舞台芸術のための国立劇場はなく、藤原義江氏など著名なオペラ歌手をはじめ、橘秋子氏、島田廣氏などバレエ界の方々からも国立の専用劇場を設置すべしとの強い要望と大きな期待とが寄せられていた。一九六六年（昭和四十一）に制定された国立劇場法の附帯決議にも「伝統芸能以外の芸能の振興を図るため」の劇場をつくるべきと明記され、文化政策上の大きな課題となっていた。

もちろん、文化庁としても歴代の幹部や担当者がそれぞれに努力を重ね、少しずつ前進をみてきたのだった。ただ、二国の問題に長年かかわり幾つかの節目で活躍された加戸守行氏によれば、昭和五九年の夏から高名な芸術家たちが建設予定地（渋谷区本町で新宿区との境にあり、初台と呼ばれる一帯）の交通量や周辺環境、劇場の規模に反対し、メディアも巻き込んでの大騒動が続き、二国建設の勢いが大きく削がれる事態も起きたという。このように、二国は多年にわたりさまざまな人々がかかわり、賛否両論が入り乱れ、紆余曲折の経緯があって出来上がったものである。その物語の詳細は到底ここに記すことはできないため、どうしても事実や人名の記載漏れがあることはあらかじめお断わりし、私がかかわった範囲での話であることをお許しいただきたい。

西欧のオペラ劇場、二国の運営形態

一九八八年（昭和六十三）六月私が文化庁文化部長に就任した時、二国の建物の建設は、まだ具体的な動きにはなっていなかった。予定の場所はほぼ決まり、建築設計まで進んでいたが、土地の購入、劇場周辺の環境の整備をはじめ、建築費の捻出、設置主体、運営の形態などいずれも未解決で課題山積であった。様々な立場の人たちの思惑や制度上の制約が入り組み、まるで複雑な連立方程式を解くような作業であった。そんな中、部長就任直後、上司の横瀬庄次文化庁次長からは、劇場が出来上がった場合の運営、つまり劇場のソフト面をどうするかを至急検討するように、と私に話があった。

いわゆる「二国騒動」の詳しい説明を受けることもなく、戸惑いながらも一体オペラ劇場というものの運営形態はどうあったらいいのか考究することになった。そこで就任後間もなく、急きょオペラ、バレエの発祥の地、ヨーロッパの伝統あるオペラ劇場の運営を駆け足で調べることとした。

その年の十一月下旬から十日間ほどの短期間に、ロンドン、パリ、ウィーン、ミュンヘンとまわり、七つの歌劇場と四か国の政府機関を訪問し、劇場の組織・人員や運営の実態について話をきくことができた。二国の運営の参考となるように国ごとの政府側の芸術家支援の方策も調べた。その機会に、ヨーロッパの伝統あるオペラ座、パリのガルニエを訪れた時、その内部の豪華さや舞台裏の巨大な装置に圧倒された。また、建築中のバスティーユオペラ劇場の広大な施設と人員や予算の計画の膨大さに驚いた。さらに、ウィーン国立歌劇場の壮麗な建築や豪奢な内部の装飾、観客たちのかもしだす優雅な劇場文化の雰囲気にも初めて接した。そして日本と欧州との文化的な背景の違いの大きさを感じとった。日本にオペラ、バレエの本格的な劇場を実現していくことがいかに前途多難か、道遠しとの実感をもちながら帰国した。

運営形態の問題は、既に文化庁内に検討委員会が設けられ、芸術家をはじめ関係者によるさまざまな角度からの熱心な議論が行われていたが、翌年四月私が次長となって以降、これをまとめる段階となった。その当初までは、演出家の浅利慶太氏の協力も大きかったと聞く。

二国は国立の劇場ではあるが、公演内容も三、四年先の上演演目を企画し、外国芸術家との数多くの契約を事前に結ぶなど、通常の公務とは全く異なる仕事を柔軟に行わなければならない。そこで、細かい規則に縛られがちな公的な組織にはなじまず、民間の運営財団方式がふさわしいとの結論となった。その意思決定の頃、山崎正和先生、音楽評論家の遠山一行氏、演出家の鈴木忠志氏をはじめ、多くの関係者のご協力を得ることができた。その結果が現在の公益財団法人新国立劇場運営財団につながっている。

劇場の設計プランと設置主体

この時期、すでに二国の敷地は、一部芸術家たちとの長い葛藤を乗り越えて、新宿区に隣接する渋谷区初台の地にあった通商産業省工業技術院所管の東京工業試験所の跡地とほぼ決まっていた。

その後もまだ反対の余震はあり、私も文化部長就任後皆で何ヶ所か代替地を探してみたが、決定を変えるほどの適地はないと判明した。それに、初台を建設予定地とする劇場施設として、すでに国際コンペで最優秀作品となった柳澤孝彦氏の設計した作品が採用されることに決まっており、変える必要はないと考えた。柳澤氏の設計のコンセプトは、街道沿いにプロテクションウォール（防護壁）を設けて、甲州街道と高速道路からの騒音の遮蔽を図るとともに、甲州街道から正面玄関に入る際、水をたたえた美しい池を横に見て入館することによって、現実の世界と舞台芸術の夢の世界とを隔てるとともに、それによって交通による振動が劇場に達しないようにするという優れたプランであった。ここまでの大仕事を残されたのは、文化庁次長時代の加戸守行氏で、氏は私が部長当時にはすでに文部省官房長に栄転されて、文字通り文部行政の要にあって活躍中であった。

現在の新国立劇場の外観（渋谷区初台）

さて、翌一九八九年（平成元）の春には、二国の設置主体をどこにするか正式に決める時が来て、特殊法人国立劇場にお願いすることになった。横瀬庄次文化庁次長時代である。国立劇場の佐野文一郎理事長としては、日本の伝統芸能の殿堂を預かる立場として、オペラ、バレエなどの現代舞台芸術の劇場まで所管するかは大いに悩まれたと聞くが、最終的には了解された。これにより、国立劇場法を一部改正する法案（一九八九年三月）を作成し、国会に提出した。当時、消費税の議論がたけなわで国会での与野党対立が激しく、この法律の成立も危ぶまれた。そこで年度末の日切れ法案の中に紛れ込ませてもらうなど関係者の並々ならぬ努力で成立をみたのだった。基金設立のための法改正の一年前のことであった。ただ法律成立の日、現職の文部事務次官がリクルート事件にからんで逮捕されるという衝撃的な出来事が起き、のちのち文部行政に大きな影響を及ぼすこととなった。

この法案作成作業に活躍してくれたのが文化庁の北尾美成氏、大西珠枝氏、西阪昇氏などである。この法改正と平成元年度予算で第二国立劇場準備支援室の新設が認められ、十月からは、それまで文化庁で多年経験を積んだ実力派の久保庭伊佐男氏が室長となり、以後、芸術家や周辺企業、住民との煩雑で入り組んだ具体的な諸課題の解決に全力であたるなど劇場実現の強力な推進役となってくれた。

劇場の建設費、空中権のねらい

次の課題は、劇場の建設費をどうするかであった。文化部長への就任時、前任者から、「アメリカで発達した空中権のような話はあるが、これは日本では利用できないことになっており、経緯があって封印されている、触ってはならない」と強い調子での引継ぎを受けた。役人道としてはその決まりを守らざるを得ず、しばらくはそれを前提にして他の方法を探っていたが、調べるうちに、専門性の高い劇場の建設費は膨大な金額であることが分かってきた。数百億円もの建設費を年額四百億円の予算しかない文化庁がどのように要求して獲得していくのか、予算編成の常道を知っている身には、このままでは劇場の建設は夢物語に終わるのではないか、と思われた。

その時私の胸には、二十年近くものあまりに長い間、一流の芸術家たちの希望に応えられなくてもよいのか、また、日本が国立のオペラ劇場を一つも持てない国のままでいいのか、このままでは文化行政担当者としてあまりに残念であるし、申し訳ない、何とか実現にこぎつけなくてはならないとの思いが強くこみ上げていた。そこで、何か従来にない発想による解決策がいる、それがないかぎり、劇場建設は何十年も先になってしまうのではと考えた。

その後、文化部内部でさらに検討を重ねるうちに、私はその封印されているという空中権を活用するしかない、と確信するに至った。このアメリカで発達した空中権の概念については、日本では建築家の高山英華先生がその道の権威であり、ご指導を仰いだ。もっとも、ずっとのちに知ったのであるが、かつて高山先生のアイディアを活かし、空中権を利用して得た資金を土地代にする、あるいは劇場の運営費に充てようとする議論もあったとのことである。ただ、具体的な動きにはなっておらず、それは封印前のことであったらしく、当時はその経緯を知る由もなかった。

ここで、空中権とは、都市計画法で定められた容積率のうち、未使用のものをその周辺にある他の土地に移譲することができる権利である。これにより移譲の対価を入手できるし、余剰容積率を活用する周辺地域では本来の容積率を超えたビルの建設が可能になる。当時、日本では新宿区の工学院大学のビルの例があったくらいで、まだ一般的ではなく、いわんや政府としては前例がないため、非常に困難な状況であった。国有財産を所管する大蔵省理財局としては、余剰容積という取引慣行として成熟していない不確かな権利を活用することはできないとの立場であった。当然ながら、その攻防は難航をきわめたが、文化庁としては後に引くわけにはいかなかった。

空中権を使うには、土地の所有が不可欠である。そこでまず土地の入手が事態解決のキイであるとの認識にたった。つまり、土地を入手できれば、その土地に建つ劇場は高さがあまりなくてすむため通常使える容積がかなり余り、その権利は土地の所有者たる劇場側が使える。その余った容積を隣接の民間企業に移譲できれば、対価を得て、劇場の建設費に充てることができるし、民間企業は高層ビルを建築できるとの双方がうるおう大作戦であった。そのためには、用地を手に入れることが不可欠である。

二国建設用地の入手、空中権の活用に踏みきる

そこで次の難問が、初台の一等地を国の特々会計の財産（特定国有財産整備特別会計法に基づく財

産）から、文化庁がどのようにして入手するかであった。同じ国有地であっても所管が異なり、別の特別会計に属する以上、文化庁が購入するしかないというのが国有財産管理の基本であるとされていた。当時、土地はバブルの時代に入っており、初台という絶好の土地柄から三万平米の敷地の時価は三千億円近くになっていた。それまでも毎年土地購入費として約三十億円が計上されており、街道からの進入路の購入にあてられていたが、用地買収には程遠い金額であった。この調子では、通常の予算要求で二国用地を入手することは永遠に不可能なように思われた。

そのため土地問題に焦点をしぼって、理財局担当者との打ち合わせを頻繁に行った。担当の渡辺通弘氏は当時文化普及課長であったが、官房会計課の木下舜春管財班主査らとともに、夜に日をついでの折衝にあたってくれた。渡辺課長の後任の田原昭之文化普及課長も同様の苦労を引継ぎ、何度もの交渉の記録をみると激しいやりとりの連続であった。私も理財局に出向き、同じ国有財産であるのに公示価格ではなく、時価で計算した巨額の予算を投入しなくては入手できないのはおかしいのではないかとの思いがあり、直接激論を戦わすこともあった。だが、国有財産管理の担当者にしてみれば、規則は規則であり、時価による有償譲渡であること、余剰容積の対価は土地購入費には使えないということであった。きわめて厳しい応酬が続いた。そうした難儀な交渉を続けている頃、これはまるで、中国の故事、天下の難所である函谷関を前にした孟嘗君もかくの如くであったか、と思った。しかし、絶望に落ち込んでいるわけにもいかず、さりとて鶏鳴狗盗の方途があるわけでもなく、正攻法の道を探りながらの嘆息の日々が続いた。

このように、土地問題に目途がたたない頃、一九八八年（昭和六十三）末に就任された西岡武夫文部大臣に窮状をご説明したところ、事態をご理解下さり、その後大蔵省への働きかけなど強力なご支援をいただいた。のちにこの問題は、理財局の提案により土地交換という手法も含めて解決されるが、それを実現するうえで、加戸官房長、後任の国分官房長、吉田茂会計課長の尽力はきわめて大きいものがあった。西岡大臣は文部大臣としては二回目であり、在任期間はわずか八ヶ月であった。その後自民党総務会長となられてからも二国には格別のご支援を下さった。この頃、二国問題をはじめ、当時芸術文化関係に力強いご支援をいただいた政治家は、順不同だが、奥野誠亮、桜内義雄、鳩山邦夫、林寛子（扇千景）、藤波孝生、森喜朗ほか多くの先生方であり、私どもも常時連絡をとり何かとご協力をいただいたことが懐かしく思い出され、感謝の気持ちで一杯である。大蔵省側では、天城会議でご一緒した西垣昭事務次官の時代にあたり、ご苦労をおかけしたと拝察している。

ただ、当時文部省を覆っていた重苦しいリクルート事件の余波は思わぬところまで波及し、官僚の不祥事にけじめをつけるべしとの西岡武夫文部大臣の決意は固く、加戸官房長をはじめ有能な三人の文部官僚幹部が事件とは直接関係はないが連座を余儀なくされて、一九八九年（平成元）の夏に辞職となった。これは文部省にとっても霞が関にとっても、前代未聞の大きな衝撃となった。二国問題に格別の尽力を惜しまなかった加戸官房長の辞任は、その後の展開に大きな損失であった。私としても過去の経過を聞くこともなく、二十年もあとになっていかに二国に力を注がれたか、うかがうことができた位である。

加戸氏は、のちに故郷愛媛県の知事に出馬され、三期十二年にわたる優れた県政によって、愛媛を活力ある県として発展させる大きな業績を残された。さらに私が大臣の時、義務教育費国庫負担制度が危機に瀕したことがあったが、その時、知事の立場にあって強力な支援を下さった数少ない知事のお一人であった。どこにおられても、一流の仕事を為し得る人なのである。

省内合唱団「コーロ・アペ」の発表会で

これは余談であるが、リクルート事件によって、文部省、文化庁が重苦しい雰囲気に包まれ、省員の苦衷が深まったのを見て、何とか明るさを取り戻せないかと考え、省内に合唱団をつくることを思いついた。文化庁には音楽の池田温調査官が、文部省には初等中等教育局に音楽の教科調査官二人と教科書調査官がおり、併せて四人の指導者が瞬く間に揃った。そして、忙しい仕事の合間に週一回の練習であったが、年度末には発表会を開くことができた。合唱団は、文部省・文化庁のブンブン合唱団で始まったが、知恵のある団員が、イタリア語で蜂の合唱団コーロ・アペと名づけてくれて一気にそれらしくなり、今も二十年余の歴史を刻んでくれているのはうれしい想い出である。

その後、多くの関係者の、言葉としては書ききれないほどの尽力により、土地問題は一九九〇年（平成二）十二月になって、ある決着をみることになった。二国用地二八〇〇億円余は、土地交換用地による一七〇〇億円余と不足分は予算措置と理財局からの提供もあって乗り切ることができた。高樹町の職員宿舎用地をはじめとして、文部省等所管の数ヶ所の土地の提供など、あちこちに迷惑とご不便をかけながら、年末の難問であった土地問題を解決に導くことができた。

土地問題の解決をみたことで、余剰容積つまり空中権を活用し得ることとなった。ただ、国として初めてこの権利を認めるについては、さらに難儀な交渉を必要とした。その詳細は省略するが、最終的には大蔵省理財局も柔軟に対応してくれ、隣接の企業や個人の土地所有者に余剰容積を移転できることとなった。当時の土地バブルの状況から、結果的に文化庁は巨額の対価を入手できた。

この対価を活用して、千葉にある舞台芸術センターを含めると約八百億円にのぼった現在の新国立劇場を建てる経費の大部分を捻出できた。もし、この手法を使わず、毎年の予算で建設する手法をとっていたら、毎年一定額しか手当てできず、多分、現在の壮麗な劇場は、長年形をなすことはできなかったであろう。空中権の活用で、劇場施設は国費をほとんど使わずに建設できた、いわばマジックのような経緯であった。

ちなみに、この移転に際し、余剰容積の約十％を民間のサイドで文化施設の整備に充てることを条件としたことから、現在、東京オペラシティにコンサートホールやアートギャラリーが整備されている。

周辺環境の整備

さらに、二国の予定地は街道沿いでしかも小さい商店や会社の集合する地域であったことから、環境を整備することも急務であった。そのため、二国と周辺の地域を一体的に開発して都市計画法上の特定街区にすることについて、関係企業や住民の皆さんとの話し合いが、一九八六年（昭和六十一）頃から行われ、東京都、建設省の賛同も要したが、比較的順調に合意ができていった。これについては、高山英華先生の弟子筋でもある都市設計計画の大村虔一氏に、国と周辺民間地権者との調整等特定街区の実現のためにご尽力いただいた。

これとは別に、甲州街道沿いの多くの商店の立ち退きにもきわめて困難な交渉が必要となった。その件では二国に命をかけてくれたとしか表現のしようのない、篤実な文化庁担当者の筆舌に尽くしがたい苦労があったと聞いている。とくに、この街区のとりまとめに腐心しながら、民間地権者との間で空中権の使用契約まで結んだ北尾美成氏（当時文化庁企画官）や久保庭室長、佐藤義男氏、完成後も新国立劇場で活躍中の春田和仁氏をはじめ担当グループの皆さんの努力には頭が下がる。

ここで忘れてはならないのは、実際に特定街区の実現にご協力いただき余剰容積の移転に応じて下さった隣接地の所有者の小田急百貨店、京王帝都電鉄、昭和シェル石油、相互物産、日本生命保険相互会社、日本電信電話、山大鉄商の各企業と土地所有者の寺田小太郎氏であり、この関係者には劇場側として、格別の感謝の念を末永く忘れてはならない。劇場上空の余剰容積を使ってのちに新国立劇場の隣接地に美しい姿を現したのが、あのすらりと背の高い東京オペラシティ・ビルである。このビルとの間にはゆったりとしたガレリアがこれも柳澤孝彦氏の設計で出来上がっており、クリスマスの時期などには、劇場との共通のデコレーションで飾られ、雰囲気を盛り上げている。

二国建設への第一歩

これらの目途がある程度立つまでの作業は、第一節に述べたあの基金創設のための寄付金集めや制度設計の時期とほぼ並行していた。それゆえ、当時は鬼気迫るような形相だった、とのちに事情通の人からからかわれた。たしかに、劇場建設主体の関連で、政令改正で済むとして準備していた事案が法律改正を要するとわかり、急きょ法改正案の附則中に他省の設置法改正を含めることもあった。これは、法律上の非常措置であり、担当の田原課長とは、いざとなったら辞表を提出するつもりで、国会審議に臨んだのだった。幸い問題化せずに終わった。

一九九〇年(平成二)の三月末、すでに述べた基金の創設と劇場の建設基盤に関する附則を盛り込んだ、国立劇場法一部改正が成立し、日本芸術文化振興会法の成立をみた時、私は大きな感慨を覚えた。

この時の法律成立にまつわる過酷な国会対応の日々は忘れ難いが、困難な仕事に仲間とともに挑戦し、幸いにもそれを為し得た喜びに打ち震えた。為せばなる、しかしそのためには、時代や経済の動きという天の時、政界、官界、財界、芸術界の数多くの方々とのネットワークをもちえた地の利、そして何より、難しい実務を担当してくれた職員たちの存在という人の和があってこそ、可能であったとひたすら感謝している。この時の文化庁としての成果は、仮に金額に換算すると、基金六百億、二国用地約二八〇〇億、のちに建設費として入手できた七百億、合わせて四千億円を超える額が通常予算とは別に確保でき、長年抱えてきた諸懸案を一挙に解決できたことともいえる。時代とはいえ、不思議な感覚にとらわれる出来事であった。

このように二国は国立の劇場でありながら、長年、実に多くの方々の努力の積み重ねによって実現にこぎつけたのであり、少々詳しく述べたのも、地道に力を尽くしてくれた人達のことを記録にとどめたかったからである。担当者のみならず応援して下さった芸術家など書ききれなかった方々があることは、お許し願いたい。また、建設への目途はつけたが、その後もさまざまな努力があって現在の新国立劇場になっている。私自身は、劇場建設を可能とするための最後のホンのひと押しをしたに過ぎないと思っている。

さて、次長時代の後半、川村恒明氏が文化庁長官となり、仕事上の相談もでき、常にしっかりと方針を示してリードしていただいた。二国の問題についても、私が文化庁を離れた後であるが、大変難しい二国運営財団の設立に長官自ら指揮をとり、まとめて下さった。おかげで二国の公演準備が支障なく進められた。氏は、文部省の幹部の中でも仕事への厳しさと情熱とで知られた人である。現在の筑波大学が新構想大学として実現した背後には、川村氏の捨て身の働きがあったという。文部省官房総務課長の頃には、担当者が深夜に国会答弁案を持っていっても何度も書き直しを命ぜられるほどの仕事師であった。その鋭い仕事師も長官の頃は全体を見渡し、二国問題を中心に外部との連携などに腐心され、常に的確な指示を出されるリーダーであった。劇場運営にからんでは、さまざまな難問を持ち出す芸術家や政治家との水面下の交渉を担っていただいた。また、在任中、時代の変化に対応する文化財保護の方策を練り、あるいは遅れていた日本の世界遺産保護条約への加盟に向けて尽力されるなどの功績があったと聞く。氏のオペラ好きはつとに知られている。私には以後も、いつも変わらない支援を下さるよき先輩のお一人である。本書第Ⅱ部でインタビューに応じていただいた。

このように文化部長十ヶ月、文化庁次長二年二ヶ月のあわせて三年間は、実にダイナミックな経験をすることができた、いわば夢のような日々であり、ここで出会い協力して下さった全ての人に感謝の気持ちを伝えたい。

なお、この三年間に私は五人の文部大臣にお仕えしたことになる。この間の大臣方には、仕事をよく任せていただき幸いにもいくつかの事柄が進んだが、通常、大臣の在任期間はあまりに短く、さまざまな行政課題を政治主導のみで推進していくことは難しく、専門性をもつ行政官の考え方も尊重したうえで、イニシアティブを発揮されることを期待したい。

第四節　文化庁長官時代

新国立劇場の名称

文化庁文化部長、次長として三年に及ぶ日々を終えて、教育助成局長一年と高等教育局長二年あわせて三年間文部省で務めた。その後一九九四年（平成六）夏に文化庁長官を命ぜられた。文化行政の責任者として芸術文化や文化財の幅広い分野にわたっての諸課題に逐次対処し、あるいは長官という役目柄さまざまな機会への出番もあり、多忙な毎日が続いた。その頃、あの難航した第二国立劇場の建設は始まっていたが、今度はたまたま劇場の正式名称を決める時期にあたった。どうやら、あくまで二国には縁があったのだろう。そこで関係者による会議体を設け、激論の末「新国立劇場」となった。ヨーロッパなどではオペラとバレエを上演する国立劇場は例外なく国立歌劇場と称し、そもそも演劇まで同じ劇場が扱う例はない。日本の場合は、経緯があって演劇も対象となったので、名称も歌劇場ではなじまず、現在の名称となった。

新国立劇場建設現場の視察（1994年10月12日）

この問題をはじめ、劇場の建設や運営の在り方について、終始変らぬ適切なご指導とご支援をいただいたのが山崎正和先生である。先生は、本書第Ⅱ部にも登場いただくがご自身では劇作家と称されているものの、常に人間と文化というものの真髄を探究され、他の追随を許さない深い洞察と思索によって、時代に先駆けて核心的な著書を何冊も著してこられた、いわば文明の思想家だと私は拝察している。私も若い時から、その著作を読み、さまざまな示唆を得てきた一人である。最近も『世界文明史の試み』という大著を出版され、人類の文明史を神話と舞踊という身体論から追究された壮大な論考を発表された。文化功労者でもある山崎先生のことは、ここで私が稚拙な解説をするのはおこがましいので差し控えたいが、むしろ、私としては、新国立劇場開場後もその運営について、長きにわたり、明晰な解釈と事の是非を見極めての強力なご指導をいただき、第七章でも述べるように、常に誠意あるご支援をいただいたことを深く感謝したい。

さて、基金による芸術文化の支援は、当初は基金の運用利益でかなりの額をまかなえたが、その後の日本の経済状況の悪化から預金金利が低下し、助成額が激減した。のちに文化庁長官に就任した時に、もう一工夫することとなった。減額を補い何とか芸術文化支援の額を一定水準に保つため、直接に国費で補助金を基金に対し追加的に支出できるよう「アーツプラン21」と称する制度を創ることができた。国費をソフト面の支援のため支出することへの強い抵抗がある中、小野元之文化庁次長らの活躍によって、実現することができた。これによって、基金運営も安定的にできるようになった。

基金成立から早や四半世紀近くがたつ。現在、振興会基金部の扱う予算は基金助成金十四億円余、文化庁文化芸術振興費補助金四十億円(平成二十三年度)と芸術文化助成の大きな規模の組織となった。この制度が少しでも日本の芸術文化の振興に資しているならば、うれしい限りである。

これ以外にも、文化庁長官時代にはさまざまな課題に出会った。着任後間もなく一九九五年(平成七)一月には、あの阪神淡路大震災が発生した。あまりに甚大な被害があり、しばらく日本中が騒然とした状態が続いた。村山富市内閣の初動は遅れたがその直後小里貞利氏が震災対策担当大臣に任命され、復旧のための政策が迅速に行われるようになり、次第に復興が軌道に乗ってきた。文化庁としては崩壊や毀損した文化財の修復などの仕事に追われた。

大震災のわずか二ヶ月後、衝撃的な事件が日本を覆った。それはあのオウム真理教事件であった。オウム真理教は宗教法人として認められるように、あの異様な風体で何人もの信者が文化庁の廊下に

文部省ゴルフコンペで優勝。与謝野馨大臣からパターを贈られる（1994年）

座り込むこともあった。が、何よりも衝撃を受けたのは、霞ヶ関駅での地下鉄サリン事件であった。理由もなく無差別殺人をもたらす脅威は、すさまじいものがあった。国民を巻き込んだ恐怖と怒りの日々が続いた。国松孝次警察庁長官狙撃事件もあり、次は文化庁長官も危ないと、自宅周辺の警備が厳しくなった。

　そして、事態を重く見た内閣としては、宗教法人法を改正することとなった。時の与謝野馨文部大臣の陣頭指揮のもと、小野文化庁次長の毅然とした見事な対応があり、丁々発止の国会論戦の末、島村宜伸文部大臣の時に改正法が成立して、この一件を乗り切ることができた。その時、私はすでに文化庁を辞していた。

　なお、国松元長官は、瀕死の重傷を負いながら奇跡的にそれを克服し、のちに駐スイス大使も務められ、現在は救急救命医療のためドクターヘリの普及に尽す信念の人である。与謝野大臣には短期間しかお仕えしなかったが、一身を省みず、常に大局的見地に立ってこの国のあるべき姿を追求される、政策通の優れた政治家とお見受けしている。

第五節　震災の年、皇后陛下の祈りのコンサート

復興の街へ

このように過した文化庁長官時代であったが、一つ心に残る仕事をさせていただけた。それは、「皇后陛下の祈りのコンサート」ともいうべき催しをお手伝いできたことであった。

震災後のある日、作曲家の團伊玖磨氏が長官室に来訪され、思いがけない相談ごとをうかがった。阪神淡路大震災のニュースをみたイタリアのトリノの市民が、お見舞いの気持ちを表すために十万ドルの寄付をしたい、しかも、皇后陛下にお届けして御心のままに被災地のためにお役立て願いたいとの申し出が宮内庁によせられた。かつて両陛下が同地を訪ねられた際、皇后陛下の優雅でおやさしく、ノーブルなお姿に接してすっかり感動した市民としては、皇后陛下に被災者のために有効にお使いいただきたいとのことであるという。しかし、宮内庁としては皇族が外国からの寄付を受け取ることはできない、しかも、どの省庁に聞いても対応できないとのことで、相談に来たとのことであった。

團氏からは、何とかトリノ市民の善意を受け取って被災地のために役立てたいとの皇后陛下のお気持ちに応えたい、ついては何か文化庁として名案はないか、とのお問い合わせであった。他国の市民が多額の寄付を両陛下に申し出てくれるとは、日本としても素晴らしいことではないか。確かに前例

のないことゆえ、官僚の世界では通常協力はできないものではあるが、私にはある案が閃いた。それはかつて創設した芸術文化振興基金に特定寄付金としていったん受け入れて、基金の仕事として皇后陛下のご意向に沿いながら文化的なことに使わせていただいてはどうかという案であった。もちろん、すんなりとはいかず文部省、大蔵省、芸術文化振興基金の担当者を説得してまわり、何とかトリノ市民からの十万ドルを受け取る方途が決まった。

そこから、ではどのように使ったらいいのか。何か文化的なことを、との皇后陛下の思し召しを尊重し、最終的には何かモノを援助するより、例えば一年間、毎月被災地で一級の音楽家を招いてコンサートを催し、被災者の心を慰めてはどうかということになった。

皇后陛下は大変お喜びになり、熱心に曲目や芸術家の選定に取り組まれることとなった。急きょ何人かの優れた音楽家が御所に集い、皇后陛下のお気持ちを反映する方法について示唆をいただいた。作曲家の三善晃先生、團伊玖磨先生、指揮者の朝比奈隆先生、ピアニストの岩崎 淑《しゅく》先生、音楽学者の吉川英史《きっかわえいし》先生の五人による実行委員会であった。そこでの方針決定の後、具体的なことは毎月ご相談にあずかり、毎回、夜遅く皇居の中の御所へお召しをいただいた。ときに両陛下ご一緒にプログラムのお話ができたのは、わが生涯でも光栄なひとときであった。

その際、皇后陛下のあまりに豊かで深い音楽についてのご造詣に心打たれ、同時に被災地の人々への温かいお気持ちに魅せられた。そのお姿は、二〇一一年（平成二十三）三月十一日の東日本大震災のあとに被災した各地をおまわりになり、人々を勇気づけられた両陛下のあの誠心なる祈りのお姿、そのものであった。

「コンサート〝復興の街へ〟」と名づけられた催しの第一回は、ソプラノ歌手の鮫島有美子さんのコンサートで、神戸朝日ホールで開催された。曲目は日本の美しい歌曲の数々であった。その後、毎月一回、趣旨に賛同いただいた演奏家たちの協力を仰ぎ、明石、尼崎、淡路、伊丹、宝塚の各被災地で行われ、数多くの人々に喜びと希望をもたらすことができた。

そして全十回公演の最終回は、朝比奈隆氏による大阪フィルハーモニー交響楽団の演奏であった。ブラームスのヴァイオリン協奏曲とベートーベンの第七交響曲が演奏された。毎回、聴衆の方から寄せられた感想が記録にあるが、皇后陛下への感謝と演奏家たちへの称賛が述べられていた。文化庁の音楽調査官だった池田温氏らの努力でそれらの催しの様子を撮った写真アルバムがつくられ、お届けしたところ、一冊はお手元に、一冊はトリノの市民にあててお送りいただいたとのことであった。

文化の世界での日々は、このように忘れることのできない数々の出会いがあった。ときに辞表を懐にしての仕事のことも、支えていただいた膨大な数の人々とのことも、今ではひたすら懐かしく思い出されてならない。

「はじめに」でも少し触れたが、文化庁長官職の終わりの頃、与謝野馨文部大臣から、次は海外に出て大使の職に転出するようにとのお話をいただいた。その直前、ギリシャの古代劇場で開催された第一回演劇オリンピックの催しに、日本を代表する演劇人鈴木忠志氏の作品が上演され、石川嘉延静岡県知事ほかと出席したばかりであった。その時は、ギリシャの隣国トルコに近い将来縁ができるとは、想像もできなかった。かくて長官としては比較的短い一年半の勤務のあと、次章で述べる新たな世界へ旅立つこととなった。

第六章　トルコ大使の日々

第一節　赴任まで

外交という未知の世界へ

大使として赴任する国が、アジアの西の端、ヨーロッパの東の端にあるトルコ共和国と内々わかったのは、文化庁長官を辞する直前、一九九六年（平成八）一月初めのことだった。最初、それまで訪れたこともない、想像したこともないイスラーム圏のトルコの名前を聞いた時、驚きと戸惑いを禁じ得なかった。与謝野馨文部大臣からは、トルコは大国なのだよ、大事な国で大使としてよい経験ができるはずだとうかがい、いささか自信はなかったが決心してお引受けすることにした。今にして思えば、外務省としても、キャリア外交官ではない人間を派遣するにあたって、親日的で友好的な地域大国トルコをよく選んでくれたものだと感謝している。

ただ、それからの日常は、長官退官後であり、さまざまな方々から公務員時代の終了を慰労して下さる行事が目白押しで、多忙な日々が続いた。大使になることやいわんや赴任先は、相手国からのアグレマン（承認）がおり正式に国として決定されるまでは秘しておかなければならなかった。そのため、表向きは準備することも叶わず、ただ慌ただしいままに過ごしていた。

二月末、天皇皇后両陛下から私ども夫妻に御所での夕食会へお招きを賜った。陛下からは、長年の公務員としての仕事に対するねぎらいのお言葉をいただき、皇后陛下からは震災後の「コンサート〝復興の街へ〟」へのお礼のお言葉などを頂戴し、私どもの生涯にとって忘れ難い光栄に浴することができた。その後も時折お招きを賜ったが、いつも変わることなく、わけ隔てない和やかな雰囲気と、広範な話題、しばしばユーモアを織り交ぜてお話しになる楽しい会話に、時の経つのを忘れるほどであった。

天皇皇后両陛下は高雅にして、いつも日本と国民に思いを寄せられており、そのことをお言葉の端々に感じとり、しかもお互いに敬しいつくしみ合われるお姿に深い感銘を受けて、御所を辞したものである。両陛下があの大震災の後、各被災地に出向かれて人々を慰め、被災した惨禍の地に深く頭を下げられた神々しいまでのお姿を映像で拝見しては、あれは常住坐臥、国民を想うお心持ちをあらわすものと、その祈りに満ちた生き方のご姿勢に、いつも心からの尊崇の念を覚えるのである。今は国民の一人として、ひたすら両陛下のご健勝とお幸せをお祈り申し上げたい。

それにしても赴任を控え、私には外交という全く未知の世界に入ることへの緊張もあったが、何より海外に住んだことがない身ゆえ、これは一度外国に滞在してみる必要があると考えた。それまで仕事上、海外にはよく出かけて、視察や政府間会議や諸会合に臨んだことはあるが、断片的なものであった。そこでブリティッシュ・カウンシル（イギリスの公的国際文化交流機関）の協力を得て、イギリス南東部のカンタベリー市の郊外で一ヶ月過ごすことにした。

カンタベリーの暮らし

その地に着くと、まるで中世の小さな城のような、レンガづくりの古風な邸宅があり、そこでレイチェル夫人との二人暮らしがはじまった。日中はカンタベリーの学校に通って個人教授を受け、帰宅後は古いキッチンで作ってもらった夕食をいただき、夫人と会話して過ごす日々であった。

居室は二階にあり、机や家具も古風、隣室には浴槽が絨毯の上に配置されており、まるでおとぎ話のような環境であった。高い木々の向こうに古い教会があり、夜になると一切の物音がせず、フクロウの声がするくらいで勉強には最適であった。

英国カンタベリー郊外の館で在外生活を初体験（1996年3月）

休日には、邸宅の裏に広がる庭園の手入れや花壇の世話を手伝い、ご近所のバザーに出かけたりもした。ゆったりとした時間の中で、古きよき時代の英国の静かな郊外生活を味わうことができた。チョーサーの『カンタベリー物語』を想起しながら大寺院を訪れ、また丘の上にある国立ケント大学を訪問して学長と大学問題について懇談をする機会をもった。

ある日、夕陽が近くの畑の彼方に落ちてい

くのを見て、夕陽を追いかけてその丘を駆けあがった。すると、登るごとに夕陽は地平線の上にとどまってくれた。日没が訪れる前の短い時間ではあったが、日本では経験したことのない、広い丘陵の続く彼の国ならではの出来事であった。まるで太陽が招いてくれたかのようで、何か神の恵みをいただいたように感じた。エミリー・ブロンテの描いた『嵐が丘』とは異なる、ゆるやかに広がる緑豊かな丘の上での出来事だった。他国の文化は、そこに住まうことではじめて深く知ることができるものだと、つくづく感じたのであった。

帰国の途次、ロンドン、パリ、ジベルニー、ハーグ、ライデン、ジューネーブのＣＥＲＮ《セルン》（欧州原子核研究機構）、ベルンなどを訪問、その地の日本大使たちや内外の学者、知識人とお会いして、外国事情を吸収した。リヒテンシュタイン公国を訪れ、大公にもお目通り願った。これらは学術行政、文化行政にたずさわってきたことから可能となった旅であった。

赴任準備

帰国後間もなく、外務省での丁寧なレクチャーが始まった。トルコの政治、経済、文化、歴史、日本との交流史をはじめ、トルコ語の講義もあり、次第にトルコ漬けとなっていった。講師たちの熱意に応えて、猛勉強をした。出発前には、ある程度のトルコ事情を身につけることができたように思った。

その頃、すでに中東地域研究の専門家として著名であった東京大学の山内昌之教授からお声がかかり、中央公論社の『近代イスラームへの挑戦　世界の歴史〈20〉』にはさみ込まれた月報紙上で対談させていただいた。山内先生には、トルコ滞在中もその後も、折々にトルコのことはもとより、中東情勢や国際情勢についてご教示をいただき、あるいはトルコでの学術的な行事に出席をいただくなどお世話になった。

山内先生は、まだ若い研究者の頃から優れた研究成果を続々と世に問われ、早くから専門家の間で注目を浴びてこられたが、名著『スルタンガリエフの夢―イスラム世界とロシア革命』をはじめとする数多くの著書があり、歴史学の泰斗としてご活躍中である。

最近では中東地域の専門家としての立場をでて、古今東西にわたるその該博な歴史学上の知見を駆使し、広く国際関係論の専門家として逐次論考を発表されている。そればかりではなく、現代政治のリーダーシップの在り方についても説得力ある論説を次々に執筆し名著『リーダーシップ』を出版された。

駒場にある東大教養学部で教授として三十年間を務められ、二〇一二年（平成二十四）春退職されたが、その間学生たちにも真の教養の在り方を説き、歴史学の教育へ熱い情熱を傾けられたと聞く。最終講義の「中東大変動の構造と力学―世界史からみた『アラブの春』現象の原因」を聴講する機会があったが、古代アテナイの歴史家トゥキディテスから説き起こしての歴史認識の核心に関する圧倒的な考察と、この地域の現実政治への複眼的把握にたって現象の真の原因を抽出することの大切さを指摘する、きわめて示唆的な内容であった。

山内先生の時宜を得た説得力ある数々のご発言の背後には、何とかこの日本をよくしたいとのあふれる情熱や正義感がある、と拝察している。わが国の人文社会科学の学者は、ともすれば狭い専門にこだわって研究室に立てこもり、社会的な発言を極度に避ける傾向にあるが、各人の専門的知識をベースに、その壁を越えて現代の日本社会が抱える問題にも果敢に切りこみ、この国の目指すべき方向を指し示すことによって、研究者としての社会的貢献をしてもらいたいものだ。山内先生はその意味でも貴重な、学術世界のオピニオンリーダーと拝見している。

ついにトルコへ

一九九六年（平成八）六月六日には、駐トルコ共和国大使就任への新聞報道がなされ、二十四日には外務大臣から辞令交付があり、七月十九日には、天皇陛下から信任状が授与された。授与式は宮殿で厳かな雰囲気のうちに行われ、身の引き締まる思いがした。

きけばトルコ、ことに首都アンカラは、冬はマイナス二十度になり、夏は四十度になるとのことであった。そこで赴任準備も知的な情報のみならず、防寒をかねた毛皮のロングコート、国を代表する立場から必要といわれる正装用の着物をはじめ、お土産類も含めて多方面に及んだ。それに友人知人の皆さんが集まって下さった盛大な送別の宴も開かれた。このような諸準備を経て、多くの方々の心のこもった応援を受けて、トルコに赴いたのは、八月六日であった。

この在トルコ時代は、私の数多い経験の中でも、もっとも印象的な時となった。第一に、大使というそれまで経験したことのない一国を代表する責任の重さを日々背負い、諸要素を考慮して動く生きた外交の仕事にたずさわったこと。第二に、トルコという地政学的にも枢要な位置にある地域に住んで、複雑な国際関係を見渡したうえで、イスラーム圏の国と人の織りなす新しい世界に出会ったこと。第三に、文明の十字路ともいわれ何千年もの間にいくつもの文明が興亡したアナトリアの大地に立って、豊かでダイナミックな歴史を直接学べたこと。これらは、私にとって、のちのちの知的、精神的な意味での宝物となった。

そして、トルコの人々はこちらの誠意に敏感に応えてくれることがわかり、仕事は厳しいこともあったが、総じて恵まれた日々を過ごせた。この三年二ヶ月で、私は一気に視野と考察の幅を広げることができたという実感をもっている。

第二節　トルコへの第一歩

イスタンブール経由、アンカラへ

一九九六年（平成八）の八月、トルコへの第一歩をイスタンブールにしるした。夫も同行してくれた。早や今から十六年以上も前のことになる。文部省の佐藤禎一官房長をはじめ大勢の皆さんの見送りを受けて成田を出発した。時差があるのでその日の夕刻には到着したが、真夏であったためまだ陽は高く、高揚した気分でボスポラス海峡を見降ろす高台に建つスイスホテルに入った。総領事ご夫妻に招かれ、ホテルのテラスに座った時、眼前にボスポラスの青き流れ、その向こう側の岸辺の緑豊かな中に建つ西洋風の優美な建物の列、視線を右手に転じると金角湾の向こう、夕映えの中にアヤソフィア大寺院やブルーモスクの屋根と高いミナレットの影、トプカピ宮殿のシルエットがえもいわれぬスカイラインを描き出しているのが一望できた。この旧市街は七つの丘と呼ばれ、ここに沈む夕日が世界一美しいともいわれる。その夕焼けのつくるシルエットをトルコ滞在の初日に目にすることができた。東西文明の交差点といわれるトルコでも、イスタンブールは比類のない魅力的な都市である。

翌日には飛行機で首都アンカラに赴いたが、上空からは緑の沃野ではなく、夏というのに眼下に茶色の山々や台地が広がる風景を見ながら、エセンボア空港についた。トルコ国外務省儀典局からの要

トルコの首都アンカラの日本大使公邸（1998年5月）

人と大使館から大木正充公使の出迎えを受け、そこからトルコでの外交官生活が始まった。空港からしばらく走って丘の斜面にびっしりと立ち並ぶ小さな家々のある場所や賑やかなアンカラの市街地を通りぬけたあと、高台にある大使公邸に落ち着いた。

大使公邸は、恵まれた立地条件にあった。上隣は国会議長の公邸、その先には大統領官邸がある一等地である。目の前は外務大臣公邸、その上隣は首相官邸がある、いわばトルコの政治外交の中枢を担う人たちの公邸に隣接する、アンカラでの超一等地に日本大使公邸はあり、いかにトルコ側が日本を重んじてくれているか一目瞭然という佇まいであった。公邸は築後かなりの年数が経ってはいたが、簡素ながら和風の趣のある立派な建物であった。屋上からはアンカラの街を遥かに眺め渡せ、芝生の庭の向こうには、緑濃いセーメンレリ公園がずっと続くのを見おろすことができた。

大使館は、公邸から車で十分ほどの近さにあり、ここは鉄づくりの門構えを持つ、瀟洒ながら堂々とした建物であった。翌日、そこで館員の皆さんに出迎えられた。館員は大木公使をはじめ日本人が十七名、日本外務省からの職員と各省から出向した職員そして派遣員とで構成されている。トルコ語の専門官として本山昭参事官、山中啓介一等書記官や大使秘書をつとめてくれた笹谷能史書記官がおり、終始力になってくれた。職員は政治、経済、文化、警察、軍事、電信、会計などそれぞれに担当の職務についていていた。加えて現地のトルコ人職員は、公邸要員をふくめると日本人の約二倍の人数を抱え、全体で五十人近い所帯であったろうか。秘書のインジさんは、歴代の大使に仕え、全てをわきまえ、日本人の感覚もすっかり身につけた大ベテランである。日本語のできるナーランさんなどトルコ国とのさまざまな関係の具体的な接触には、ローカルと呼ばれる現地職員の活躍も大きかった。

夏の盛りに赴任したのだったが、木陰に入ると湿度が低いため実にさわやかで過ごしやすく、トルコの気候にもすぐに慣れることができた。ただ、大使は、相手国の元首に天皇陛下からの信任状を手渡すまでは、大使としての正式な公務ができない。私の到着時、スレイマン・デミレル大統領は夏季休暇で地方におられるという。しかし、仮大使も、現実には着任後連日、来客や館員、日本人会の人々との会合、日本からの訪問客の出迎えなど早速に仕事が始まり、次第に館務になじんでいった。

信任状奉呈

九月二日、いよいよ信任状奉呈の日が到来した。正装して車に乗り込み、先導車に従ってすぐ近くにある大統領官邸内に初めて入った。降車して歩き始めると、そこには軍楽隊が整列をしており、その前を歩くほどにまず君が代が演奏され、ついでトルコ国歌を奏してくれた。列の端まで歩き終わる

トルコ共和国デミレル大統領へ信任状を奉呈。写真のサインは大統領の直筆（1996年9月2日）

と官邸の石段を登り、振りかえって軍楽隊と兵士の隊列に向かい、右手を高くかかげて「メルハバ　アスケル」と挨拶をした。「兵士たちよ、ごきげんよう」という意味で、何とか習った通りに呼びかけたのだった。

官邸内に入り、デミレル大統領に天皇陛下からの信任状を奉呈した。その後別室に一人で入り、大統領とじかに懇談することとなった。私はこの時のためにずい分準備もし、申し上げるべきことが沢山あって語り始めようとした時、大統領の方からきわめてフランクに、「大使、よく来てくれました。日本はトルコにとって目標とするべき大切な国です」というお言葉から対談が始まった。その内容はすでにいろいろなところで紹介してきたが、きわめて友好的で親日の情にあふれたものであった。「日本の科学技術は素晴らしく、トヨタやソニーの製品に見るように、世界の最先端を行く国です。それだけではなく、文化を大事にしている国であり、トルコとしては日本をたたえ、モデルとしたい国です」との仰せであった。それからは和やかな懇談となり、大使としての最初の公務は、日本について敬意を払って下さっている大統領との実に快いひとときであった。

午後には、壮麗なアタチュルク廟に詣でた。この廟には、第一次世界大戦の終了時、トルコを守った世紀の英雄ケマル・アタチュルクが祀られている。アタチュルクは、一九二三年（大正十二）、トルコを分断しようとした欧州主要国に勇敢に対峙し、それまで数百年間、中東地域を支配してきたオスマン帝国を廃止して、政治と宗教の権限を独占してきた絶対権力者のスルタンを追い払い、トルコ共和国を建国した偉大な指導者である。アタは父であり、チュルクはトルコである。戦時には軍隊の最前線に立ち勇気をもって敵国軍を追い詰めた英雄的軍人でもあった。トルコの父と呼ばれた人の廟は、広大な敷地に建つ広壮な建造物である。そこに行きつくまでには松林と石の彫刻がおかれた長い道を、アタチュルクに対する国民の尊崇の念を感じとりながら進む。と、突然視界がひらけて大理石造りの壮大な建物に辿りつく。花輪をささげて、一連の行事を締めくくった。

この日から大使専用車には日の丸が翻り、あらゆる瞬間が日本国を代表している責任を自覚させられる日々が始まった。

大使就任直後、アタチュルク廟にて署名

大使の日常

毎朝、六時に起床。日本とは夏に六時間、冬には七時間の時差があるため、トルコでの朝は、日本はすでに活発に動き始めている。日本の情勢やトルコについて日本のテレビや新聞が扱った情報に関しては、日本にいる夫が毎日のようにファックスとメールで情報を送ってくれるため、早朝にはすでに日本情勢、日本でのトルコに関する報道を把握してから出勤できた。まるで日本におけるトルコ事務局のような役割を、在任中ずっと果たしてくれたわが夫の存在は大きかった。夫は、トルコ赴任にも反対はせず、むしろ面白そうだといって後押しをしてくれた。すでに娘は結婚して独立し、自宅では一人暮らしになるのだが、川崎にある富士通へ通勤し、自炊をしながら、さまざまな連絡や家事をいとわず、自称トルコ東京事務局を続けてくれた。有難いことであった。新聞の切り抜きをそのままファックスで送ろうとすると真っ黒になってしまうので、コピー機を買い求め、コピーをしてから送ったとのちに話してくれた。

大使館での午前中の仕事は、毎朝十時からの新聞会議と称する情報分析の会議から始まった。トルコ語の新聞やテレビ・ラジオ放送からトルコ国内の政治・経済・軍事情勢を読み取って、担当者が報告してくれる。その頃には本国からさまざまな調査依頼や注文も入り、では、誰がどこに出向いて情報の確認や取材や交渉をするかを決め、ただちに行動に移す。その結果を午後には電報にして日本の外務省に打電する。当時のトルコの政権は、必ずしも安定しておらず、日々政局の動きがあった。当然そのフォローは興味深く、また、重要な職務となった。

こうした仕事のありようは、どの国におかれた日本大使館でもほぼ同様かと思われる。外交は、的確で優れた情報の収集と分析の上に立ち、自国の国益を第一にして、同盟国との協調そして世界平和への貢献を可能とする方策を戦略的に編み出し、本国との連携を保ちつつ、当事国や国際機関との交渉にあたるところに核心があると考える。そのために各国におかれた大使館は日々少ない人数で、懸命な努力を傾けて必要な情報を探るのである。トルコの場合は、幸いにも日本との間に過去に不幸な戦争などの歴史はなく、むしろ、日露戦争での日本の勝利や、後述するように一世紀以上も前からの両国を固く結ぶ忘れられない数々のエピソードを積み重ねてきた関係にある。したがって、二国間の緊張を伴うような外交上の困難を感じる案件は少なく、相手国からの情報収集も担当者の努力によって比較的スムースに行うことができた。

在トルコ日本大使館公邸にて（1996年10月）

ただ、中東情勢はいつも問題をはらみ、それへのトルコの対応や挙動が他国に伝播して間接的に日本の外交政策にからむことがある。また、大型の経済案件で日本側の受注が可能かどうか、注視

トルコの南部メルシン市にて、子どもたちの歓迎をうける著者

する必要も出てくる。トルコ側からは日本の観光客の増加や投資案件の増加などさまざまな注文も出る。あるいは、日本人観光客がトルコの辺地で事故に遭遇して救助に向かうことなどもしばしばであり、大使館の仕事は二十四時間休むことのない体制下にある。

また、大使にはトルコ政府要人との会談や会合への出席、各国大使との交流、さまざまな来客を受け入れての懇談や晩さん会、式典への参加、講演などがひきも切らない。毎日、どこかの国の建国記念日、パーティーなどが入り、深夜までの会合が続くことが多い。通常の館務を果たしながらのこうした付き合いは、大使には必須の役割である。公邸では、トルコ側政府要人や各国大使を迎えての晩さん会をできるだけ催したが、幸い腕のよい日本料理の調理人に恵まれ、彼の工夫と努力とで日本大使公邸での夕食会はおおむね好評であった。当時、大使の間ではよく、「アンカラで一番のレストランは日本大使公邸である。ただ、招かれなければ行けないのが問題だ」と話されていたとのことであった。

そこでできるだけやりくりしながら夕食会を開催することにしたが、一番困るのはプロトコルという独特の席次である。外交官や政治家や企業人の間には微妙な序列がある。これを間違えると、立腹のうえ、席を立って帰る客もいるとか。それにせっかくトルコの大臣を招いての意味あるディナーを催しても、議会の審議が長引くことになったなどで急にキャンセルが入ると、席順を一気に変更しなくてはならない。他のお客様が現れるまでの短い時間内に二十人を超えるテーブルのレイアウトを完成するのは至難の業であった。ともあれ、何とか凌いで役目を果たせるとほっとするのであった。公使にもよく助けてもらったが、大使夫人をもたない私には、公邸行事の孤独な苦労も伴った。

そうした一連の職務のほかに、外交上、大使館にとって重要なことは、相手国の国民に日本文化を紹介し、あるいは日本への好感度をあげるために種々の行事を催す努力を怠らないことである。いざという時、日本にとって味方になるのは、相手国の国民が日本文化への愛着や日本人への敬愛の念を持ってくれていることである。相手国政府にとっても、日常的な友好の絆がしっかりとしている場合には、その意思決定に際しても好影響をもちうる場合があるであろう。文化外交は、外交の有力な手段の一つである。

第三節　トルコ共和国のあらましと近年の台頭

トルコと日本の絆

ここでトルコ共和国という国についての概況と日本とのかかわりを述べておきたい。アジア大陸を挟んで東西の端に位置する日本とトルコとは、約九千キロも離れているが、歴史的に有名なエルトゥールル号事件をはじめいくつもの忘れがたい出来事やエピソードの積み重ねがあり、これまでも深い絆で結ばれてきた。その経緯は本章の随所で紹介することにしたい。アナトリア大地に広がるトルコの面積は七十八万余平方キロで日本の約二倍もある。広大な土地に展開する農業は小麦の生産をはじめ、野菜や果物など豊かな実りをもたらし、牧畜業が盛んで羊、牛などの肉類をはじめ、沿岸線の長い漁場からの魚介類の収獲などこの国は豊富な食糧資源に恵まれ、世界でも数少ない食糧を自給自足できる国の一つである。世界三大料理の一つともいわれるトルコ料理も、最近広く知られ始めた。

この国の人口はどんどん増えつつあり、私が赴任した一九九六年（平成八）頃は六二〇〇万人程度であったが、二〇一一年（平成二十三）十二月現在では約七五〇〇万人を数え、平均年齢二十九・三歳という若々しい国家である。少子化に悩む日本とは異なり、勤勉な国民性ともあいまって、実に活力にあふれた国となってきている。

その国民の約九十九％がイスラーム教徒（主としてスンニ派のほか、アレヴィー派）である。ただ、人々の信仰は厚いが、イスラーム教の戒律の順守はそれほど厳しいものではない。むしろ一人ひとりの個人と絶対者である神アッラーとの契約が重視され、個人としてその教えを守るかどうかに力点が置かれているように思えた。その信仰の表出として、断食や飲酒やスカーフ着用を、するもよし、しなくても咎められない、という穏当さがこの国の宗教の特質のようにとらえることができる。

政治の形態は、一九二三年（大正十二）、建国の父ケマル・アタチュルクによる共和国建国以来、民主主義を守り、議会政治、市場経済をとり、政教分離による国家運営がなされている。それは、イスラーム圏の国家としては唯一の存在である。

トルコ共和国のもつ特質の一つは、何といってもトルコがヨーロッパ、中東、中央アジア、コーカサス地域の結節点にあり、地政学的にきわめて重要な位置に存在するという点であろう。この国にいるとこれら地域の政治情勢の把握が容易で、広い視野で中東問題や国際関係を理解できる。加えて、最近、コーカサスや中東の天然ガスや石油などの天然エネルギーがトルコを通して欧州と結びつくというターミナルの役目も果たしている。したがって、大使としてアンカラに住み、日々さまざまな情報を目にする時、これら地域で起きる出来事をはじめとして、その背後にあるロシア、中国の動きもよく見えてくるという実感をもった。極東の地にある日本とは、国際情勢の把握の実感が大変異なっており、まことに興味深く、知的にも刺戟を受ける日々であった。

日本は二十世紀後半から、トルコの経済社会面の進捗にもかかわってきた。ＩＨＩ（石川島播磨重工業）の手によって、イスタンブールを二分しているボスポラス海峡に第二架橋をかけることができたのが一九八八年（昭和六十三）であり、その後も、近々開通予定のボスポラス海峡横断地下鉄整備への協力も進んでいる。そのほか、火力発電所建設への協力やトヨタ自動車をはじめ日本企業の工場進出による経済投資も進み、大型インフラ案件として通信放送衛星計画やイズミット大橋建設計画の受注などが続いている。その背後には、日本企業の高い技術力への信頼や安心感があると思われる。

近年トルコは製造業の興隆も著しく、自動車、家電、鉄鋼、石油化学、建設資材のほかエネルギー関係企業など、大財閥の支配もあって大きく伸びてきている。そのような背景のもと、私の大使在任中は日本企業の進出は約数十社であったが、現在では一一〇社を超える日本企業がトルコに展開している。ただ、最近トルコ経済の活力に注目して諸外国の企業も数多く進出するようになり、経済面での日本のプレゼンスが相対的に低くなり始めていることを憂慮する。

トルコは、その豊かな国土の上に賢明な政治家たちの活躍もあり、穏健なイスラーム教徒である国民は、祖国を愛し、家族愛が強く、勤勉で、信仰心に篤い。女性の参政権もアタチュルクの改革によって日本より早く一九三八年（昭和十三）には憲法上与えられた。そのためか、社会での女性の活躍ぶりはわが国より遥かに活発である。国会議員、大学教授、弁護士、ジャーナリスト、企業家など様々な分野で女性たちがほぼ三割を超える高い比率を占めていることは驚かされる。わが国の社会はどの分野でもあまりにも男性が中心となっており、有能な女性たちの活躍場面が限られていることをトルコ滞在中に如実に気付かされた。今後日本は各界で本格的な女性登用のための努力が待たれるとの思いを深くした。

第四節　土日基金文化センターのオープンと文化外交
―九死に一生を得た日々をはさんで―

設立の経緯

デミレル大統領はさきの面談の際でも明らかなように、当時日本への限りない敬意と親愛の情をもって下さっていたが、その友好姿勢を形に表すべく、日本とトルコとの間の文化交流を盛んにするため、トルコに文化センターを建てようとのご決意をもっておられた。かつて首相として来日され、日本側の日本・トルコ協会（当時の総裁は三笠宮崇仁親王殿下）での歓待や日本の経済や産業や文化を直接知ることで感銘を受けられたという。その帰路にはもうセンター構想をもたれ、空路同行した知日家のタイヤール・サドクラル元関税・専売大臣にその実現を託された。

サドクラル氏は、その後センター実現のために多大な尽力をされ、トルコ政府も動いて予算化し、私が赴任した時には、すでにアンカラ郊外のオランという新興住宅地に、政府から一万平米の土地が提供され、赴任三年前には三笠宮崇仁親王殿下の植樹祭、着任直前の五月には、大統領の臨席のもと起工式が行われていた。そして、同時進行で土日《とにち》（土は土耳古《とるこ》をあらわす）基金設立の話が進んでいた。

そもそも、日本との友好関係を深化させるために相手国が主導して文化拠点を建てた例は世界広しといえども他に見られない。パリもローマもケルンも日本文化会館は日本政府側が建てたものである。それだけでも、日本側は、トルコ政府や関係者に対して十分な感謝の意を名実ともに表すべきであったろう。

この文化センター設置の動きは、赴任前の引継ぎや外務省からの説明にもふれられなかった。ということは、日本側の実質的な協力の動きも皆無のままであった。しかし着任以来、サドクラル氏から、私に対し、日本側からの寄付への協力依頼が頻繁になされ、私としてはこの事柄を見過ごすわけにはいかないと考えた。どうして日本側の協力の動きがないのかと館内で確かめると、どうやら相手国側の発意によるセンター設置であり、外務省として予算の捻出はできない、とのことであった。そのため、結局日本の民間企業や個人からの寄付を仰ぐしかない、ということであった。

かつて日本芸術文化基金を設立する際の寄付集めの苦労を思い出して、あの重圧を再びかと想起し、不吉な予感がした。しかも、あのときは日本国として本来なすべき芸術文化振興のためという大義名分があり、強力に寄付の協力を依頼する手法がとれたが、今回は異なる。何よりその頃、日本経済はバブルもはじけ、企業業績は最悪の状況であった。しかも海外の施設である。かくてまた、私にとってはきわめて難しい課題と出会うこととなった。これが大きなストレスとなった。

アンカラは首都でありながら、企業にとっての案件が次第に少なくなっており、私の赴任前から、トルコに進出していた日本企業のほとんどが、支店を政治の中心であるアンカラから経済の中心のイスタンブールへ移しており、日本企業との接触もアンカラでは困難であった。そこでイスタンブールに出向き、日本企業の代表者に説明と依頼を尽くした。

こうした仕事は、生粋の外交官には難しいようであったし、またそれぞれ担当の仕事を抱える大使館職員には頼ることができず、大使としては作戦も実践も自分で動かざるを得なかった。本国へは、大使館から事態の説明の催促を矢のように繰り返したが、反応はない。他方、サドクラル氏からはできれば二億円は寄付して欲しい、との声があがる。新任大使にはきわめて厳しい状況となった。こうした前例なき困難に逢着した時、私なりの流儀があり、昼も夜も集中して考え続けてみたが、遥かに異国にある身にはなかなか集金の名案も浮かばない。ともあれ、帰国した際に企業回りをするべきかと思いつめながら、新年になったら在イスタンブールの支店長にお話しするのが筋であろうと考えた。

その年末、大使館主催の天皇誕生日のレセプションは、多くの来客を集めて盛大に挙行でき、日頃は広いロビーも身動きならない位であった。海老の天ぷらが人気で、ウエイターがお盆に載せて出てくるたびに、天ぷらだけはその周辺でなくなってしまうのは、愉快だった。まず初回のナショナル・デーの成功にほっとした気分であった。

その直後に、ペルーの日本大使館にテロリストが侵入し、青木盛久大使や天皇誕生日の祝賀会に参加された来客が人質になったという重大ニュースが飛び込んだ。刻々と報じられるニュースに気をもみながら、ひたすらペルーでの人質の安全を祈った。その時、大使の任務の重さをつくづく感じたのであった。

胆嚢がんの発症と手術

年末には、休暇をとって来てくれた夫と大使館の料理人さんとで、地中海沿岸のアンタリアまで車を走らせ、アスペンドスなどの古代ローマ遺跡をまわる短い旅を楽しんだ。あけて新年は、通常業務のほかに大統領府での新年レセプション、公邸での新年会、各国大使の晩さん会、日本からの相次ぐ訪問客との面会などをこなした。東京での中東地域大使会議を控えた一月二十日、イスタンブールへ飛び、在トルコの日本大企業の支社九社の代表者に集まっていただき、土日基金への寄付をお願いした。デミレル大統領をはじめ、トルコ側の日本との友好を願う熱い思いと、すでに文化センターの建設に入っており、日本側への拠金の強い要請があること、残念ながら政府としては支出できず、民間企業にご協力いただくしかないことを、意をつくして説明した。だが、各支社とも苦しい経営実態などから、反応は低調であり、むしろ本社に直接頼んでみてはどうかというような反応であった。日本経済不調の状況下、しかも日本企業の少ないアンカラに作るセンターのことでもあり、イスタンブールにある支店のトップとしては色よい返事はできなかったのであろう、かなり絶望的な状況となった。

翌日から、急激に胃のあたりが痛み始めた。お粥を食べて勤務していたが、いかにも異常な激痛が続いた。七転八倒の状態となり、救急車でアンカラの病院に連れて行かれた。検査の結果、「これは胆石である。ついては、ここで手術をさせてくれ」との話であった。しかし、五日後には東京で私にとって初めての中東地域大使会議がある。そこでは赴任以来のトルコの政治、外交、経済情勢を報告する義務がある。これにはなんとしても出席しなくてはならないとの思いから手術を断ったが、トルコの病院側にとっては「納得できない。危機状態にある身を飛行機に乗せるわけにはいかない」とのことで対立した。トルコ側にとっては友好国日本の大使を危険にさらすわけにはいかないとの判断が強く働いたらしい。結局、医務官に同乗してもらう事で納得してくれた。機上では、食べ物も飲み物も受け付けず、ひどい痛みに耐えながら成田に着いた。

翌日の大使会議は、痛みをこらえながら出席、やっと役目を果たし終わった。が、痛みが続くため体温を測ると、四十度であった。トルコから連絡をしていたこともあり、直ちにタクシーで東大病院へ駆け込んだ。たまたま、神の手とも呼ばれる名医、幕内雅敏先生がおられ、超音波検査が始まった。はじめは雑談をしながら診察をしておられたが、そのうち何人もの若手医師が急きょ呼ばれて説明をされている。大先生に診ていただいているうちに少し痛みが治まってきた私は、お礼を言って明日講演があるので、これで失礼する、と言った途端、幕内先生の表情は一変し、それは許されないとのことであった。すぐにCTスキャンの部屋へいき検査、その結果は明らかに重症で、すぐに家族が呼び寄せられた。そして、家族の前で、重い胆嚢がんであることが告げられた。そのまま入院し、翌々日、手術。麻酔が覚めるまで九時間の手術であった。

こぶし大の胆嚢がんとすでに癒着していた肝臓の三分の一にあたる部分を摘出、細かい神経をつなぎあわせ、切除した胆管にかえて小腸から管をつくってつなげるなど、高度の技術を要する手術であったらしい。手術を見守ってくれていた私の主治医井上哲文先生によると、手術はまるで芸術のようで、流れ出た血液は二百ccにすぎなかったとのことであった。

幕内先生は、手術後に痛みと苦しさを告げる私に、「手術は大成功でした、大丈夫です」と話され、胆管を喪失したため頻繁に高熱を発することも、しばらくの間続くが大丈夫、と安心を与えて下さった。ただ、もし、あと一週間手術が遅れれば全身に転移する可能性があったとのお話を聞き、まさに九死に一生を得たことが判明した。胆嚢がんは急激に発達するのであり、ストレスが一番の原因とのことであった。

思えば、たまたま大使会議があったこと、出席の義務を果たそうとした愚直な責任感、名医との出会い、このどれが欠けていても、今私は永らえていない。偶然の然らしむるところで命をつなぐことができた。幕内先生をはじめかかわって下さった多くの医師の皆さん、看護師や担当の方々、そして夫や娘など支えてくれた家族に深く感謝している。家族は毎日私の好物を求めるなど何かと気遣ってくれたが、その支えがなければ、乗り切れたかどうか分からない。

大手術のあと、歩けるようになり退院するまで四週間弱かかった。入院中、驚いたのは、一番早くお見舞いの花を届けて下さったのが、橋本龍太郎内閣総理大臣で、見事な蘭の鉢であった。当時の東大病院は、まだ今のような立派な病棟はなく、老朽化した北病棟の狭い病室にいたため、その部屋に一点豪華な蘭の花の出現となりお心遣いに感じ入った。

現職大使の大病ゆえ、ごく一部の方々が知るのみであった。林貞行外務事務次官、木田宏元文部事務次官らごく少数の方々の見舞いをいただいた。その間、外務省のトルコ担当だった西牧久雄外務事務官が、毎日のように見舞いをかねてトルコ情勢を伝えに来てくれた。おかげで日本に在りながらトルコのことも手に取るように分かり、適宜相談にも乗った。大使不在中は、大木公使が臨時代理大使として館務を取り仕切ってくれていた。

退院後次第に回復し、さらに一ヶ月自宅で静養した。その間何回も高熱を出しては救急車で病院に運ばれたものの、四月末には、夫の護衛つきでトルコに帰任することになった。帰任前には、土日基金文化センター建設への寄付を依頼するため何社か企業回りをした。自分はもう治ったのだと信じることで、何とかこれらの仕事にも耐え、かつ、帰任後はまた猛烈な仕事の日々が続いた。

しかし後々家族から聞いたところによると、実は五年後に生きている可能性、つまり五年後生存率は、僅かに三十％だと幕内先生から教えられたとのことであった。夫はそのことを五年間胸にしまってくれていた。本人が聞いていれば多分、その後トルコでしばしば高熱を発した時、異国で立ち直れたとは思えない。また、手術は大成功でしたとの幕内教授の言葉を信じて回復につとめたが、医は仁術とは、このことだとのちに実感した。同時に、家族にとってはいかに心配な五年間であったか、いつも厄介ばかりかけている私である。

土日基金文化センターのオープンと文化事業

帰任後も、時折四十度近い発熱があったが、深夜に医務官が駆け付けてくれて点滴をすると、翌朝にはもう平熱近くにもどっていた。朝六時からの日課は以前通りとなった。土日基金文化センターの開所式が翌一九九八年（平成十）の五月五日と決められ、本格的な準備が始まった。

文化センターの建設設計や、工事の進捗や建設資金の値上がりなど大きなプロジェクトにありがちな問題が次々に起きたが、概してセンターの理事長となったサドクラル氏との話し合いで乗り越えていった。箱としてのセンターは、トルコ側に責任を持ってやってもらうことになっていたが、大事なことは中味である。そのセンターでどのような文化事業をやればいいのか、オープニング式典をどうするのかなど、大使館としては文化事業のウェイトが増してきた。そんなこともあって、一九九八年一月には、文部省から文化アタッシェ（専門職員）として今泉柔剛書記官が赴任してくれた。ちょうど文化事業のソフトを企画し準備する段階に入り、同書記官は大きな力を発揮してくれた。

また最大の難題、寄付金の件は、その後三笠宮崇仁親王殿下のお声がかりもあって、日本・トルコ協会（米倉功伊藤忠会長）が中心となり、各企業も動き出してくれたからか徐々に事態は好転しはじめた。お陰をもって結果的には、ある程度のまとまった額となり、サドクラル理事長からは深く感謝してもらうことができた。トヨタ自動車をはじめ、トルコで事業を展開している企業を中心に、多くの企業にご協力をいただいたことに対し、私としても感謝の気持ちで一杯である。この間、あちこちにお声をかけてご無理を申し上げ、不愉快に思われた向きもあったと推察するが、両国親善のための努力であったことをご理解いただき、お許しを願いたい。

開所式が近づくにつれ、式典のプラン、行事のプラン、その前後にトルコ国内で行う日本文化事業など、決めることも多く、本国やトルコ側とも連絡しながら実施していくという煩瑣な仕事が続いた。何とか準備が整い当日を迎えると、前日までの雨もあがり、五月のアンカラの空は美しく晴れ上がっていた。

式典には、寛仁親王同妃両殿下にご出席賜った。ご宿泊先は、トルコ大統領府内の迎賓館という格別のご待遇をお受けいただいた。日本側からは豊田章一郎経団連会長ご夫妻、同行された有馬龍夫大使をはじめ経済界の要人、林田英樹文化庁長官のご出席もいただいた。トルコ側からは、デミレル大統領をはじめ、ユルマズ首相、エジェビット副首相など多数の政治家、トルコを代表する企業人や文化人、また各国大使たちも参加して下さり、センターの会場はいっぱいの来場者で埋め尽くされた。

開所式は、まさにセンターの生みの親であるデミレル大統領の心のこもった印象的なスピーチで始まり、次いで日本側を代表しての寛仁親王殿下のお言葉は、両国の友好関係の歴史を振り返りつつ、二十一世紀における両国の交流を盛んにするため、センターの果たすべき役割への期待に触れた格調高い内容であった。式典に続き、両国の芸術家による華やかな舞台が披露された。トルコ側からはフルートの演奏、日本側からは花柳千代さんの洗練された祝賀の舞いなどが続き、文化の香り高い行事となった。祝典に先立ち、短期間ではあったが私の茶道の師であった桜井宗養先生（千玄室氏のご令妹）の茶会が開かれ、両殿下にもお楽しみいただけた。宗養先生にはのちに早逝されたと聞き、残念なことであった。

その夜の晩餐会は大使公邸で、約八十人のゲストを十のテーブルに座っていただき、和食でもてなす大掛かりな歓迎の宴となった。料理人や公邸職員は全力で働いてくれ、館員も総出での催しとなった。

翌日、寛仁親王同妃両殿下にはのちに述べるカマン・カレホユック遺跡をご視察いただいた。その際、後年、東京三鷹市にある中近東文化センターの研究機関として、カマンの地に「アナトリア考古学研究所」を設置するため、建物入り口に研究所の額をかかげていただいた。その後、カッパドキアにもお立ち寄りいただき、奇岩群の景観や岩の中に作られたいくつかの教会へのご訪問など、短いながら充実した足跡をお残しになり帰国された。

この時お目にかかれたことを機縁に、帰国後私は寛仁親王殿下を総裁とする日本・トルコ協会のお手伝いをさせていただいてきたが、寛仁親王殿下は去る二〇一二年（平成二十四）六月六日、多くの人々に惜しまれつつ薨去された。オリエント考古学者でもある御父君の三笠宮崇仁親王殿下の志を受け継がれた寛仁親王殿下の、カマン遺跡発掘調査や研究所設立のための募金活動など絶大なご功績は、日本人として決して忘れてはならない。

土日基金文化センター開所式後の晩餐会で。左からサドクラル理事長、寛仁親王殿下、著者（1998年）

土日基金文化センターの開所にあわせ、イスタンブールの博物館で、林田文化庁長官の出席のもと、日本の陶磁器の展覧会が初めて開催された。文化庁と東京国立博物館の協力によって、本格的な日本文化の紹介ができた。トプカピ宮殿にはオスマン帝国時代に収集された伊万里などの日本の陶磁器が飾られていることにちなんでの開催であった。

以後文化センターを中心に、数多くの日本文化紹介の事業が行われている。このセンターは、トルコにおける日本の存在感を強めるために大きな役割を果たしており、相手国の主導でできた世界でも稀なこの文化拠点を日本としては大切にしていきたいものである。しかも、ここでは日本の文化のみならず、トルコの文化はもちろん、アジア地域各国の文化紹介などのさまざまな用途にも利用されており、国際的な文化発信拠点の一つとして活用されていることをうれしく思う。

開所式後の八月末、大木公使は駐クウェート大使に転任、後任にドイツから森元誠二公使を迎えることができた。大きなイベントを終了し館務も順調に進み始めた。

建国七十五周年記念行事

一九九八年（平成十）の秋、トルコは共和国建国七十五周年の記念日を迎え、盛大なイベントが催された。各国大使は、トルコ共和国の威信をかけての大祝賀式典や軍事パレードに招待され、夜には晩餐会など大掛かりな祝典行事に参加した。日本政府代表として、直前まで内閣官房長官であった村岡兼造衆議院議員が特使として参列して下さった。

諸行事でとくに思い出されるのは、トルコ軍のパレードであった。大きな競技場のひな壇に大統領や首相の近くに並んでしばらく待つうちに、一群の戦闘機が彼方の空高くから、頭上めがけて次々に飛来してきた。トルコはNATOでもアメリカにつぐ軍事力をもち、いざという時のトルコ軍の強さは、朝鮮戦争の時をはじめ、各地での戦闘において実績がある。しかも、自国内でF-16（ファイティング・

ファルコン）戦闘機を製造する力をもつ国である。

周辺を難しい国々に囲まれてのトルコの国家運営には、軍事的な強さを常に蓄えておく必要があり、記念日はその実力を見せる絶好の機会だったのであろう。それにしても、高く低く、右に左に自在に旋回し、一糸乱れず高速で大空を疾駆する大量の軍用機の雄姿には圧倒された。地上では、陸軍の重装備の兵器が披露された。私としては、日本の防衛力との比較をつくづく考えさせられた時であった。

一周年記念でのファッションショー

翌年、文化センター開所一周年記念を盛大に祝うこととなった。そのハイライトとして、日本を代表するファッションデザイナー森英恵先生に登場いただき、ファッションショーを開催することになった。ハナエモリのブランドは世界に名を馳せているが、いわば欧米の文化を形にするファッションの世界で、先生の作品にはいつも根底に日本的な美意識が流れており、日本の伝統文化についての高い矜持がある。そこで土日基金文化センターで紹介するにふさわしいと考えた。

もともと森先生は日本人女性として、いや日本人として初めて欧米中心のファッションの領域で、いわば世界を相手に成功をおさめた、日本のファッションデザイナーのフロントランナーである。戦後の混乱期のあと、国内で映画全盛の時代に数々の映画衣装を手がけられ、パリ訪問でファッションデザインの奥義に目覚め、周到な準備ののちに一九六五年（昭和四十）ニューヨークに乗り込んで、日本文化の素晴らしさを表現されて、高い評価を得られた。日本の文化をあらわす美しいフォルムと色彩、大きな蝶が華やかに舞うデザインのショーが人々を魅了した。次いでファッションの都パリに活動の場を移され、名だたるデザイナーたちと肩をならべての活躍がはじまった。森先生の「手で創る」仕事の実力と日本人としての美意識が認められ、ほどなく東洋人として初めてオートクチュール組合の会員に選ばれたのは、並々ならない技と美学と品格があったからに相違あるまい。現在ではたくさんの日本人のデザイナーが大活躍されている領域ではあるが、いわば日本のファッションデザイナーが国際的な高水準の活躍をする道を開いた功労者といえる。

当時、ご多忙なスケジュールの中、トルコでのショーに快く応じて下さり、大使館側の少ない予算をやりくりしてのお願いに、ほとんどボランティア的にご協力をいただき、実現にこぎつけた。もともと、ファッションショーをイスラーム圏のトルコで行うことにはかなりの決断を必要とした。本当に受け入れられるかどうか、会場はどう作ればいいのか、一部トルコ人のモデルも使えるのか、アンカラだけでなくイスタンブールのホテルでも実現できるかなど、さまざまな準備が重なった。

しかし、一周年記念事業はこのショーのおかげで大成功であった。これまでそのような豪華で本格的なファッションショーを目にしたことのないトルコの人々にとって、カルチャーショックとなったようである。森先生ご自身の美しく気品あるお姿や話しぶりも報じられ、公演後もショーの模様はテレビを通じて繰り返し放映されて、この国でファッションやデザインを芸術文化の一つとして認められるきっかけになったと思われる。その証拠に、二〇〇三年（平成十五）「日本におけるトルコ年」が催された際、トルコ人の手になる見事なファッションショーがもたらされた。また、二〇一〇年（平成二十二）の日本・トルコ友好一二〇周年記念を飾る「トルコにおける日本年」にも、ハナエモリのファッションショーをと期待する声が高く、再び実現していただけた。

土日基金文化センターの外観（中庭側から写す）

施設の概要

アンカラ郊外に建つ大きな土日基金文化センターは、大理石でできた玄関ホール、講演や舞台芸術のための多目的ホール、コンファレンスルーム、語学教室、展示場、図書館、オフィスなどの機能を備えている。外には日本から寄贈した日本庭園があり植生も整ってきた。また隣接して貸館施設やレストランなどがある。ここの図書館には、私の大使時代に文部省の有志が集めてくれた図書を中心に、小学館・NHK各社などから寄贈された図書、ビデオなどが揃えられ、閲覧に供されている。二〇一〇年に「トルコにおける日本年」出席のためにトルコを訪問した際立ち寄ったところ、図書館がＴＯＹＡＭＡという名称になっており、その額がかかげられているのを見て驚き、かつ、恐縮した。誰が友であったかを忘れない、トルコ人気質をあらためて悟ることができた。ただ、このセンターへの日本側の支援策が確立しておらず、将来が気がかりである。

第五節　トルコ大地震と日本の役割

地震の発生と外務大臣の到着

大使館にとって、日本から現職の大臣、副大臣などが訪問して下さることは、外交上のプレゼンスを発揮するためにも、また、大きな案件を前進させるためにも不可欠なことである。私の在任中には、町村信孝外務副大臣、亀井久興国土庁長官などのご訪問をいただくことができた。そうした中で、現職の外務大臣の訪問は相手国に対しても格別の意味をもっているが、私の代には帰任間近の一九九九年（平成十一）八月に高村正彦外務大臣が訪問されることになった。

その訪問は、長年トルコで大きな課題になっていた、ボスポラス海峡の海底にトンネルをつくる計画への協力を開始するためでもあった。海峡で東西に分かれているイスタンブールの交通渋滞は年ごとに激しくなり、それを緩和するには、かの海峡にトンネルをつくるという、技術的にも大変困難なプロジェクトが必要であったからだ。トルコ側は、是非とも日本の手でというのが強い希望であった。そこで、各種の調査ののち日本として協力することとなり、その交換公文と特別環境円借款の署名のために高村外相が訪問される予定が入り、大使館あげての歓迎ムードとなった。トルコ側とは、森元誠二公使はじめ皆の活躍で綿密に打ち合わせが済んで、当日のエジェビット首相（一九九九年に就任）との会談、トルコ側との会議や署名、アンカラやイスタンブールの案内のことなど事前の準備は前日に全て終了して、あとはご到着を待つばかりであった。

さてその深夜、午前三時頃、公邸がゆっくりと大きく揺れた。若い時に地震予知関係の仕事をしたこともあり、震度や規模などには敏感であった。どうやらP波とS波の間が長く、これは遠い黒海かエーゲ海沿岸で起きた地震ではないかと想像した。日本であれば、何分か後にテレビで震源地や震度が詳細に報道される。習慣的にテレビをつけてみたが何の報道もない。ああここは日本ではないのだ、と変に納得しながら、大事にならなければよいが、と気がかりであった。

翌朝は早くから大使館に駆け付けた。館員たちも早出をし、全員で情報収集にあたってくれた。その頃には、日本ではトルコ大地震のニュースは報道されていた。どうやらイスタンブールが震源地のようである。初めは総領事館との連絡がとれ、被害の模様などを入手できた。しかし、すぐに電話は込み合い、全く不通となった。私としては、地震の情報収集とともに、その日トルコ訪問予定の高村外務大臣が本当に来ていただけるかが一大事であった。大臣は前日までイラン訪問をされていたが、これだけの大きな地震が起きた以上、日程変更かキャンセルになるのではないか、と案じた。しかし、高村大臣は午後には予定通りエセンボア空港に飛来され、大いに安堵した。

しかも、飛行場で降り立たれたとき、見舞い金として百万ドルをもってきたと告げられ、その迅速さと大臣の決断力に大いに感謝した。これには、トルコ側も感激してくれ、のちのちまであの大地震の時、日本政府が最初に見舞いに来てくれたと言われた。同行の天江喜七郎中近東アフリカ局長のご尽力もあり、また、外務省内で準備をしてくれた当時の飯村豊経済協力局長の適切な対応もあった。飯村局長には、その後始まった大規模なトルコ支援についても手厚くサポートしていただいた。

アンカラは無事であったため、全ての行事は予定通り進み、翌日大臣一行とともにイスタンブールに移動した。そこでは、地震後直ちに日本から派遣された医師団との面会や激励、倒壊したいくつかのビルの視察などをして、大臣はトルコを離れられた。しかし、実際には地震の被害は想像を絶するものであったことが、次々とわかってきた。

大災害の発生と判明

大臣帰国の後、次第に被害状況が明らかとなってきた。どうやら、イスタンブールの東、イズミット市周辺が震源地であり、のちにマグニチュード7・4とされたが、損害は甚大であった。現地の模様は通信と交通網が途絶えていたためしばらく不明であったが、徐々に明らかにされる被害状況を知るにつけ、驚くべき災害であった。倒壊したビルの数々、レンガ造りのアパートが一階は地中にめり込み、上層階はその上に崩れ落ちて、多くの人命が一気に失われたことを物語っていた。イズミット市、その東のアダパザル市、南側のギョルジュク市やその西のヤロバ市という四つの都市が壊滅的な被害を受けた。さきの二市近くにはトヨタやホンダやブリヂストンの支社が所在しているが、いずれも堅固な建物のため被害はなかったという。

その頃、大使館では一千人をこえるトルコ在住の日本人の生命の安全を確かめることに全力を尽くしていた。ことにイスタンブールの総領事館は在住者が多いだけに作業は困難をきわめた。連絡できない場合は、自転車でかけつけ、あるいは病院にも連絡し、日本人はいないかを確かめる作業で手一杯であった。幸い在住者の安全が全て判明した頃、外務省から、今度は日本人旅行者の安全を確かめよ、との報が入った。家族からの矢のような催促があるらしいが、旅行先も滞在先もわからない三百名余の旅行者の安否をあの広大なトルコの地で調べるのはほとんど不可能と思われた。

しかし、館員たちは全力で国内の全てのホテルや病院などにファックスで問い合わせるという一大作戦で乗り切ってくれた。結果的にほとんどの旅行者がすでにトルコを離れ、隣国などに出国していた。旅行者は自らの無事を家族に連絡するのが常識的な態度だと思うのだが、それが守られないと多忙な大使館、総領事館にとって大きな負担となる。ドイツをはじめ他国の大使たちの話では、旅行者は自らの安否は自己責任だとの見解のもと、追跡は大使館の仕事ではないとのことであった。

さて、それからが大使館としては大忙しの日々となっていった。トルコ政府は、地震国日本の経験と助力を頼りとしてくれた。たまたま首相官邸に他用で訪れていた森元誠二公使はそのままエジェビット首相に呼ばれて、直接、未曾有の災害についての日本側の援助を求められた。

そこで、大使館としては直ちに被災地への救援物資、専門家の派遣や地震について文化センターでのシンポジウムの開催を考え実施に邁進した。

ブルーフェニックス大作戦

そうした状況のもと、私は適切な支援を提供するために、どうしても現地の状況を見たいと思った。地震から一週間後であったか、トルコ財務省が別の調査団のために提供した国家保安部隊（ジャンダルマ）のヘリコプターに特別に乗せてもらい現地へ向かった。そこで見た四つの都市の被害は想像をこえる状況であった。トルコの建物は、多くの場合、鉄筋を用いず日干しレンガで建てるため、地震には弱く、ほとんどの建物は崩れ落ち、町は瓦礫の山であった。そこで現地の知事たちと直接面談し、何がもっとも必要かと尋ねた。現地の責任者は異口同音に、被害者の住居が心配とのことであった。これから寒い季節に入る、建物が壊れ住むところを失った人々が何万人もいる。何とか住む場所を考えて欲しいとのことであった。

大使館へ取って返し、どうすれば最も必要とされている住居を提供できるかを皆で考えた。そして、思い浮かんだのが神戸の地震後使われたプレハブが提供できないかということであった。早速、兵庫県知事に連絡したところ、阪神淡路大震災から五年、ちょうどプレハブから人々は去り、処分しはじめており、是非とも役立てて欲しい、との反応であった。では、あとはどう運ぶかである。

民間の船をチャーターすれば億をこえる額の予算措置がいる。そこで考え付いたのが、海上自衛隊の船で運んでもらえないかということであった。幸い藤田幸生海上幕僚長はトルコの海軍との情報交換のため、二ヶ月前にトルコに来られ、トルコの海軍司令長官との友好を深められたばかりである。アンカラで私も同席させていただいていた。しかも、地震によってマルマラ海沿岸にあったトルコ海軍の宿舎が壊滅し、トルコ海軍幹部の多くを失うという大きな犠牲がでたことをご存じである。大使館に海上自衛隊から出向中の福本出防衛駐在官がおり、ただちに連絡にあたってくれたところ、海上自衛隊としては協力したいとの内々の感触を得た。問題は国会である。海上自衛隊が本来の任務以外に海外に荷物を輸送するなど許せない、とする野党議員の反対もあり、きわめて難しい状況となった。

私の心の中には、そうした次元とはちがう強い想いがあった。約百年前に起きた、かのエルトゥールル号の悲劇を想起していたからである。十九世紀末、トルコの海軍がスルタンからの親書をたずさえて海路日本を訪問し明治天皇に奉呈したことがある。親善の役を果たしたのち帰路についたが、折悪しく紀州沖で台風にあって座礁し、不幸にも五百人をこえる海軍兵士が水死した。その時に生き残ったトルコ兵たちを、紀州大島の人たちが丁重に看病し、その後日本政府は海軍の「比叡」、「金

帰任挨拶のためエジェビット首相を訪問（1999年10月）

帰任パーティーで花束を受ける

剛」という二隻の艦船でトルコまで送り届けた。この一連の日本国民の対応について帰国者から聞いたスルタンを感激させ、話をきいたトルコ人たちが親日の感情を育んでいく契機となった。以後エルトゥールル号事件として両国の友好の起源となった出来事である。一世紀ののち、再び友好国の苦難の時に今度は日本の海上自衛隊がプレハブを運んでくれたら、トルコ側はどんなに喜んでくれるだろうか、私は世紀をこえたロマンを感じていたのである。

日本の議会での議論を聞く度に熱心に電報を書いて本国に送った。結果的に自民党幹部の先生方のご努力で、何とか実現できることになった。そこで、大使館では、この輸送計画をブルーフェニックス計画と名づけて実行を待った。海の不死鳥作戦である。海上自衛隊では、できるだけ多くのプレハブを運べるように、甲板にも杭を打つなど密かに事前準備を進めてくれていた。これにより、許可が出た直後には、神戸港からプレハブを載せて出航してくれた。

海路はマレー半島とスマトラ島の間に位置するマラッカ海峡など海賊の出没の危険もあり、また、海洋上の船の揺れを防ぐための工夫などさまざまな困難を乗り越えて船は進んだ。インド洋上から無事航行中との報告を受けたのち、私はこの計画の成功を信じて退任のためトルコを離れることになった。後任の竹中繁大使からうかがったところでは、トルコ側の軍艦がダーダネルス海峡まで出迎えてくれ、イスタンブール港に入り、日の丸の旗をもったトルコの小学生たちを含む盛大な出迎えを受けて荷物を届けることができたとのことであった。かくて、アダパザル市にプレハブを送ることができ、トルコ側からは大変感謝されたのであった。

トルコ滞在は、最後まで気の休まることのない、しかし、充実した日々であった。トルコを去る直前、私はゆかりの土日基金文化センターで「二十一世紀に輝く二つの星」と題して最後の講演を行った。多くのトルコ人の友情に感謝し、新しい世紀にも、ともに世界での雄国として歩もうという趣旨で、満場の拍手で送られた。十月六日にトルコを出発するまでの数週間は、昼も夜も送別の会や離別の挨拶が続き、エジェビット首相やデミレル大統領へのご挨拶を最後に、トルコを後にした。三年二ヶ月の濃縮された体験の日々であった。

最近のトルコ

私が離任してしばらくののち、二〇〇二年（平成十四）からトルコ政府は、以前よりはイスラーム色の強いAKP（公正発展党）がエルドアン首相の下に単独政権を維持している。同首相の強いリーダーシップによって近年トルコの経済・外交政策は成功し、トルコの勢いは国際的にも注目を集めはじめた。建国の父ケマル・アタチュルクが進めた徹底した世俗主義との関係を今後どう共存させていくのか、私としてはしっかり注視していきたいと考えている。

外交面をみると、共和国の建国以来、欧米中心の外交を積み重ねてきたが、現在もなおEU加盟問題は停滞している状況にある。他方、トルコは周知のように、イラク、イラン、シリアなど政情の難しい国々と国境を接する条件下にあるが、近年、エルドアン首相の主導のもと、近隣地域の安定化と経済関係の強化を目指す積極的な外交（近隣ゼロプロブレム外交）を展開してきている。トルコはこれら各国をはじめ中東諸国とは良好な関係を築いてきており、二〇一一年（平成二十三）以降のいわゆる「アラブの春」での混迷が続く中で、トルコの安定した国家運営は国際的にも評価されはじめ、トルコはイスラーム圏の国々にとって民主国家のモデルとなるのでは、との見方も出るなどその存在感が高まってきている。ただ、最近のシリアの内戦のような事態は深刻で、地続きの近隣国として責務も課題も大きいものがある。

次に、トルコのマクロ経済をみると、世界的金融危機のあとも高いペースで回復しており、年八・

九％（二〇一一年）の経済成長をみている。一人あたりＧＤＰは今や一万ドルを超え、二〇二三年（トルコ共和国建国百周年記念）までに、世界第十位の経済大国になることを目標とするまでに発展してきた。イスタンブールもアンカラも新しい建物が次々に建つなど、経済活性化の勢いはすばらしいものがある。

トルコのさらなる発展は、友好国日本としても大いに歓迎したい。むしろ、わが国が近年の政治的混乱や経済停滞で彼らの期待を裏切ることのないように、困難をいち早く乗り越えてトルコ国民の親愛の情に応える日本であり続けたいとしきりに思う昨今である。

第六節　トルコでのさまざまな出会い

カマン・カレホユック、日本人考古学者の活躍

トルコの魅力の一つは、紀元前からのいくつもの文明の跡が、遺跡となって大地の上にふんだんに残されていることであろう。トルコのあちこちに残る遺跡は、ギリシャ・ローマ時代のものから、小さな王国のものまで処々に点在しているが、そのもっとも古いものが、紀元前十九世紀から十二世紀までの間に栄えた、人類として初めて鉄を製造したとされるヒッタイト民族がつくりあげた帝

カマン遺跡の庭園より。左手中央が博物館のゲート、右がアナトリア考古学研究所

国の跡地である。アンカラの東一一〇キロに、ボアズキョイという村があり、往時は深い山中であったと思われるが、今は木々もなく薄茶色の大地が広がる上に、堅固な城壁や獅子の門、突撃門など石の門が残り、内部にはいくつかの神殿、宮殿、図書館、貯蔵庫などの構造物の礎石が残っており、当時の巨大な帝国の構造を知ることができる。

この遺跡は、ドイツ隊が二十世紀の初めに掘り始めたもので、発掘開始後間もなく大量の粘土板を採取、考古学者ヴィンクラーによる解読を通じてヒッタイト帝国の跡と判明したのだった。

このヒッタイト帝国の鉄製造の謎に魅せられてトルコでの発掘をこころざし、その後トルコの文化編年の解明に一生をささげている日本人考古学者がいる。中近東文化センターに属する大村幸弘さんである。三笠宮崇仁親王殿下のお力添えにより、大村さんがトルコ政府から発掘を許可されたカマン・カレホユックは、ボアズキョイからも遠くはないが、アンカラから南東百キロにあり、私も大使時代をはじめ近年も足をのばした地点である。大村さんの発掘は地元の人や子どもたちを教育して、何千年もの歴史を堆積している土層を丁寧に掘り進むという本格的な方式で、世界の考古学者から信頼され、注目を浴びている。ここには毎年、夏になると世界各国の若手研究者が集合し、発掘と歴史解明の国際的な研究拠点になっている。

上空からみたカマン遺跡発掘現場

　その研究活動を可能にするアナトリア考古学研究所は寛仁親王殿下が自ら日本各地で募金のための講演会やパーティーを開催、あるいはトルコへのツアーに同行されるなどご病身にもかかわらずなされた絶大なご支援があって建設できた。今や世界の考古学研究のメッカの一つになっている。研究所近くには発掘がはじまった当初から出光興産の尽力で美しい日本庭園（三笠宮記念庭園）が造られている。近年発掘物の収蔵庫も建てられ、宿舎も整えられた。とくに、二〇一〇年（平成二十二）の「トルコにおける日本年」を記念して、これまでの発掘物を展示し、トルコの人々に公開するための博物館が建設されたことは特記に値する。同年七月、カマン・カレホユック考古学博物館がオープンした。毎日数多のトルコ人見学者が集まり、今やトルコの名所の一つになりつつあるという。

こうした努力がトルコ政府から高く評価され、大村さんのグループは、カマン以外に、最近ヤッスホユックとビュクリュカレの二つの遺跡も発掘を依頼されて作業が始まり、すでに目にみえる成果が出始めているという。他国には許可せずに日本の大村隊にのみ許可するトルコ政府の姿勢から、これまで長年にわたり、大村さんがいかに誠実に発掘にたずさわってきたかがよくわかり、日本人として誇りに思う。

貴重な出会いの数々

アンカラに住んで仕事をした日々、さまざまな貴重な出会いがあった。もちろん、トルコの歴代の首相や外務大臣など数多くの政治家、シャルーク・タラさんらのトルコの経済人、実業家、アンカラ大学のアクバイ学長をはじめとする学者、文化人と数え切れない出会いがあり、その何人かとは今もつながりがあるのはうれしいことである。また、当然ながら、パリス米国大使やカナダ大使をはじめ、各国大使とは日常的に会う機会があり、ヨーロッパ各国やアジア諸国のみならず、中近東、アフリカの国々にいたるまで多くの大使たちのお顔が思い出される。

ここでは、親しくお付き合いいただいた方々のごく一部に登場願うこととする。私が赴任して間もなく、大使公邸に着任のご挨拶に来られてから、長年のお付き合いが続いているのがニュージーランドのイアン・ケネディ大使と節子夫人である。ケネディ大使は、そのさわやかで明朗なお人柄と、ニュージーランド国を代表してトルコとの間に優れた外交実績を残されたご活躍ぶりには感銘を受けたが、私にとって有難かったのは、日本大使館の諸行事には必ず節子夫人とともに参加し、協力して下さり、陰に陽にご助力をいただいたことである。アンカラの日本人会にも参加していただき、日本人学校と合同の運動会にもいつも出席してくださった。

当時アンカラの日本人会からの要望も受けて、大使杯を設け、時折ゴルフ大会を催したが、ケネディ大使はゴルフの名手でもあり、よくご一緒にラウンドさせていただいた。アンカラにはゴルフ場がなかったため遠路出かけてのゴルフであった。金曜日の深夜に皆でバスに乗り込み、延々と八時間かけて地中海沿岸のアンタリアまで出かけた。夜中に峠をこえ、丘をこえて疾走し、そのまま土曜日の早朝にホテルに着き、練習試合を行った。日曜日に大会を行い、表彰式もソコソコに、午後三時にはバスに乗り込み、午後十一時にはアンカラに到着。翌朝はいつも通りの出勤という、猛烈ゴルフ大会にもお付き合いいただいた。

私の離任後間もなく帰国され、ケネディ大使は外務本省や豪州での勤務ののち、二〇〇七年（平成十九）から日本駐在のニュージーランド大使として、二〇一二年（平成二十四）六月まで、見事に大使職をお務めになった。あの東日本大震災のあと、直前のクライストチャーチでの地震の被害にあった国としての互助の精神から、大規模で盛大なチャリティ晩餐会を企画された。その行動力には、敬意を表したい。その成果で被災地の若者をニュージーランドに招待することにも力を尽くされ、現在も続いている。また、日本とニュージーランドとの貿易の拡大にも多くの実績を残された。惜しくも帰任されたが、これからも両国の絆を強める力になって下さるものと期待している。

もう一人忘れられないのが、トルコの女性外交官第一号のウナイドゥン大使であった。美しく聡明で責任感にあふれ、弁が立ち実行力もある素晴らしい外交官であった。私は在トルコ時代から肝胆相照らすものがあり、ご自宅にも招かれたが、その後、駐日トルコ大使として赴任されてからのご活躍ぶりは、まさに八面六臂というにふさわしく、日本とトルコとの緊密な関係をさらに深めていただいた。赴任された時、皇居で天皇陛下への信任状を奉呈される儀式には、私は侍立大臣として傍らに控える栄誉に浴した。

在任中、「日本におけるトルコ年」（二〇〇三年）を見事に成功させ、日本でも多くのトルコファンができたと思う。帰任される直前、ご希望にそって沖縄までプライベートにご案内し、沖縄の美しい風物や歴史と芸能を堪能していただけたのが懐かしい思い出である。「トルコにおける日本年」（二〇一〇年）の際、五月のイスタンブールでの開会式のあと、ボスポラス海峡を目の前にしたレストランでお会いし、次回は必ず東京でと約束をしたのが最後となった。その三ヶ月後には体調が急変し、逝去されてしまった。惜しんでも余りある方で、心からご冥福を祈っている。

常に支えてくれた有能な公使たち

大使にとって、よい仕事を残すには、次席の公使に有能な人を得ることが不可欠である。私は最初の大木正充公使、そして後任の森元誠二公使のお二人と一緒に仕事ができて幸いであった。大木公使には、私の着任以降、土日基金文化センターのオープニングなど、終始尽力をいただいた。専門のアラビア語のほかトルコ語も習得され、休暇も楽しむスマートな仕事ぶりであった。その後クウェートに次いでイラクの難しい局面での大使、駐アゼルバイジャンの大使を経験された。

私の任期の後半、ドイツ大使館から転任された森元公使は、どんな懸案についても積極的にとも に取り組んでくれる意欲があり、館内をまとめ、あるいはトルコ側要人との交渉をはじめ目覚ましい活躍ぶりであった。問題の中心をつかみ、かつ緻密で迅速な仕事ぶりから、相手国政府の責任者や各国外交官たちの深い信頼を得て、日本との関係を緊密化させるための実績を残してもらった。また、芳子夫人の内助の功も特筆に値し、大らかで闊達な活躍ぶりで、私もずいぶん助けていただいたことを思い出す。

森元公使は、私の帰任後同じ中東の地にあるオマーン国の大使として赴任された。オマーンは日本ではあまり知られていない面もあるが、知る人ぞ知る、の安定した王国で、国王スルタン・カブースは四十年前にかの国を開き、国民の生活を向上させた名君である。私も森元大使の在任中、お招きを受けて同国を訪問し、大学での講演や政府要人との会見、そして国内のご案内をいただいた。首都マスカットの街は整然として美しく、古来の遺跡も諸所にあり、自然も海洋も美しい国である。砂丘ではトヨタのランドクルーザーが走駆し、日本企業とも関係が深い。

その王国で、森元大使は国王や王族、政府要人たちの信頼を得て大活躍し、スルタンから東京大学に中東研究センターの寄付講座を開設いただくまでに至り、先般帰任にあたっては国王から最高の勲章を授与されたという。大使としてそこまでの実績を上げたのは稀有な資質であり、もともとドイツ語圏に強い森元大使には、さらなる活躍が期待される。

このほか、アンカラでの大使稼業ではさまざまな出来事があった。例えば、大使館主催の日本語弁論大会で入賞したトルコ人学生たちを何とか日本に招きたいとの私の希望を、知人の日立製作所の熊谷一雄副社長が受け入れて下さり、毎年彼らを招待していただいた。現在でも同社でこの事業が継続されていることに感謝したい。

また、とくに記しておきたいのは、一九八五年（昭和六十）イラン・イラク戦争の勃発時、テヘランにとり残された日本人ビジネスマン二百人を危機から救うために活躍した伊藤忠の森永堯氏のことである。同氏は当時のオザル・トルコ大統領の信任も厚かったこともあり、自ら掛けあって依頼したところ、トルコ航空機が救援に向かってくれて、絶望の淵にあった日本人を救うことができた。そんな見事な活躍ぶりをみせた森永氏はさわやかな人柄で、私も時折お目にかかってトルコ事情など話し合った。この快挙とあのエルトゥール号の出来事という日本とトルコを結ぶ二大エピソードを映画化する話が最近進んでおり、私も及ばずながら応援している。さらにアンカラの日本人会の皆さんには気持ちよくお付き合いいただき、NTTからの畑瀬勉ご夫妻、NHKからの上野重喜ご夫妻をはじめ、同じ伊藤忠の小沢則夫氏、など懐かしい方々との交流が、今も続いている。そのほかにも無数の思い出はあるが、ここに記す余裕がないことをお許し願いたい。

国立西洋美術館のこと、『トルコ—世紀のはざまで』の出版のこと

このように三年二ヶ月にわたるトルコでの滞在は、私の人生でのハイライトの一つとなったといってよい。そこで帰国してから講演の機会があると、よくトルコについて話をさせてもらったが、多くの場合、そんなに魅力のある大事な国、大切な親日国だとは知らなかったという反応がほとんどであった。そのたびにまだ日本ではトルコについてあまり知られていないことが分かり、残念に思った。これは何とか広く知ってもらうために本でも書いて、ご恩になったトルコの国と国民にお礼をしなくてはと考えた。そこで、何とかトルコについてまとめてみようと思い立った。

幸い出版社の支援を得て、寸暇をみつけては執筆を始めた。

二〇〇〇年（平成十二）の春休みには、さる山寮にこもって執筆にあたり、五割ほど進んだ。その年の四月には、上野にある国立西洋美術館の館長に就任した。西洋の上質な芸術文化に深くかかわる職であり、今度は西洋絵画について学ぶことができると楽しみにしていた。館務は、所蔵する絵画や

他館からの貸し出しを得て展覧会を催すことが中心であった。この美術館はかつて日本を代表する大実業家であった松方幸次郎氏が、パリやロンドンで日本の美術家たちのために買い集めた優れた松方コレクションを所蔵している。そこで外国の美術館とのやりとりや将来の美術展の企画など、優秀な学芸員の力を借りつつ、興味をもって仕事を始めたのであった。

ところが一年と二十六日たったばかりの時、突然文部科学大臣に任命され、それ以降、一刻の猶予もない生活となった。そこでもう出版を断念したのであったが、NHK出版の向坂好生編集長から激励され、短い夏期の休みを返上して書きあげたのが、『トルコ―世紀のはざまで』であった。

私のトルコ滞在が二十世紀末であり、帰国後の執筆時が二十一世紀の初めであったことで、二つの世紀にまたがるトルコ国の存在とその実態を書きとめておきたいと思い、つけた書名である。ほとんど推敲の間もない拙著であった。

間もなく、その本を読んだ日本語のわかるトルコ人たちから、この本を是非とも英訳して欲しいとの強い要望が出された。当時、EU加盟を目指していたトルコにとって、日本大使による親トルコ的英文の本が出ることによって、トルコのよさをEU各国にアピールできるという本音もあったようだ。そこで、国際交流協会のお世話になったうえ、英語版をトルコで出版できた。

その後、さらに英語版を読んだトルコ人たちから、トルコ人自身も知らないトルコの文明や歴史、政治の諸課題が書かれているので、是非ともトルコ語版をとの強い依頼がきた。英語版からトルコ語版にしたいという。しかし、日本語の微妙なニュアンスを正確に出していくには、英語訳からトルコ語に訳すことでは困難である。そこで、優秀なトルコ語専門官の山中啓介参事官の力を借りて、流麗なトルコ語にしていただいた。おかげで、短い期間に三ヶ国語版の拙著が出版できたことになる。大臣時代の超多忙な時の副産物である。多くの方々のご協力でこんなことも可能になって、いささか気恥ずかしい思いもしている。

さて、私の外交官生活は三年二ヶ月で終了したが、その後も海外で日本大使や国内で大使経験者をはじめ多くの日本人外交官に出会うことがある。また、帰国後、外務省の外務人事審議会での審議に参加したこともあり、そうした折にプロの外交官の貴重な体験の蓄積に基づく海外事情の知識や外交政策上の知見には啓発されることがしばしばである。島国日本にとって、経験を積んだ外交官たちの存在はある種の宝である。その宝を使いこなして、この国の安全と世界に寄与する英知ある外交政策を立案していくことが望まれるし、それが真の政治主導と考える。一国の安全保障や外交にとって「継続」は不可欠の要諦であるがゆえである。

第七章　大臣という大役に就いて

第一節　大臣就任と初動の頃

晴天の霹靂──大臣への就任

二〇〇〇年（平成十二）四月に上野にある国立西洋美術館長に就任してから一年がたった。その年の四月一日には当時の行政改革の一環として、全国にある五つの国立美術館を統合し、独立行政法人国立美術館をつくって、西洋美術館もその傘下に入ることになった。そして、私がその法人の初代理事長をかねることとなった。

当時世論や国政は、小泉純一郎内閣総理大臣の誕生に沸いていたが、私にとっては、それらは雲の上の出来事であった。ところが理事長になって一月もたたない二〇〇一年（平成十三）四月二十五日、準備して来たピカソ展の開幕行事を行って帰宅した夜のことであった。突然、さる有力政治家から小泉内閣の文部科学大臣になるようにとの電話をいただいた。小泉総理の女性閣僚登用の希望とともに、教育改革の重要性から、今大事な局面であるので、是非にとのお話であった。確かに当時、教育改革三法という与野党対決法案が国会にかかっていた。しかし、思ってもみない話であり、到底その役をお引受けする器ではない、と丁重にお断りした。

その夜重ねて、よく存じ上げているほかの政治家からも教育改革の実現のために、是非とも引き受けるようにと連絡があり、文部科学省の友人からも内々の電話をもらった。だが、長い間国家公務員として働いた経験に照らし、私は政治の世界とは一線を画したいとかねがね考えていたので、大臣職はお引受けする立場にはないと真剣にお断りを続けた。最後に翌朝早く元大臣から再度のお電話をいただいた。それでも躊躇する私の応答を聞いていた夫が、「それほど言われるのに断り続けてもいいのかなあ」とつぶやいて出勤していった。思えばこれが就任承諾の決め手となったのかもしれない。

気が重いままに、最終的に「分かりました」と答えたのであったが、あっという間に朝のテレビのニュースで就任予定の情報が流れたのには、本当に驚いた。文部科学省の関係者やＯＢの皆さんをはじめ、出張先でテレビの昼のニュースを見た夫も、以前からの友人や知人たちも大いに驚いたとのことであった。しかし、もっとも驚いたのは私本人である。まさに晴天の霹靂であった。

そこからは、一気に慌ただしい時間が重なっていった。確定するまで報道関係者の目につかないように、総理官邸近くの霞が関ビル、その後東急ホテルの一室を借りて、事務方との打ち合わせと準備が続いた。午後、小泉総理からの電話を受けて官邸へ向かい、何とも晴れがましい一連のプロセスが始まっていった。総理から正式に文部科学大臣にとの話を受け、その後皇居へ参上し、天皇陛下の御前での認証式に臨む。官邸へもどり初閣議、写真撮影、記者会見。この時の閣僚メンバーは、塩川正十郎財務大臣をはじめ錚々たるメンバーであった。女性閣僚も森山眞弓氏、扇千景氏、川口順子氏、田中真紀子氏ら有力な顔ぶれを含む布陣であった。

大臣就任後、深夜に初登庁（2001年）

そして、深夜に文科省の正面玄関からの初登庁となった。幾度か新しい大臣をお迎えしてきたあの階段を、今は自分が上ることになり、運命の展開に戸惑い複雑な気分となったが、そのような感傷に浸る余裕はなかった。省内での記者会見後、花束を受け取って帰宅したのは午前二時であった。

翌日、午前九時には閣議、その後、宮家をはじめ国会議員関係の挨拶回り。その日の夕刻、国立西洋美術館は前日開幕したばかりの展覧会で賑わっていたが、馴染み深い職員たちに断腸の思いを込めて、別れの挨拶をした。

省に戻ると各局長からの所管事項説明が始まり、国会答弁も待ったなしである。就任後五日目の五月三日、ＮＨＫで憲法記念日特集が組まれ、「二十一世紀の教育を語る」というテーマの一時間番組に出演することになった。文部行政に長くたずさわってきたとはいえ、様々な仕事を次々にやり、直前までの数年は在トルコであったなど最近の初等中等教育の課題の詳細を掌握しているわけではない。家族は本当に大丈夫かと心配してくれたようであった。ただ、教育をよくしたいとの思いは熱く、番組の流れにそって何とか話ができて、家族も省員も一安心してくれた。その連休明けからは、大臣としての本格的な活動が始まった。

就任の当日から、すでにSP（警護警察官）さんがついてくれていた。私の二人のSPさんは仕事ぶりも人柄も素晴らしく、それからの二年半近く、どんな事態になっても終始誠実に、文字通り体を張って身辺を守ってもらった。ときに海外で厳戒体制下の警護もしてもらったが、緊張はいかばかりであったかと推察する。しかし、甲子園での選抜高等学校野球大会の始球式用の投球練習にも付き合ってくれるやさしさがあった。その後も要人の身辺警護にあたっている彼らを見ると、よほど有望な人物を配置してもらったのだろう。

本省の事務方も、手配は迅速で行き届いていた。大臣の活動にかかわる一部始終を取り仕切ってくれる秘書官として、即日若いキャリアの浅田和伸秘書官が就任、その後私が大臣の職を終えるまで、終始、見事に秘書役をつとめてくれた。大臣の日々のスケジュールの調整、国会審議のための答弁用資料のとりまとめ、国内外での諸会合への準備と同行をはじめ、綿密で着実な仕事ぶりで身を尽くして働いてくれた。次々に起きる難題にも直ちに必要な情報の収集につとめ、相談相手ともなってくれた。その人柄からくる硬軟とりまぜた対応の妙に各局の担当者たちも信頼を寄せてくれたと思う。彼はのちに自ら希望して、行政官としては初めて、東京都品川区の区立中学校の校長として三年間を過ごし、立派な校長職として生徒や保護者に惜しまれながら、本省に帰任した。教育行政にとって、学校の実態を知り、現場から発想していくことの大切さを考えての体験だったのだと思う。

そうした新しい視野と実力をもつ世代の出現が、今後の日本の教育を引っ張っていってくれると期待している。

科学技術担当は、初めは田口康秘書官、途中で深井宏秘書官に交代した。元科学技術庁出身の事務官らしく、その分野についてよくサポートしてくれた。秘書官にはこの二人の事務の秘書官と、国会や政治家関係を取り仕切る政務の秘書官がおかれる。通常、政治家の大臣には、議員秘書のような人が政務秘書官となるのだが、私にはそのような人はいない。そこで、文部省時代から国会連絡調整室などで政治家との面識もあり、国会情勢に詳しい豊田三郎氏にお願いすることになった。豊田政務秘書官も、まさにはまり役であった。どちらかと言えば政治家との付き合いが得手ではない私にとって、同氏の存在は百人力であった。民間からの登用の大臣ということで、何かと政治家たちの無理な注文が続く中、その柔らかな物腰と、えもいわれぬ説得力と笑顔とで、何度も難関を乗り越えることができた。それまでの彼の仕事を通じて政治家や議員秘書たちから厚い信用を得てきたからであろう。これら秘書官の皆さんには、本当にお世話になった。秘書官室にはこの三人とともに働く優秀な男女の事務官が配属され、いつも緊張感はただよいながらも笑いが絶えず、多くの来客や記者さんたちで賑わっていた。もちろん、事務次官、官房長、総務課長ほか大臣官房の職員は全力で支えてくれたうえ、各局長や課長たち以下もなじみがあり、大臣としての職務の遂行にあたり、無理な注文もいくつか出したのだが、皆さんから全面的な協力、支援をいただくことができた。

とくに、私の大臣職の滑り出しから、次の第二節と第三節で述べる二つの大きな改革を何とか為し得たのも、大臣の意思決定やその策の実現に際して、強力にサポートをしてくれたナンバー・ツーに恵まれたからといってよい。就任時の事務次官は小野元之氏であった。氏とはすでに文化庁時代に一緒に仕事をしており気脈が通じていたが、あの構造改革の一時期に一緒に文部科学行政を担えたのは、心強いことであった。氏はもともと地方教育行政の経歴が長いが、文化行政も見事にこなすなど、与えられた分野ではどこであってもしっかりと為すべきことに取り組む、気骨あるタイプである。官僚にありがちな前例主義にはとらわれず、信念をもって進もうとする意欲は、その根底にこの国と公共に尽くしたいという明確な信念があるからであろう、私とも波長があった。彼は、いざという時も、揺るがずに部下に対して指揮をとる力をもつ。「学びのすすめ」のアピール、国立大学法人の制度化の基礎を協力して築けたのは、大臣としてまことに幸いであったし、思い出深い。その後、独立行政法人日本学術振興会のトップとしても、学術研究の国際的な共同や交流の仕組み作りに数々の業績を残した。本書第Ⅱ部に登場してくれている。

大臣室は、建て替え前のレンガづくりの文科省庁舎三階の角にあった。今は背後に高層階の建物ができたが、当時は六階建ての庁舎であった。関東大震災後に建設されただけあって、がっちりとした古風な佇まいである。改築後も歴代大臣や私が執務した部屋は残され、今も当時の机や椅子の配置のままに一般公開されている。私はこの部屋で執務し、ここで任期を終えた最後の大臣となった。

大臣すべり出しの頃、総理発言

さて、就任後は、次々に予期せぬことが湧き起こるような日々であった。この二十一世紀の初年、国内では小泉総理の主導のもと、あらゆる分野で「構造改革」の嵐がまき起こり、国民も企業人もメディアもその勢いを支持する圧倒的なパワーを感じる毎日が始まった。それまでの日本社会の閉塞感が、新たなリーダーを得て、奔流のような構造改革の状況を推し進めたのであったろうか。今にして思えば、これは小泉総理の独特な政治手法が創り出した社会現象であったのではないか。

海外に目を転じると、この年（二〇〇一年）の秋、あの衝撃的な九・一一事件が起き、国際情勢は一気に緊迫の度を増し、アメリカを中心に国際テロ対策が各国にとって大きな課題となっていった。日本もまた、外交面ではその流れに左右されることになった。まさに内外ともに、激動の時代の幕開けとなった。

国会では、新内閣の発足であるため、まず、内閣総理大臣の本会議での所信表明演説と質疑から始まった。小泉総理は、構造改革の必要性を力強く打ち出し、民営化、地方分権、行政改革、規制緩和などこれまで国政の重点に、はっきりとは上がってこなかった視点から、この国をリードするという姿勢を明確に示された。所信表明の文面も、自らの思いを反映させた簡潔で明快な強い言葉を用いての所信であった。その最後のあたりに、米百俵の逸話も入っており、文部科学行政を預かる者としては、教育への理解をもつ総理と映り、これは有難いことだときわめて感銘深く思ったのであった。のちに、それはいささか早まった受け取り方で、本意は「困難な時には耐えしのぶべき」というほどの意味で使われたと知ったのだったが。

参議院文教科学委員会で所信を表明（2001年5月17日）

衆議院での代表質問を終え、参議院での質疑の際、聞き逃せない応答がなされた。それは、民営化を推進するという総理の姿勢に対し、質問者は、であれば国立大学も民営化してはどうか、と問いかけたのだ。これに対し、はじめは用意した答弁資料に沿っての答弁をされたが、それに続いて、自分も民営化論に賛成である、との答弁があった。この簡潔な答弁が実はかなり強い信念としての国立大学民営化論であるらしいことが分かったのは、翌週のことであった。このことを発端にして、のちに国立大学の法人化をはじめとする大改革につながっていった。この問題の解決が、私の大臣としての最大の課題になったのだが、これについては、日本の大学制度にとっての大きな改革であるため、本章第三節でまとめて述べることとする。

大臣の多忙さは、いちいち書ききれるものではない。就任直後から、土、日も日程が詰ってくるのは常態となった。例

宮中晩餐会へ出席の夜、大臣室で夫・嘉一と
(2001年10月2日)

えば就任直後を思い出しても、国会審議のあるウィークデーには行けない、敦賀の高速増殖炉「もんじゅ」を土曜日に訪問し、翌日は山梨での全国植樹祭の式典に臨み、月曜日からは全閣僚が揃っての予算委員会に出席して終日拘束をうける。その合間の日に、衆参の文教委員会が開かれ、提出されていた学校教育法の改正など教育改革のための三つの法案について厳しい質疑を受ける。その間、教育から文化、スポーツに至るまで幅広い分野からの訪問客との面談、諸外国からの大臣や大使との会談、日本藝術院や、日本学士院の授賞式をはじめ、諸種の会合での挨拶、タウンミーティングなど、寸時の自由時間もない日々が続いた。

国会開会中は、翌日の大臣答弁資料の作成が省員にとって一大作業である。前日の夜提示された質問に対して、各担当部局からの答弁資料案が省内外の調整を終えて深夜に出来上がる。省庁によって異なるであろうが、文科省の場合、翌早朝には秘書官が大臣宅に車で届けるのが慣例であった。私の場合はそれを自宅のメール上で受け取ることとした。そして、早朝起き出してこれを読み、万一修正あるいは追加のコメントがあれば書き入れて送り返しておく。当日出勤後レクチャーを受けて答弁への準備が整うのだが、いつも各部局の担当者はご苦労なことであると思う。それに質問が常に有意義なものとも限らない。私もかつて現役時代にこのような答弁資料作成にかかわって来たが、このための霞が関の官僚たちの毎晩のエネルギー使用は相当なものである。

かつてイギリス議会では質問内容は二日前には届くため、残業は不要と聞いたことがある。この膨大な負担を軽減し、より本質的なところに国家公務員の力を向けさせるよう、改革が必要である。

小泉内閣の意思決定の迅速さや強力さを支えたのは、総理主催の経済財政諮問会議が開かれ、そこでの決定が各省の行政を主導する権限をもったことによる。この会議は、閣僚ばかりではなく奥田碩氏、牛尾治朗氏など大物財界人や経済学者も入った会合で、頻繁に官邸で開催され、構造改革の具体策が議論された。教育や科学技術も例外ではなく、聖域なき構造改革として議題に上る。本来熟した議論のもとに進めるべき教育関係の改革も、瞬時の対応を怠ると「骨太の方針」の中に書きこまれて訂正できず、予算要求もできなくなるといった状況であった。この諮問会議の存在が、小泉改革、構造改革を、良くも悪くも大きく推進する力となった。

自民党のあとを受けた民主党では、当初いわゆる仕分けの手法が猛威をふるったことがあるが、これもまた、長年にわたって築いてきた制度や仕組みを壊して、改革という名の破壊につながっているケースが無きにしもあらず、なのである。政治を目指すものは、そのもたらす影響をしっかりと見通したうえで、国として真に守るべきものまで壊すことのない賢明さを備えてもらいたいものだ。英国の故サッチャー元首相が、「家を壊す前に、壊したあとの設計をまずするべし」と言ったことを思い出す。

池田小学校事件の発生

大臣就任の初年は、まことに非日常的な出来事が次々に集中的に出現した年であった。国立大学の民営化論議に異論を唱え、のちに小泉総理に、「遠山プラン」と呼ばれる大学構造改革の計画を説明した日の翌日、衆議院文部科学委員会では、懸案のいわゆる教育改革三法の審議中であった。野党の委員からの激しい追及のさ中、十一時過ぎであったか、答弁中の私に一枚のメモが秘書官から手渡された。「大阪の小学校に大人が乱入し、児童を次々に殺害している」という内容であった。そして、その数はメモが届くたびに増えていった。これはただならぬ許しがたい事態、とは思うのだが、対決法案の審議中であり、事件の真相も分からないままに審議を中断して発言することもできず、動揺を抑えながら答弁を続けた。

正午の委員会終了と同時に文科省に向かい、その車中から岸田文雄副大臣に電話をし、直ちに対策本部をたててその本部長を務めてくれるように依頼した。大臣室に帰って事件について分かる限りを担当課から説明してもらった。学校は大阪教育大学附属池田小学校で、不審者が入り込み、次々に子どもたちを殺害して八人もの犠牲者がでた。負傷者も教員二名を含む十五人に上った。犯人は直接学校とは縁のない者とのことであった。かつて例のない異様な事件である。しかし、このような事件は伝播する危険性がある。全国の小学校・中学校に決して害を及ぼしてはならず、本省としても早急に対策を打つべきだと考えた。あの中学校課長の時の忠生中学校の事件が頭をよぎった。まさに危機管理の必要な時である。

岸田副大臣は、直ちに省内に対策本部をつくり、第一回目の会合を開いた。私は午後一時から始まる委員会の冒頭で、全国の小・中学校長に向けての所信を表明したいと思い、直ちに案文をつくった。午後の委員会の冒頭で、命を落とした児童の冥福を祈り、学校という安全であるべきところで、罪のない児童を理由なく殺害するという、決して許してはならない事件であること、各学校は動揺することなく冷静に、しかし、万全を期して学校内に不審者が乱入しないように用心してほしいこと、今後本省としても学校の安全の確保のために全力で取り組むことを述べた。いたいけな子どもの受けた恐怖の事件を想うと涙をとどめえなかった。のちに私も国会審議の合間を縫って現地を訪れて冥福を祈り、遺族へのお見舞いをしたが、その悲しみはとても深く、心の傷跡の大きさは推察するにあまりあった。大臣の責任も厳しく問われたが、事件の残忍さに対し、ともに強い憤りを覚えた。

岸田副大臣のしっかりとしたリードのもと、全国の学校の安全確保のための対策が練られた。必要な予算も手当てされ、のちに池田小学校の校舎も建て替えられた。この事件で被害を受けた子どもたちの保護者は、犯人を見過ごした教員をはじめ、事件発生後の教員の対応など学校側の管理責任を問い、とくに学校の設置者たる国に対してその責任を激しく追及した。このようなケースで国が直接責任を負う前例はなく、省内外で異論も出されたが、被害者の心情を考慮して通常の民事訴訟の手続きをとらず、二年後には国家賠償法を適用して賠償することで合意した。この例外的で迅速な措置を実現するために、当時の大阪教育大学の職員と本省の担当者たちの献身的努力が続いた。

犯人は最後まで反省の姿勢を示さず、死刑判決を受け、ほどなく処刑された。実に特異な事件ではあったが、この事件をきっかけに、文科省では不審者対策の危機管理マニュアルを作成し、全国の小・中学校へ周知を図った。その後、全国の学校における安全対策は人的にも物的にも充実し、一気に改善されていった。ただ、各学校の安全は教師や地域住民がいかに本気で取り組み持続的に努力するかにかかっており、常に留意を怠らないことが肝要であることは言うを俟たない。

さて、この頃審議中であった教育改革三法に関する国会審議は、野党各党からの反対が激しく、長時間を要し、結局、衆議院、参議院を合わせて約六十時間をかけて成立させることができた。教育改革三法とは、町村信孝前文科大臣のリーダーシップのもとにまとめられたもので、画期的な内容を含んでいた。その概要は、例えば、指導力不足の教員への対応や、高等学校の通学区域の廃止などを定める地方教育行政法の改正、大学などへの飛び入学や出席停止制度を規定上明確にするための学校教育法の改正、家庭教育に関する社会教育法の改正であり、当時の教育が直面する大きな課題に応える必須の内容であった。対決法案ということで、国会会期末ぎりぎりまで審議が続き、六月二十九日に本会議での成立をみた。このように大臣就任後の二ヶ月だけでも、様々な出来事の洗礼を受けた。

ロシア、イギリス、ペルーへ出張

国会の会期明けに、急きょロシアへ旅立ち、大阪へのオリンピック招致のためのＩＯＣ総会に駆けつけた。日本のプレゼンテーションは立派であったが、場外での動きの差がでたからか、残念ながら大差で中国の北京に決まった。各国の動きを見て、国家の威信をかけてのオリンピック招致には、主催する都市にまかせるのみならず、国として本気で能動的に取り組む必要性を痛感させられた。招致計画の立派さだけでは勝ちとれない、別の力学が働くと見てとった。残念な思いをもちながら、その足でサンクトペテルブルクでの仕事に向かい、その夜はネヴァ河に浮かべた船の上で白夜を経験した。エルミタージュ美術館を駆け足でまわり、ロンドンへ。翌朝セインスベリー英国科学技術大臣と会談し、その後、インペリアルカレッジなどの英国の大学を訪れ、遺伝子治療研究所長とも面談した。同大学が産業界とも連携して日常的に活発な研究活動を進めている状況に、大いに啓発され参考となった。その夜ロンドン発の便で帰国。いつもながら超多忙な海外出張であった。

それから一週間後、今度はペルーのトレド大統領の就任式に日本政府の特派大使として出席するようにと、福田康夫官房長官からのお話があった。その頃フジモリ前大統領は追われて日本に滞在中で、現地の雰囲気は反日的のはずである。しかし、日本としてはペルーとの友好は保ちたいとのこと、参議院選挙も近くほかに行く閣僚がおらず何とか頼む、危険がないよう手配するからとのことであった。これは危ない立場であると思ったが、日本のためになるならと引き受けた。成田からロスへ、ロスからリマへ、合計二十四時間をかけて深夜に現地に着く。

空港では真黒い制服を着込んだ大男の集団が周りを囲んで移動した。その後、厳重警備体制の中、日本大使公邸へ向かった。そこは、五年前に天皇誕生日祝賀レセプションが行われていた際、ゲリラ組織が入り込み、ペルー政府要人や大使以下六百人以上が人質として拘束され、占拠された事件が起きた旧大使公邸に代えて、新たに建設された公邸であった。周りは高い壁に囲まれ、午前二時に着いてやっと荷物を置いた部屋は、防弾ガラスの窓であるのでご安心を、との解説付きであった。

翌日、トレド新大統領との面談はきわめて友好的で、内容のある意見交換ができた。フジモリ前大統領のことはあるにせよ、ペルー政府側は日本との正式な友好関係は維持発展させたいとの意向がはっきりとしており、私もはるばると訪問した役目を果たせたと思った。ただ、翌日の式典では、傍聴席に陣取った市民の一部が「日本代表は帰れ」と騒ぎ出す一こまもあった。駐ペルー日本大使の気遣いとペルー側の警備もあって、無事この不穏な局面を切り抜けた。まことにスリルのある海外出張を経験したのだった。

打上げ成功後の記者会見。左は山之内秀一郎NASDA理事長（2001年8月）

HⅡAロケット第1号機打上げの成功

ロケットの打ち上げ成功

二〇〇一年（平成十三）八月末の大きな出来事は、何といっても、待望のロケット打ち上げの成功である。日本のロケット開発は、一九九七年（平成九）十一月のHⅡロケット6号機の打ち上げ成功を最後に失敗が続いており、（注：一九九七年〈平成九〉十一月成功後、一九九八年〈平成十〉二月にHⅡ5号機、一九九九年〈平成十一〉十一月にHⅡ8号機、二〇〇〇年〈平成十二〉二月にMVロケット4号機の打ち上げに失敗）、宇宙分野の発展につながる打ち上げ成功は、関係者や国民にとっての悲願であった。その開発の責任を一身に背負った宇宙開発事業団（ＮＡＳＤＡ）の山之内秀一郎理事長が、万全を期して準備を積み重ねてきた打ち上げであった。前日にも電話で進捗状況をうかがい、成功を祈る、と話し合った。八月二十九日、朝八時に羽田を出発し、種子島へ向かった。

午後四時、予定の時間丁度に、HⅡAロケットは青空へ向けて無事飛び立っていった。祈るように見つめていたが、その雄姿に打たれて目頭が熱くなった。ロケットは刻々と太平洋上の観測地点をすぎ、二十分後には南アメリカでの飛行記録が確認され、成功が確実と分かった。山之内理事長は打ち上げ現場で指揮をとっておられたが、一キロ離れて一緒に見ていた三菱重工の西岡社長や三菱電機谷口一郎社長とがっちりと握手して打ち上げの成功を心から祝った。打ち上げ成功の確認後、テレビの記者会見があり、山之内理事長とともに本当にうれしそうに答えていた、と家族や友人たちから祝福された。

宇宙開発やロケットという分野は、何より国民に夢と希望を与えるプロジェクトであり、その成功が待たれていた。それに私にとっては、かつて学術担当だった頃に東大宇宙科学研究所のバックアップを通じて、宇宙科学の推進と固体ロケットによる科学衛星の打ち上げを見守ってきた分野である。また、たまたま夫が富士通株式会社において、私が大臣の頃には専門の半導体部門ではなく、宇宙開発推進室長として人工衛星搭載機器の開発にたずさわっていたこともあり、人一倍その成功を待ち望むというわが家の背景もあった。その後、何回もHⅡAロケットの打ち上げや、科学衛星の打ち上げが続き、私の大臣時代には連続して五回、内之浦からの固体ロケットの打ち上げ（宇宙科学研究所）を含めると六回の打ち上げに成功した。幸運な出来事が続いた。打ち上げのたびに、必ず山之内理事長と電話でやりとりして成功を祈るのが習慣となっていた。私の退任後、ロケット打ち上げは残念ながら失敗し、その後しばらくして理事長も早逝されてしまったのは痛恨の極みである。山之内理事長は鉄道を愛し、オペラを愛し、学の万般に通じた教養人であった。

九・一一事件、ノーベル賞受賞の報

二〇〇一年(平成十三)の秋、九月十一日、ニューヨークの世界貿易センタービルを破壊したあの衝撃的な同時多発テロが起きた。日本時間の十一日午後九時四十五分であった。たまたまテレビの夜のニュースを見ていた時、ビルが無残に崩れ落ちていく姿を目にして、信じられない光景に慄然とし、脱力感を覚えたことを思い出す。二十一世紀の初年、歴史に残る惨劇が発生した。どうか、このテロ事件が世紀を特徴づける出来事とならないように、と祈らずにはいられなかった。

翌日は午前九時半から、官邸で急きょ安全保障会議が開かれた。これ以降、日本も世界も国際テロ対策に追われていくことになるのだが、テロから一ヶ月後の十月八日(月、祝日)未明、〇時五十一分、就寝中にアメリカがアフガニスタン攻撃を開始との第一報が秘書官から入った。その夜久しぶりに郊外に滞在していた私は、飛び起きてSPさんともども夫の運転する車で深夜の高速道路をひた走った。総理官邸に向かったが午前三時の閣議には二十分遅刻してしまった。シマッタとはこのことであった。この頃、いつ緊急事態が起きるかわからない不穏な日々が続いた。

その後、日本としてアフガン復興への支援が必要、との観点から、文科省としては学校教育への支援を開始した。現地の学校で働く女性教員たちを日本に招き、お茶の水女子大学ほか五つの女子大学の協力を得て、教員教育が実施できた。

国会は開会されたまま、年末の予算編成にまで至った。その間、十月中旬には、私事ではあるがトルコについての拙著が出版された（第六章参照）。また、十一月初め、野依良治先生のノーベル化学賞受賞が決まり、暗い出来事の多かったこの年に、日本人の心を鼓舞してくれるニュースが届いた。野依先生は、ノーベル賞受賞者にふさわしい優れた科学者であるだけでなく、のちに理化学研究所理事長に就任し目覚ましいリーダーシップを発揮するとともに、常に日本の科学技術の発展を推進する論客として先頭に立って活躍中である。また、科学と芸術文化の融合への関心をもち、さまざまな試みを展開されるなど単なる科学者の域を超えての活動もされている。後年、私がパナソニック教育財団の仕事として立ち上げた「こころを育む総合フォーラム」にも当初からメンバーとして参加していただき、日本人のこころの問題にも熱心に関心を寄せられている。常に幅広い視野をもち、日本の科学技術の発展のため、力強く発信される得難い科学者である。

十一月末には、国会で芸術文化基本法を成立させることができた。この法律は芸術文化の振興を図るための初めての法律（議員立法）であり、文化を重視するという国の姿勢を示すものとして意義深いものである。その成立には、当時の池坊保子文部科学大臣政務官をはじめとする国会議員の方々や芸術関係者の多大な尽力があった。

そして、十二月一日、国民に大きな喜びの渦が湧き起こった。皇太子ご夫妻に、待望の内親王のご誕生との報であった。これは天皇家にとってのみならず、全国民にとっても、まさに待たれた慶事であった。二十一世紀の初年は、公私ともに悲喜こもごもの一年であったが、最後に明るい話題を得て、この年は過ぎていった。

第二節 「学びのすすめ」までとその後

EUへ 意見交換と主要施設訪問の旅

二〇〇二年(平成十四)の元旦は、皇居での新年祝賀の儀で始まった。新年を両陛下、皇族方をはじめ、総理大臣以下、三権の長や各国大使たちと祝う集いとその後の午餐会は、今年こそ良い年でありたい、良い年にしたいという改まった気分になる機会でもある。

一月下旬の通常国会開会までの短い期間が、日頃できない各国関係大臣との意見交換や主要施設訪問などの機会になる。そこで、正月休みもそこそこに主要国の責任者と大学問題や科学技術政策の意見交換を行うため、EUへ短期間出張した。ブリュッセルではEU本部でビュスカン科学技術欧州委員と会い、R&D国際協力フレームワーク(研究開発に関する国際的な援助、協力の枠組み)についての意見交換、ＩＴＥＲ（国際熱核融合実験炉）問題などを議論した。レディング教育文化担当欧州委員との会談後ベルリンへ飛んだ。日本の大学にとってドイツの大学は歴史的にも大きな影響を受けて来た存在である。

ドイツではマックスプランク・ゲノム研究所訪問と所長との懇談。その後、フンボルト大学とベルリン自由大学を訪れ、総長たちと大学運営の在り方をはじめ、ＥＵのボローニャ改革（全ＥＵ加盟国の大学が同じ基準で学位を授与するシステムに統一するという高等教育改革）の動きを踏まえたうえでの各大学独自の課題を議論できた。日本では、「学問の自由」の起源をフンボルト大学に求めるのであるが、この大学でもその頃大学改革が確実に意識されていたのはまことに興味深く、また参考になった。さらにチェコのプラハを訪問、ヴィルヘルム・カレル大学へ赴いた。ゼマン教育大臣とも会見、加えて日本人学校を訪れた。

その間、次に述べるゆとり教育関連の資料作成をめぐってベルリンのホテルなどでは深夜に随行の浅田秘書官らと知恵を絞り、東京の本省との間でやり取りが続いた。時差の関係もあって、ほとんど睡眠の時間もなく日程をこなして帰国した。

ゆとり教育を直前にして

日本では、小学校、中学校、高等学校など初等中等教育段階の学校における教育水準を保つために、全国どこの学校でも共通して用いられる教育課程の基準を国が定めることになっている。それが学習指導要領であり、その歴史は古く、日本の高い教育水準を保つ制度として世界各国から注目と称賛をあびてきた。

学習指導要領は、時代の変化や学問水準の変化に伴い、ほぼ十年ごとに慎重な準備を重ねたのち、文部科学省主導で改訂されてきた。二〇〇二年(平成十四)の四月から、新しい学習指導要領に基づく学校教育が開始されることになっていた。その内容が巷間、「ゆとり教育」と言われていた。その新指導要領のもとでは、基礎的・基本的な内容の確実な定着を図り、個性を生かす教育の充実を重視する観点から、教育内容が相当程度精選された。これに伴い、授業時間数を減らし、教科書も薄くなる。学校は週五日制となって土曜日の授業はなくなり、学業の評価も相対評価から絶対評価に変わる。代わりに総合的な学習の時間が設けられるという、小・中・高等学校にとって大きな変革をもたらすものだった。これによって、子どもたちが個性を伸ばし、自主的に学習するようになってもらいたいという願いがあったのだろう。

一九八〇年代以降、日本が世界第二位の経済大国になり、もう、日本が参考にする国はない、今後何より大事なのは子どもたちの創造性である、子どもたちに詰め込み教育をしてはならない、もっと自由時間を、もっと創意工夫の機会を、との判断からか、企業や社会一般も「ゆとり」ある学校教育の実現を望んだのであろう。もちろん、中央教育審議会での審議を経ての方針であり、ある種の理想を追求してのことであったのかもしれない。

「学びのすすめ」アピールの発表

私が就任したのは、その「ゆとり教育」開始の直前であった。すでに何年もかけてレールは敷かれ、各学校でも相当準備が進み、あとは、走り出すのみという段階であった。しかし、一方では、本当にこのままでいいのか、という意見が保護者をはじめ学校関係者や有識者などから澎湃《ほうはい》として湧き起こり、メディアもさまざまな視点から、連日のように問題点を指摘していた。新教育課程をこのまま実施したら確実に学力低下が起きる、との危惧が盛んに論じられていた。文科省のねらいとは違うのだが、世の中では、現にそのような受け止め方や不安が大きくなっていた。そこで私は、国民の皆さんと学校に対して明確なメッセージを発する必要があると考えた。

だが、行政がある政策を決めて実施する直前に、これを軌道修正するかのような発言をするのは決して容易ではない。むしろ、官僚の世界ではタブーであった。幸い、私は官僚ではなく、大臣としての立場である。もちろん、新教育課程の実施を今からストップすることは現実的ではない。しかし、子どもたちにあまり教え込んではならない、出来るだけ自由に考えさせて子どもの創造性を発揮させる、というのが新しい方針だと喧伝され、学校現場では教師は子どもたちに知識を教えこんではならないかのような風潮になりつつあった。これは看過できないし、おかしいではないか。学校は子どもたちに、教えるべきことをしっかりと教えたうえでこそ、自在に考えさせ、創造にもつなげることができる。そこで、学校や教師がとらわれている呪縛を解き放つことが大事だと考えた。

メッセージをまとめるにあたり、しっかりとした信念をもち、幸いほとんど同じ考えであった小野元之事務次官と、何度も打ち合わせた。そして、二週間後に予定されている全国都道府県教育委員会連合会総会の場でアピールを出すことを決めて、準備にかかってもらった。その案文は、さまざまな考え方の違いもあり、なかなか省内でも調整がつかなかった。ついには、出張先のＥＵの空の下でも度々東京とファックスを交換し合い、何度も訂正の手をいれた。日中のタイトな日程をこなしてからホテルに着き、案文を修正した際には、ほとんど深夜に及んだ。「ゆとり教育」の考え方に立つ人たちも省内外にはおり、表現には工夫を要したのだが、小野次官の腕力もあって、最終的にまとめることができた。新学習指導要領の実施に向けて長年各種の準備を進めてきた初等中等教育局の担当者には、おそらく苦労をかけた面があったと思われる。

忘れもしない二〇〇二年（平成十四）一月十七日は、初等中等教育行政にとってもっとも影響力の大きい全国都道府県教育委員会連合会総会の日であった。この日、それ以後の日本の学校教育界にかなりの衝撃と、ある意味で希望を与えることになった「学びのすすめ」の大臣アピール（正式名は「確かな学力の向上のための２００２アピール『学びのすすめ』」）を公表した。このようなスタイルでの大臣の意見表明は前例がなかったが、どうしても日本の教育を危機にさらしたくない、との願いを込めて行った。

会場での大臣の講話のあと、ある種のどよめきが起こった。いわゆる「ゆとり」を中心に据えて準備を進めてきた関係者にとっては、「学校では基礎基本の学力の修得のために、さまざまな手立てによって『確かな学力』の向上に努めるべし」という思いがけない呼びかけであったからだ。一部に戸惑いがあったのもやむを得ないことであった。本来の学習指導要領が目指すべき正しい方向性が明確に打ち出された瞬間である。

しかし、うれしかったのは会議後、何人もの教育長が私のところへ来て、よくぞ言ってくれた、自分たちもこれで、自信をもって教育にあたれる、と口々に語ったことだ。のちに、「ゆとり教育」推進の立場に立つ人々からの反対の声や、実施直前に世の中の受け止め方と異なる方針転換を打ち出した手法への批判など、いくつかの異論はあった。しかし、あの時点での大臣アピールの意義を評価する声は大きかった。全国の小・中・高等学校に影響を与える新教育課程の航路を急激には変えられないものの、その大型船団の航行に際してより確実な運航をするために航路のゆく手を明示することは、その後の日本の学校教育の針路に誤りなきを期すために必要なことであった。

ゆとり教育の問題点

では、なぜ「学びのすすめ」を発して「ゆとり」中心の教育への警鐘を鳴らしたのか。それにはいくつかの理由があった。一つは、新指導要領に基づく二年間の試行期間中に、学校側が子どもたちに基礎基本を徹底することの重要さを軽視しはじめた実態による。つまり、「ゆとり」と充実をうたいながら、学校では勉強の基礎基本の充実よりも、個性を重視する「ゆとり」の方向に力点が移ってしまう傾向が表れていた。教師が、「ゆとり」のためには、学校はできるだけ子どもに負荷をかけず、教え込まない、宿題も補習もすべきでない、などといった間違った思い込みに縛られるのはおかしなことである。個性教育も生きる力もいいが、その基盤が脆弱では決して真の学力が身につかないのは自明である。「ゆとり」が「ゆるみ」になってはならないからである。

もう一つは、前年の暮れに発表された国際調査の結果があった。OECD（経済協力開発機構）のPISA（国際学習到達度調査）の結果が発表され、日本の子どもたちは学力的には世界トップクラスであるが、かつてのような断然一位ではなくなっているし、もっと問題なことに、自分で学ぶ意欲や家庭での勉強時間が、参加国の最低レベルであった。つまり、「学ぶ意欲」と「学ぶ努力」を育てられていないという実態が浮かび上がった。そのうえ、これからさらに「ゆとり」教育がいきわたれば、結果は歴然であろう。

加えて、私には、もっと各学校や教師たちが自ら考え工夫して、地域と学校の状況に応じた柔軟な教育に取り組んでもらいたいという思いがあった。そのためには学校と教師の意識を変えてもらうことが大事だと考えた。学習指導要領は最低基準であって全てを厳密に国の基準にあわせるのではなく、より発展的な教育もできるようにしたいこと。少人数授業や習熟度別指導など個に応じた教育にも取り組んで欲しいこと。子どもたちの状況を見て必要であれば宿題を出し、補習授業も行い、朝の読書の時間もとって欲しいこと。これらによって子どもたちが学ぶ楽しさを実感し、学ぶ習慣を身につけるようにしてもらいたいということ。そういうさまざまな思いを込めて五つの観点からの方向性とそれぞれの具体策を発表した。簡潔な分かりやすいメッセージとしてまとめたつもりだ。

当時、巷では大手学習塾の日能研が「今度の改訂で円周率は三・一四ではなく三と教えるようになる」と喧伝するなど、意図的に学力低下をあおるような論調が目立った。もちろんこれは事実ではなく、新指導要領でも以前と同じように三・一四と教えるのであるが、日常生活の中で例えば円形の池の面積や円周を考えるなど場面によっては三を用いることもできるという、きわめて常識的な注記でしかなかった。しかも、従来と全く同じことが書かれていたのだった。ところが、その一部分だけをとらえて危機感を煽り、国民にとってはそれほど学習内容を減らしたずさんな改訂か、という象徴となってしまった。そのように事実を曲げてまで危機感を煽り、繁盛したのは塾である。政策の転換には、その効果をしっかりと見通し、注意深く進めることがいかに大事かをあらためて痛感した。

「学びのすすめ」はそれ以後の教育課程の在り方に大きく反映されていくことになった。その後学習指導要領は十年に一度ではなく必要に応じて改訂できるようになり、各学校でも指導要領をこえる教育内容をとり上げることが可能となった。また二〇〇七年（平成十九）から全国学力調査が実施され、教育の充実が一段と図られ始めた。そして二〇〇八年（平成二十年）には、教育基本法の改正（二〇〇六年）内容も盛り込んだ学習指導要領改訂が行われた。「脱ゆとり」の制度化である。

現実に実施に移されるようになったのは、小学校は二〇一一年度から、中学校は二〇一二年度からであった。今は授業時間も増え、教育内容も増加し、したがって教科書も厚くなり、各学校ではより手応えのある教育が展開されはじめた。そして、「学びのすすめ」以降、学習指導要領の改訂は事柄に応じて随時改訂が進められるという画期的なシステムの改善があったため、時宜に応じて教育内容の充実がさらに図られるようになった。

ここで注意しておきたいのは、時間数の増加を、知識の詰め込みのために使うのではなく、子どもたちの考える力、判断する力、表現する力を身につけさせるために有効に用いてもらいたいということである。それが真に確かな学力の育成に通じるからである。なお、社会現象ともなった「ゆとり教育」世代の若者たちは、学力低下世代と揶揄されるなど、本人たちに責任はないのだが、いささか禍根を残すことになってしまった。日本の未来は、彼ら若い世代の手のうちにある。どうかこれからの人生を自ら努力を重ねて勝ち取るとともに、是非ともこの国の将来を意欲をもって築いていってもらいたい。

義務教育費国庫負担制度の危機

初等中等教育の関連では、構造改革の嵐の中で、対応に苦慮した課題が出て来た。一国にとって国民の義務教育の質を担保するためには、教員の役割が重要であることは言うを俟たない。そのため、義務教育諸学校の教員給与費の二分の一を国庫で負担することになっていた。この制度は大正時代以来、日本の義務教育の質を保ち、国力の基本となってきた制度である。これについて構造改革の地方分権の思想では、教員給与費の国庫負担分も地方交付税交付金として地方に委ねるべし、という論となる。一見、地方の自主性を重んじるかのようではあるが、いったん交付金として支給すれば使途は限定できず、教育以外の経費に充当される恐れがある。仮に道路や橋のための予算となっても、文科省には発言権はない。文部科学行政を預かる身としては、世界の国々が目標にすえるこの制度を崩すことにつながるのではないか、という強い危惧があった。

奥野誠亮、森喜朗元文部大臣をはじめ緊急に集まってもらった十人の歴代文部大臣全員が、制度堅持の意向であった。その署名が残っており、小泉総理へ強力な申し入れを行った。二〇〇三年（平成十五）五月二十八日のことであった。もちろん各県の教育関係者も、すべて同様の認識であった。しかし、経済財政諮問会議で義務教育について国の果たすべき役割と水準維持の必要性を説明しても、抵抗勢力としか見られず常に孤立無援となるのには焦燥感を抱いた。そこで、地方の自由裁量ができるだけ可能になるように、教職員定数や学級編制の考え方の柔軟化をはじめ、抜本的な改革を図ることにし、その前提のもとに、この負担金を国費から地方に移すことの基本的な問題を説明したが、時の勢いか、地方分権を前進させるべきとの角度からは、理解を得ることが非常に難しい状況となった。この会議には、福田康夫官房長官もメンバーとして出席されていたが、孤軍奮闘する私の主張を理解して下さっている様子であった。それ以外にも、抵抗勢力と揶揄《やゆ》する勢力に対し、はっきりと反論すればよい、と励ましてもいただいた。小泉内閣では、ファースト・レディの役目を果たされた令夫人とともに、のちのちお目にかかる機会が続いている。

この件では、省内には制度改正に対して勇気をもって反対意見を主張する担当事務官もおり、私としても日本の教育水準を守りたいとの純粋な気持ちに何とか応えなくては、と思ったものである。

結果的に、私の代では制度の根幹を保つことができたが、のちに三分の二を地方に委ねるとの制度に改定された。しかし、現実にはあの改革にいったいどんなメリットがあったのか、という疑念が教育関係者の中に残ることとなった。

第三節　国立大学法人化の実現

二十一世紀はじめの大改革

国立大学は、明治時代に官立東京大学が発足して以来、一世紀以上が経過したが、終戦後に新制大学として発足した以外は、さまざまな問題を抱えながらも、大きな改革に直面することなく推移してきた。二十一世紀の初めに、その国立大学を法人化するという、いわば世紀の大改革を、大臣として担うことになろうとは、私自身、予想もしないことであった。もっとも、二十世紀末から、国の一連の行政改革の動きに連動して、法人化の議論は浮かんでは消え、多くの政治家、大学人、大学問題の専門家たちの努力によって、慎重な検討が続けられてきた。その前提があってこそ、実現可能となった大学改革であったが、その経緯の詳細は別途の研究書に譲ることとして、ここでは、いかにこの大事業が本格的に開始され、実現に及んだかを概観しておきたい。

二〇〇三年（平成十五）七月、難航のすえ国立大学法人法が成立し、二〇〇四年（平成十六）度から法人化が実現した。現在法人化後八年目に入り、日本の国立大学はそれぞれ自主性と自律性をもって大学運営にあたる仕組みのもと、歩みを続けている。

それまで、文科省の付属機関の一つとしての位置づけしかなかった国立大学が、諸先進国と同じく法人格をもつことになり、自ら教育、研究に必要な措置を講ずることは当然として、国費による運営交付金を受けての予算、会計、人事をはじめ、自らの工夫による資金集め、あるいは産学連携や共同研究など社会貢献の分野をも自在に運営することが可能となった。あらゆる制度と同じくいくつかの問題はあるにせよ、この二十一世紀はじめの大改革は、大学人の意識と努力さえあれば、加えて十全な財政的支援があれば、この国を再生できる知の拠点として実力を発揮してくれるものと考えている。

「遠山プラン」の発出

すでにこの章の冒頭でも触れた通り、小泉内閣の発足後ほどなく行われた二〇〇一年（平成十三）五月十一日参議院本会議で、就任直後の小泉総理から国立大学を民営化することに賛成するとの発言があった。私は小泉総理が国立大学の役割について十分な認識をもっておられないと考え、急きょ説明資料をまとめて、次官、高等教育局長とともに総理官邸に向かった。国立大学の存在意義とこれまで果たしてきた役割についての説明であった。しかし、そこでのやりとりを通して、総理の発言は国立大学への容赦ない見方に立った確信的なものであることがはっきりした。国立大学がなぜ九十九校もいるのか。国立がやるべきは世界最先端の分野だけでよく、数も半数でよい。国立大学側は改革には常に反対だが、大臣はもっと強力に改革をリードするように、ときわめて厳しい反応であった。

では、どうするか。省内に取って返し、真剣に議論を重ねた。このままでは、容易ならざることにつながるに違いない。経済財政諮問会議は、竹中平蔵経済財政政策担当大臣の主導で、「骨太の方針」（政府の「経済財政運営と構造改革に関する基本方針」）で国立大学の民営化を記述するとの動きが出ている。しかし、安易な民営化路線に従うことは、これまで築いてきたこの国の知の拠点を失うことにつながり、それは決してあってはならない。また、地方にある国立大学のもつ意味も重要で、仮に民営化、私学化すれば大学が都市に集中し、かつ、人文社会科学系が中心となり自然科学系はみるみる衰退していくことは目に見えている。国の将来にとって一大事である。

他方、当時の国立大学の在り方は、大学側の努力も遅々としており、人材育成、研究、社会貢献のどの角度からも社会の期待に十分応えるものではなかった。大学によって異なるものの、経済界をはじめ国民の側からの強い批判と不満が寄せられていた。これが、橋本内閣からはじまった行政改革の動きと結びつき、国立大学改革の方策の一つとして独立行政法人制度に移行するかどうかが大きな課題となっていた。

この問題には、町村信孝、有馬朗人、中曽根弘文氏ら歴代文相が苦心して対応され、私が大臣に就任した時点では、すでに大学人を中心に調査検討会議として、関係者による本格的な議論がはじまっているとの説明を受けた。その議論の方向性は、国立大学にふさわしい形での法人化を目指したものとなっている、というのが長くフォローしてきた担当者たちの捉え方であった。もしそうであるならば、むしろこの機会に安易な大学民営化論を排して、大学の法人化を打ち出し、日本の大学を真に国際競争力ある大学として前進させることにしてはどうかと考えた。

そこで、小野元之事務次官や工藤智規高等教育局長を中心に、清水潔審議官、合田隆史大学課長、杉野剛大学改革推進室長などの職員が深夜にわたるまで議論を繰り返し、国立大学の今後と周辺の切迫した状況を勘案して、もっとも日本の将来のためになる改革案を総理への説明資料として作成した。それが「大学（国立大学）の構造改革の方針」という一枚の資料で、のちに「遠山プラン」と呼ばれることになる。

その要点は、第一に、国立大学の再編・統合を大胆に進め、スクラップ・アンド・ビルドで活性化する。第二に、国立大学に民間的発想の経営手法を導入し、新しい「国立大学法人」に早期移行する。第三に、大学に第三者評価による競争原理を導入する。国立のみならず、公私立も含め「トップ三十」を世界最高水準に育成するというものであった。

当時の込み入った日程の状況は、既述した通りであり、いわば寸刻の余裕もない大臣の身には、じっくり推敲する時間もないままではあったが、内容についてはこの方向しかないと決断した。小泉総理には一見してわかる簡明な資料が必要であったからだ。六月七日、再び総理官邸に赴き、その内容を説明した。明快な改革案に、総理は納得して下さった。大臣就任からほんの一ヶ月あまりたったばかりの時であった。

小泉総理の一国のリーダーとしての素晴らしさは、いったん納得をし決めたことには揺らぎがないということであった。そのカリスマ性のある人気を背景に、総理の了解があれば、事柄はきわめて進めやすくなる。問題はいつ、どういう内容で了解をとるか、であった。国立大学法人化問題はその試練を早い段階で乗り越えたがゆえに、のちの法律の成立まで、総理からは一切異論が唱えられることはなかった。閣僚としては、信頼をおける宰相であった。ただ、例えば、義務教育費国庫負担制度など教育行政の基幹的な制度に対しても、いかに説明しても地方分権論や財政論などほかの論理を優先し、なかなか納得が得られず、まことに困難であったのだが。

国立大学長との対峙と連携

そして翌日の六月八日、あのいまわしい池田小学校事件が起き、その日夕刻には、「骨太の方針」の関係閣僚会議があった。事件対策に追われる中、会議後の全閣僚会合をも欠席し、その夜、内々に設定していた主要国立大学長に対する説明を行った。これはどうしても、「骨太の方針」が世に出る前に、主立った国立大学長に国立大学法人化について直接説明をしておく必要があると考えたからだ。時間的に全員を集めることはできず、国立大学協会の主要メンバーに参集いただだいた。幸い学長たちは賢明にも厳しい状況を察知下さり、強い異論はなく、むしろ法人化は当然との意見も出されたが、改革に向けたあまりに急激な展開に沈痛な雰囲気が漂っていた。この会合は長らく学術行政と高等教育行政にたずさわってきた私としては、行政と大学との信頼関係を最優先する姿勢を貫くためのものであった。

翌週十一日には、経済財政諮問会議が開催され、私からは「大学（国立大学）の構造改革の方針」を説明した。総理への説得用に作成した「遠山プラン」は会議資料にはなじまないものではあったが、改革を打ち出す勢いのあるペーパーであったためか、強引にそのまま会議資料とされてしまったのが真相である。会議では財界の大物委員からも他の閣僚からも大きな賛同を得た。その結果、ついに「骨太の方針」に国立大学の民営化が盛り込まれることを阻止することができた。この間の三週間の対応を誤り、不作為のうちに過ごしていれば、その後に大きな混乱が起こったであろうし、現在の形での法人化が可能となったとは思われず、危機一髪の対応であったとふり返っている。

六月十四日、与野党の対決法案となっていた初等中等教育関係の教育改革三法も、衆議院での長い審議を終え、締めくくり総括質疑の議論後、衆議院本会議で採決が行われ通過した。その日の午後、国立大学長会議が神田の学士会館で開催された。大臣就任後初めての会合であり、通常であれば就任の挨拶とともに、国立大学の諸課題への所信を述べる機会であるにもかかわらず、この日、各学長に大きな衝撃を与える「大学（国立大学）の構造改革の方針」を説明することになった。大臣としては、心苦しい思いで一杯であった。

席上私は、「二十世紀末から社会に漂う閉塞感と、国立大学に対する社会からの厳しい批判に対し、『国立大学の構造改革なくして、日本の再生と発展はない』との認識に立って、改革にあたっていただきたい」と、事態の容易ならざる推移を説明したうえで、各学長に理解をお願いした。方針の内容（二六一頁参照）をざっと説明したあと、工藤智規高等教育局長からの詳細な説明が続いた。これは、かなりの衝撃であったに違いなく、質疑応答は、厳しい雰囲気の中で行われた。私には、これから海図のない荒れ狂う海へ乗り出さねばならないことを予感させられる、気分の重い会議となった。大臣就任から四十九日目のことであった。

この日以来、すでに前年の二〇〇〇年（平成十二）七月から文科省として大掛かりな組織をもって開始している「国立大学等の独立行政法人化に関する調査検討会議」の議論が、この方向に向けての一層真剣な討議の場となった。その組織は、国立大学の関係者のみならず、私立大学関係者や大学問題の専門家たちから構成され、そこでの結論は重みをもつものとなった。やがて国立大学協会や各学長たちには、国立大学の法人化という誰も経験のない、困難な課題に取り組んでいただくことになる。

二〇〇一年（平成十三）九月末には、その調査検討会議が中間報告を公表し、パブリック・コメント（意見公募）に供することになった。その後、同会議では年末までの最終報告を目指して、法人化への重要な論点の議論が行われた。管理運営組織、学長選考方法、職員身分を公務員型にするか非公務員型にするか、中期目標の策定手続きなど法人化の骨格にあたる部分である。京都大学総長の長尾真座長のもと、国立大学協会から参加した石弘光一橋大学長や松尾稔名古屋大学総長らのリードで議論が深められたと聞く。もちろん、この大改革である。全員が賛同とは行かず、主として地方にある国立大学のうち強硬な法人化反対派の学長による記者会見も行われた。

翌二〇〇二年（平成十四）三月、調査検討会議の最終報告書が提出された。四月の会合で国立大学協会会長の長尾先生は、「最終報告を全体として見るとき、二十一世紀の国際的な競争環境下における国立大学の進むべき方向としておおむね同意できる。この制度設計に沿って法人化の準備に入る」と総括された。国立大学側と本省とがともにこの難事の解決に向けて歩み始めた瞬間であった。文科省としても、報告書の結果を十分尊重して、法律案を作成する態勢に入った。調査検討会議関係者からいただいた一連の多大な貢献に対して感謝の気持ちを忘れることはない。

ことに長尾先生は、京都大学総長の立場で国立大学協会の会長を務められ、地方の大学長たちからのさまざまな突き上げにあいながら、他方、構造改革の嵐の中で大学を守るため、ぎりぎりの攻防を続けている事務官たちの立場も理解したうえで、双方の激しい応酬に対し一定の筋道を見出して下さった。そのご労苦があってこそ、法案作成に向けての作業が可能になった。思えば長尾先生には、かつて一九七〇年代末、私が情報図書館課長時代の学術情報システム構想の立案に際してもお世話になった。情報工学の泰斗であられ、自動翻訳などの実際的な開発も主導された業績は顕著であり、のちに国立国会図書館長も務められた。目下は中国語の自動翻訳の実現にも取り組まれ、「学術無窮」の信念のもと、常に実社会とのつながりを考慮しての研究を継続されている。加えて書道をたしなまれる名筆家でもあり、野に白球を追う豊かな趣味人である。本書第Ⅱ部に登場していただいた。

若き軍団の活躍

夏には、文科省内に国立大学法人化準備推進本部をおき、小野事務次官が本部長をつとめる体制が組まれた。その下に清水審議官を主査とする幹事会、さらにその下に合田隆史大学課長を主査にしたプロジェクトチームがおかれ、実質この軍団ともいうべきグループが、それ以降おきる法案化をめぐる諸難題に対処してくれた。その相手は内閣法制局であり、財務省、総務省など各省であり、次いで政権党の自民党であり、公明党、保守新党、民主党など与野党の国会議員であった。これら多方面に、軍団のメンバーは頻繁に足を運んで説得にあたってくれた。与党の文教関係合同会議、政務調査審議会、総務会、政務調査会などからの度重なる呼び出しと議論に対応した。与党審査だけで一ヶ月を要する特別な法案となった。この間、各党の要求に応じ、とくに大学人として石弘光一橋学長には、何度もヒアリングに応じていただいた。各大学長の中で、最も早く明瞭に改革の趣旨を理解し、協力して下さったお一人であった。

この若き軍団は、難問の山をかきわけながら、国立大学の法人化をしっかりと達成し、日本の大学改革を進めようとの決意と献身の姿勢は見事であった。最終的に法案が整ったと報告があった時、私は重層的な評価の構造への疑問などいくつか異論を唱えてみたが、それまでの苦労を知り、現時点では最善の案として了解した。その法案を小泉総理に説明した時、全面的に了解をいただきほっとしたことを覚えている。その後、閣議決定の手続きを経て国会に国立大学法人法等六法案を上程した。その閣議後の記者会見で私は「今日は歴史的な閣議でした」と万感をこめて感想を述べたが、それが実感であった。

皆がこの法案作成に全神経を注いで努力してくれた最大のポイントは、国立大学法人という、独立行政法人とは異なる法人格を創り出すことにあった。当時の法体系で、政府と独立する公共目的の法人としては独立行政法人（独法）しかなく、同法の通則法の適用は免れないが、国立大学法人は、大学の特性に照らし、根本的な点のいくつかで、いわゆる独法とは異なった扱いになっている。

国立大学法人化の意義ともいえる具体的内容としては、例えば、

①学長の任命や解任は、直接、大臣が行うのでなく、大学の学長選考会議の選考に基づいて大臣が行う。大臣が長を直接任命する独法とは異なる。

②中期目標は、各大学の意見に配慮しつつ大臣が行い、大臣が決める独法とは異なる。

③各大学の業績の評価は、大臣から独立した権限と高い専門性を備えた大学評価・学位授与機構による評価を尊重する。

などの点である。また、国からの運営費交付金は「渡し切り」（使いみちを定めず支給される）で使途の内訳は特定されず、さらに翌年度への繰り越し可能、自己努力による余剰金もほかに充当できることをはじめ、内部組織、財務・会計、人事などの多くを大学側の裁量にまかせることになっている。また、公務員型ではなく、非公務員型にしたことに伴い、教員の兼職・兼業も法人の意思で可能となり、採用、任期、給与などの裁量も大幅に認められ、大学としての人事の在り方が格段に自在となった利点も大きいであろう。

独法通則法の傘の下ではあるが、その容易ならざる制約の中で、大学としての自主性、自律性を出来る限り担保するために、国立大学法人の概念を創り出してくれた当時の担当者たちの労苦を忘れてはならない。官僚たちが専門知識を駆使し、精魂こめた法案作成作業のプロセスがいかに困難であったかを知る私としては、彼らの責任感や捨て身の献身、強靭な意思を多としたいのである。清木孝悦、永山賀久、村田善則、高橋宏治、合田哲雄の各氏らをはじめとする若手職員に心から敬意を表したい。彼らはのちに、『国立大学法人法コンメンタール』を出版し、立法の趣旨と内容を克明に記録している。

国会審議と法律の成立

さて、二〇〇三年（平成十五）四月三日には衆議院本会議で国立大学法人法案の趣旨説明を行い、質疑応答の後、法案の国会審議が開始された。文部科学委員会での厳しいやりとりが続き、五月二十二日に本会議にかけられて、採決の末、衆議院を通過した。その後、参議院に送られ、長い審議が始まった。河村建夫副大臣や遠藤純一郎高等教育局長らにもよく支えてもらった。野党議員の質問に対する私の大臣答弁に異論がでて、不覚にも審議が中断されることもあり、随分皆に迷惑をかけたものだ。それ以後、私としては「忍耐」と紙に書いて答弁の机の上に置き、どんな質問にも辛抱して答えるようにつとめた。目的は法律を成立させることにあったからである。

審議が進むにつれ、外部の大学人や一部メディアが盛んに法人化を揶揄する論陣を張るようになった。それは、法人化で学問の自由が侵される、あるいは官僚の天下りが起きるなどである。法人化によって大学の自主性、自律性を高め、むしろ教育も研究もこれまで以上に自由に取り組めるのであり、学問の自由を侵すものでは全くない。また、法人側の自由意思で職員を採用するのだから、法人化が天下りを多くする、とは全くの誤解である。にもかかわらず、法案も読まず、制度の趣旨も理解しな

国立大学法人法成立記念の懇談会で国立大学長の方々と。著者の右より長尾真京大総長、佐々木毅東大総長、著者の左は石弘光一橋大学長（2003年7月14日）

いまま、メディアを通じ国の為すことにはただ反対するという論調の大学人や評論家の存在に、落胆を覚えるばかりであった。

難儀な国会審議を経て、最終的には七月九日、法律は成立した。長い道のりであった。その直後の国立大学長会議において、私は、「今回の国会審議は、カミ頼みでした」と話し、学長のみなさんに「忍耐」の字を書いた紙をお見せした。学長たちからは笑いと温かい拍手をいただいた。この時私は、これで大臣としての大きな役目は果たせたか、とひそかに大臣職への幕引きを決断した。

法人化は、一世紀にわたる国立大学の歴史に新たな一ページを切り開く「世紀の大改革」と心ある学長や関係者から評価された。それは、これまでのいわば〝がんじがらめ〟の諸規制から解放し、大学が自らの判断の下に大学運営にあたる制度への転換であったからだ。

この法人化を、困難にもかかわらず、なぜ若き軍団と頑張ることができたか。それは私にとっては、国立大学を守るためというレベルではない、別の使命を感じていたからだ。この機会に私学も含め日本の大学をよくする手立てを確立しなくては、日本の未来を担う優れた人材は輩出できない、この改革を原動力に知力ある人材を輩出し、是非とも日本をよくしたい、との信念があったからである。そのことは、すでに「大学（国立大学）の構造改革の方針」（遠山プラン）の第三に、国公私立をこえて世界最高水準の大学を作ろうというメッセージとして織り込んでいた。これは政策上「二十一世紀COEプログラム」（文部科学省科学研究費補助金の特別推進研究）として結実し、各大学が初めてその大学の特色と長所をトータルに議論する契機となった。

のちに、さる有力私立大学総長から、「このCOEプログラムへの申請を目指すため、初めて学内で自らの大学の何を特色として売りに出せるかを議論した。そのことが大学としての意思統一と自大学を対外的にアピールする素地となった」という感想をうかがった。これはうれしい反応であり、その思いがあったからこそ、途中の挫折もなく何とか役目を果たせたと振り返っている。

もっとも、私の辞任後、史上初めての法人化に直面した各大学長には、大いにご苦労をおかけした。ただ、いまだに「法人化されたから予算が減少した」などと批判をする大学関係者もいるが、これは全くの偏見であり、国立大学特別会計があのままであれば一体どうなっていったかという想像力に欠け、かつ、大学の自律性と自主性を発揮できる法人化の意義を理解しない、不勉強な人たちではないだろうか。予算削減はいわば日本の抱える巨大な財政赤字に連動しているのであり、あらゆる組織が削減を強いられている昨今なのである。

また、長尾会長のあと国立大学協会会長となった東京大学の佐々木毅総長には、国会での参考人答弁で賛成論の立場から、二十一世紀における大学と社会との関係をくみ替える大事な制度改正であり、大学の「教育」が大きなテーマとなる今後にとって必要な大改革であると主張していただいた。加えて、法人化成立後の予算獲得などさまざまな場面でご苦労いただいた。その後東京大学における法人化への強力な推進により、他大学の動きを主導され、法人化が現実に動き出すために、大きく尽力してもらうことができた。

さらに最近「法人化で苦労した大学人の集い」という楽しい会を主宰して下さっている黒木登志夫元岐阜大学長は、当初からこの制度のよき理解者であり、法人化の意義と有用性についての名著や論文を読むにつけ、有難いことと感じ入っている。

楽しい思い出など

私の在任中には、二年五ヶ月の間に国立大学法人法をはじめとして計三十本もの法律を成立させることに力を注いだ。これは、多分、一大臣の仕事としてはかなりの水準だと自負している。そのため、四六時中、国会審議にたずさわったような印象はあるが、その間を縫って、楽しい仕事にも恵まれた。

一つは、ノーベル賞授賞式への出席である。二〇〇二年（平成十四）の十月八日、小柴昌俊東京大学名誉教授がノーベル物理学賞を受賞との報があった。スーパーカミオカンデでのニュートリノの発見をはじめ、長くその業績を拝見してきた身には、まことにうれしいニュースであった。さらにその二日後の夕刻、今度はノーベル化学賞に田中耕一博士が選ばれたと出張先の金沢で聞いた。直後に大臣の記者会見を控え、何とか田中博士と電話でお話ができたが、きわめて謙虚にその仕事について語られる様子に感銘を受けた。一度にお二人、しかも前年の野依良治教授に引き続き、大臣在任中に三人もの受賞者を得るという幸運に恵まれた。

ノーベル賞授賞式への出席には、国会開会中のため野党からの異論もあったが担当大臣として出席させていただいた。伝統と格式ある授賞式での栄えある受賞者の姿にエールを送り、国王主催の晩餐会に連なったばかりでなく、個別にスウェーデン国王にもお目通りが叶った。国会中でもこのような日本の存在感を発揮できる場面に、閣僚が出席する意義は大であると私は思っている。その後は大臣出席は慣例となったと聞く。

なお、科学技術関係の政策決定には、科学技術政策の助言制度として内閣府に置かれた総合科学技術会議があった。小泉総理以下関係大臣が出席し、代表的な研究者や民間有識者が構成メンバーとなって、真剣な討議のうえで方針が決まっていった。ＩＴＥＲ（国際熱核融合実験炉）の誘致の問題、知的所有権の問題なども論じられた。旧知の阿部博之元東北大学総長や井村裕夫京都大学元総長などのご協力をいただいた。

もう一つ、スポーツも所管する文部科学大臣としては、かの日韓共同主催の二〇〇二FIFAワールドカップの担当大臣として、韓国のソウルに赴き、開会式典と開幕戦を観覧することができた。僅か十八時間の滞在ではあったが、総理に随行して政府専用機で飛んだことはよい思い出となっている。担当大臣として、貴重な座席がFIFAの委託業者による度重なる発券の手違いで空席になった問題への対応を要したり、決勝トーナメント一回戦が日本対トルコの対戦となり日本が惜敗するなど思わぬ出来事もあったりしたが、何回も試合観戦するうちに、すっかりサッカー好きになった。オリンピック、万博と並ぶ大きなワールドカップ大会の招致の意味は大きいと実感した。

春の甲子園、選抜高等学校野球大会の始球式でマウンドに立つ著者（2002年）

二〇〇三年（平成十五）九月、国立大学法人法成立から二ヶ月後、内閣改造に際し、深夜、小泉総理から直接、留任して欲しいとの電話をいただいた。新閣僚人事の決まる直前であった。私のしてきた仕事への率直な評価もいただき有難いと思ったが、やるべきことは十分やらせていただいたという気持ちがあり、すでに決心していた通り丁重にご辞退申し上げた。これからは文部科学関係への予算を獲得することが不可欠な時であり、むしろ政治家大臣の方が相応しいと思った点もある。後任には副大臣だった河村建夫衆議院議員が就任された。私の大臣時代にもまことに信頼にたる仕事をしていただき、存分に支えていただいた。文部科学行政の内容に精通されており、お人柄もよく、もっとも相応しい方を得た。その後、内閣官房長官の大役を務められ、現在も自民党の幹部のお一人としてご活躍中である。

また、甲子園での選抜高等学校野球大会始球式には、二〇〇二年（平成十四）三月と二〇〇三年三月の二回、いずれも春の大会に出席することができ、挨拶と始球式に臨んだ。これは得難い体験であった。さらには信州の遠山郷からの招待を受けて、二〇〇二年十二月の週末を利用して、霜月祭という古式豊かな祭りにも参加できた。熱湯の煮え立つ大釜のまわりを神式の装束を着て舞い踊った。SPさんには心配をかけてしまった。「遠山」という姓にちなんでの楽しい出来事であった。

河村建夫新大臣との引継ぎ（2003年9月24日）

思い出せば、まだまだ述べるべき数多くの貴重な経験をさせていただいた。在任期間二年五ヶ月、八八〇日で、歴代の文部大臣、文部科学大臣を通じ三番目の長さを務めたそうである。わが人生にとって忘れがたい日々となった。

第八章　新たな仕事との出会い

第一節　現代舞台芸術の殿堂―新国立劇場での経験

大臣後の短い自由な日々

二〇〇三年（平成十五）九月末に大臣を辞したが、そののちの日々は、何かをなしとげた後に味わうさわやかな気分であった。友人、知人をはじめ、さまざまなご縁の方々からお声がかかって慰労会のような会合が次々に続き、予想に反して多忙のうちに打ち過ぎた。講演や会議、挨拶、本の執筆計画などをこなしながら、十月中旬には心機一転、フィレンツェ、ヴェニス、そしてアドリア海に面したクロアチアを訪問する私的な旅行に出かけた。大臣時代を支えてくれた夫への感謝も込めて、短いが解放された気分の卒業旅行を楽しんだ。フィレンツェやヴェニスでは、豊饒な美術品や歴史を伝える建造物の数々を見て歩いた。クロアチアでは、プリトヴィッチェ湖畔国立公園の森と湖と滝の織りなす自然美を堪能したが、アドリア海の真珠と呼ばれる美しい中世の城塞都市ドブロブニクでは、城壁に銃弾跡が残り、民族紛争の絶えない宿命的な地域のおかれた困難さを痛感した。友人の駐クロアチア大使でのちに国際機関ITER機構長を務めた池田要氏には大変お世話になった。

帰国後は、大臣時代の教育改革への取り組みを記録に残すべく、講談社からのお話もあり、本の執筆にとりかかった。翌年三月には『こう変わる学校　こう変わる大学』を出版。後輩たちの助けも借りたこの本では、初等中等教育段階の学校教育については、教育課程の変貌の歴史も辿ったうえで、手がけた改革の考え方を述べ、新しい行く手を示したつもりである。大学改革に関しては、国立大学法人化の動きを柱として日本の高等教育のあるべき方向性を示唆するものであった。これまで、小学校から大学に至るまでを通観して、教育改革のねらいと内容を明らかにするような論考はあまりなかったため、若干でも本書が参考になればとの思いを込めて書いた。在任中の諸改革によって制度が「こう変わる」のだと説明し、それを通じて「こう変わって欲しい」という呼びかけの意味もこめた。

その後、折にふれて何かと機会が与えられ、パリ・ユネスコ本部での「文明の対話」会議に出席した。その際、念願のロワール河周辺へ足をのばし、バルザックの名作『谷間の百合』の生まれた辺りを訪ねる旅もできた。さらには、日本学術振興会ロンドンオフィス開設十周年を祝って、あの英国王立協会（ロイヤル・アカデミー）で講演するという栄誉にも浴した。そこでは、国立大学法人制度の創設など日本の大学改革の動向をスピーチした。

翌二〇〇四年（平成十六）四月の新年度からは大学評価・学位授与機構（木村孟理事長）にお世話になり、また、独立行政法人科学技術振興機構（北澤宏一理事長、沖村憲樹顧問）の仕事にもかかわらせてもらった。加えて、国際日本文化研究センター（山折哲雄所長）に在籍させていただき少しは勉強に打ち込みたいと願ったが、現実にはその時間をとることができなかったことを残念に思っている。

新国立劇場の理事長に就任

比較的自由だった時間も長くは続かず、二〇〇五年（平成十七）四月には、新国立劇場運営財団の理事長に選任された。かつて、文化庁次長として空中権を活用してこの劇場の建設費を捻出することに力を注ぎ、運営母体を民間の財団法人にすることにもかかわった。加えて長官時代には名称を決定する際に担当するなど深い因縁をもった劇場ではあるが、自身が劇場の運営財団の責任者になるとは全く予想していなかった。そのため、いささか戸惑ったのも事実である。初代理事の長木田宏氏、二代目の樋口廣太郎氏、三代目の三角哲生氏、それぞれに劇場運営に尽力をされ、また苦労されたとの経緯は耳にしていた。

新国立劇場（以下「新国」）は開場から八年たち、オペラ、バレエ、現代舞踊、演劇という現代舞台芸術の唯一の国立劇場として、歴代理事長や劇場の職員をはじめ、外部の舞台芸術関係者、国内外の出演者たちの懸命な努力によって次第に評価があがりはじめていた。ただ、開場直後にくらべ国費の投入額が急速に減りはじめ、当時の日本経済の低迷もあって企業からの寄付は頭打ちとなり、観客動員も容易ではない時期に直面していた。また、劇場内部は、分野ごとに芸術監督のこと、将来の演目決定のこと、出演者のこと、劇場での舞台制作のこと、公演の成否・営業成績のことなど、一筋縄では解決しがたい問題が毎日のように起きる場所であった。迅速に決断を必要とすることが多岐にわたった。常勤の職であるので、連日劇場に顔を出すように心掛けた。

就任当時は、長谷川善一常務理事が、各部門の実情にあわせて、じっくりと全体をまとめることに腐心してくれていた。その前任の横瀬庄次常務理事は音楽への深い造詣があり、ことにオペラ部門の立ち上げと質の向上に全力投球された。横瀬氏が新国揺籃期のオペラの充実に大きな足跡を残されたことは特記しておきたい。退任後急逝されたのは残念なことであった。長谷川氏のあと、霜鳥秋則氏、韮澤弘志氏に引き継がれた。

新国立劇場に小泉純一郎総理が来訪

劇場の使命を明確化する

就任後、劇場の公演活動は活発に動いていたが、職員はさまざまな業種からの出身者で構成されており、また、日々の仕事に追われているため、劇場としてのまとまりと発信機能はいまだしの感があった。そのため、まず、劇場の使命を明確にするところから取り組んだ。その第一は、新国が世界水準の舞台公演を創造し続け、内外に文化的な発信をしていくこと。第二には、観客の皆さんに親しまれる魅力ある劇場としていくこと、それらによって日本の文化発信拠点としていくというものであった。

第一の点については、この劇場はオペラもバレエも演劇も自ら制作して舞台をつくりあげ、主として自主制作の作品を上演する劇場であり、貸し劇場ではないことに特徴がある。そのため、企画・制作部門を強化し、芸術監督とも協力して充実したプログラムを作り、優れた舞台を実現していくことが不可欠であり、そこに運営の力点をおいた。舞台制作の場を常に活力をもって仕事ができる状況にしていくことは決して容易ではなかったが、必要な人事と予算措置には幹部たちとともにかなりのエネルギーを使って対処した。

新国開場十周年となる二〇〇七年（平成十九）のシーズンには、新国が更に身近で親しみのある劇場となるよう大劇場の愛称を募集した。全国から数多くの応募をいただき、有識者にもご協力を得て「オペラパレス」に決まった。大、中、小と三つある劇場のうち大劇場は、オペラ、バレエ専用の国際的にも有数の高機能を備えた、四面舞台をもつ本格的オペラ劇場である。それに相応しい名称とロゴマークが決まり、観客の皆さんをはじめ広く好感を持って受け入れられた。

また、日本にも本格的な国立のオペラ劇場があることを世界的に周知するため、日本に駐在する各国大使たちを定期的に招待することとした。この企画の立ち上げには、当時の国際交流基金の小倉和夫理事長のお力添えもあった。今ではヨーロッパやアメリカ、アジアの国々の延べ百ヶ国以上の大使の来場を数えるようになり、国際的な文化交流の場となっている。大使たちからは、日本にかくも上質のオペラ・バレエの殿堂があり、優れた作品が公演されていることに驚きを禁じ得ないとの反応が寄せられ、これを機に海外の劇場との連携協力の活動も進みはじめた。

皇后陛下をはじめ舞台芸術にもご造詣の深い高円宮妃殿下など皇族の方々にも、ご鑑賞いただく機会があった。

劇場で幕間に森英恵さんと歓談。夫・嘉一とともに

第二の点を実質化するには、観客の皆さんが来場した時に心から楽しめるように、劇場をいわば日常生活とは離れた、非日常の別世界の存在として魅力化することがポイントではないかと考え、担当職員たちといくつか取り組んだ。大劇場と中劇場とで演じられるオペラやバレエの作品ごとに、正面の階段上に毎回ウェルカムフラワーを飾ることにした。また、劇場オリジナルのグッズをつくりショップを改善する、ホワイエを快適化する、接客にあたる女性職員の制服を変える（森英恵さんのデザインで素晴らしいものになった）、正面玄関から大劇場の入口に至る長いプロムナードにレッドカーペットを敷き、別世界への誘いを演出する、ウェルカムサロンを設置する、寛ぎの場として池を眺めるテラスガーデンを提供する、三つの劇場のホワイエにデザインを考慮した椅子・テーブルを大幅に増やす、など来場する愉しさを倍加させる諸

方策を私たちも楽しみながら展開できた。しばらくすると、観客の皆さんから劇場の雰囲気がよくなり、しかも職員のサービス精神に満ちた応対がよかった、と感謝の言葉をいただけるようになった。これは劇場をよくするための努力が実りはじめ、職員あげてのサービス精神の向上につながった証左かとうれしく思った次第である。

これらのことを中心的に進めてくれたのが、営業担当常務理事として民間企業から招いた岡部修二理事で、私の在任中、民間的手法を取り入れながら営業成績の向上に尽力してくれた。その頃国の補助金や民間の支援金が減少し、オペラの客足も遠のきはじめ、収支率がきわめて低くなっていたが、新たに劇場活性化計画をつくり、常務をはじめ担当者の努力によって数年間で収益を三割アップする成果を上げてくれた。

劇場のホームページや会員向け情報誌『アトレ』の編集にも工夫を凝らし、イベントの企画やキメ細かな発信を心掛けて、劇場の認知度は大幅に向上していった。

劇場は生き物である。そこでは毎日、何かが起こり得る。主役のアーティストも観客も舞台を支えるスタッフも、いずれも生身の人間であるがゆえに、その集合体としての劇場は、舞台の表や裏で常に何かが起きるところに面白味もある。それらを何とか乗り越えて、よい舞台をつくり、観客に満足してもらってはじめて劇場の存在意義が発揮できる。私は、一級のアーティストたちの精一杯の活躍を支え、国立劇場である以上、国民の負託に応えて常に質の高い、国民に愛される作品を観客に提供するようつとめることが自らの役割と考えた。そのためには、職員が一丸となって取り組むことが不可欠で、劇場としてのアイデンティーの形成のため、理事長としては年頭やシーズン初めなどさまざまな機会に全職員に語りかけることにした。が成果はどうであったろうか、いささか心もとない。

世界水準のオペラを制作する労苦と楽しみ

さて、劇場が良質の舞台を提供し続けられるかどうかは、優れてそこで上演される舞台に責任をもつ芸術監督に人を得ているかどうかにかかっている。新国では、オペラ、バレエと現代舞踊、演劇の三つの分野があるため三人の芸術監督をお願いしている。

私が就任した時、オペラ部門は、ウィーン国立歌劇場で演出助手として実績を積んできたノヴォラドスキー監督であった。氏は、新国のオペラに新風を吹き込んでくれていた。劇場で上演するオペラを世界水準とするべく、日本ではそれまでにないシングル・キャスト方式（出演歌手を全公演通じて一組にする方式）を導入し、これによって練習に集中でき公演の質が向上した。また、内外のアーティストとの契約方式を国際標準のものに改め、以後とくに外国人出演者との契約交渉が行いやすくなった。その基本的な枠組みが、今でも新国のオペラの質を保証する基盤になっている。

劇場の芸術監督の役割は、各部門ともに在任期間中の舞台についてはっきりとしたコンセプトを持って各シーズンの公演企画を立案すること、演目ごとのアーティストの選定、内外の一級の出演者との交渉や長い稽古期間のフォロー、そして舞台の仕上がりとその首尾まで、担当者と協力しながら全ての責任をもつことが期待されている。ノヴォラドスキー監督は、これらを勤勉にこなし、当時まだそれほどオペラ公演が普及していなかった日本において、観客をひきつける舞台を創りあげる努力をしてくれた。重厚な舞台をつくるだけではなく、例えば、監督就任後間もなく、あの有名なモーツァルトの『フィガロの結婚』では、真っ白い舞台に白い洋服ダンス一棹とダンボール箱のいくつかを使うだけで、観客は想像力を働かせながら、歌い手たちの歌唱と演技に集中して鑑賞できるという、見事なオペラの楽しみ方を見せてくれた。観客には新鮮な驚きと満足を与えたようだ。それ以降、ワーグナー、ヴェルディ、プッチーニをはじめとして、オペラの十八番というべき名作や稀にしか舞台化されない作品も取り上げ、世界中から一級の指揮者や演出家、そして歌手たちを招集し、予算の制約はあるものの次々に新制作していった。例えば新国の『アイーダ』は世界的にも注目を集める名作である。

ワーグナーの大作『ニーベルングの指環』の再演を可能としたのも大きな功績であった。この作品は、どんなオペラ劇場にとっても難曲中の難曲であるが、新国では過去に毎年一本ずつ制作して四シーズンかけて完結するという方式をとって、キース・ウォーナーの斬新な演出とともに高い評価を得た。ノヴォラドスキー監督の時代に企画して、チクルスという集中して上演する方式をとり、水面下のさまざまな困難を乗り越え、長い準備期間を経て、二シーズン連続して二作ずつというスタイルで実現できた。ただ、同監督の任期後半にはプログラムの組み方が偏りはじめ、観客の出足がやや鈍った時期を迎えた。

こういう大作の上演には大きな予算が必要となるが、劇場運営をあずかる私の役目は、国からの予算が年々削られる中で、監督の意図を実現させ、劇場としても上質の舞台を提供するため、ときに制約があることを伝えながら、できるだけ予算の工面と工夫をし、監督の意向に沿うよう協力することであり、他方で民間からの寄付をあちこち依頼してまわることと心得ていた。

オペラ監督はその後、若杉弘芸術監督となったが、残念なことに体調を崩され、ツィンマーマンの『軍人たち』という二十世紀オペラの難曲で名指揮をされたのを最後に、ごく短い在任期間ののちに逝去された。惜しまれる早逝であった。その後、世界的な指揮者である尾高忠明監督をお迎えし、今もオペラ部門の好評が継続されている。

劇場のオペラやバレエの音楽を担当するオーケストラは、初期から東京フィルハーモニー交響楽団が全体のほぼ四分の三、東京交響楽団が四分の一を分担し、内外の名指揮者を迎えての舞台を重ねるうちに次第に安定した、素晴らしい演奏をしてくれるようになった。劇場付属のオーケストラをもつのは将来の課題である。最近、後任の監督予定者には、やはり国際経験豊かで名指揮者の飯守泰次郎氏が選ばれた。

新国立劇場のオペラ制作で誇れるもの

オペラ部門の好評の背後には、一つは、新国の優秀な技術陣の存在がある。彼らは、演出家のどんな要求にも可能な限り応え、巨大な舞台上に池を作り、舟を浮かべ、あるいは中空に人の乗るゴンドラを飛ばし、燃える火を巧みに使うことをはじめ、新国の四面舞台の高機能を駆使して創造的な舞台装置を見せてくれる。高度な技術をもち、よい舞台を作るための集中力、勤勉さ、そして職人魂をもつ彼らは、世界中から劇場に来て働いてくれる第一級の演出家や出演者たちからも認められ、大きな称賛を得ている。

二つには、オペラの舞台を支える新国の合唱団の優秀さは、今や国の内外でつとに有名である。合唱団を指揮する三澤洋史氏のなみなみならぬ力量によって、作品ごとにぞくぞくするような、強くあるいは柔らかな歌声が響きわたり、しかも舞台上の演技者としても冴える合唱団員の存在は、新国の誇る宝になっている。

三つには、キャスティングの決定である。総合舞台芸術としてのオペラ制作にとってもっとも重要なことは、主役級の歌い手や指揮者、演出家に、世界中からいかに第一線の優秀なアーティストを招き得るかにかかっている。表面には出ないその難事を、常に必死の努力で遂行してくれているのが、ナツエ・フォン・ステークマンさんとオペラ制作のスタッフたちである。ステークマンさんが世界中にもつ高次のネットワークを通して、常時緊張の走るキャスティングの仕事をこなしてくれているのはまさに離れ業に近い。その仕事ぶりを子細に見てきた私は、プロフェッショナルの責任感と強靭な精神力、集中力に感動を覚えた。

というのは、歌い手は身体が楽器という実に繊細な芸術家である。いつどんなことが起きるか予測できない。優れた歌い手たちは、国際的にも三年前、四年前から予約するのが常態であるが、来日直前に病気、怪我、妊娠、肉親の不幸をはじめ何が起きても不思議ではない。そのたびにキャストの変更を余儀なくさせられると、劇場にとって大仕事である。欧米のアーティストたちにとって日本は遠い。かの地であれば電話一本で他の歌手に翌日の出演が依頼できても、日本では無理である。しかも、二〇一一年（平成二十三）の東日本大震災のあと、放射能被害を恐れる出演者のキャンセルが相次ぎ、その補充のためにオペラ部門は大変な苦労を重ねたと思われる。しかし、そういう時にこそ優れた歌い手たちが世界中から駆け付けてくれたという。

オペラの新制作にあたっては、アーティストたちは、初演の日の四週間前には劇場に勢揃いする。公演日程は五回から七回程度、三日に一回の公演なので約三週間、公演前とあわせると七週間もの拘束が続く。その長期間を劇場とホテルの間を行き来して練習に励む。私も在任中には、外国からのアーティストをよく自宅に招いて歓談し労をねぎらったが、素晴らしい芸術家は人柄も素晴らしい。彼らはいつも真摯で明るく、新国に対する熱い思いを吐露してくれた。そして彼らは例外なく、いつかまた是非この劇場に来たいという言葉を残して帰国するのであった。充実した劇場機能、スタッフのホスピタリティや観客の反応が伝わっているのであろう。

こうした信頼の蓄積が、劇場の国際的な評価につながっていく。在任中、新国のオペラが次第に世界のオペラ界でも注目されるようになり、成長していく様を実感できたのは、理事長として幸運であった。最近では日本人歌手も世界の舞台で活躍をはじめており、新国でも出演の機会が増えてきたことは喜ばしい。

バイロイト祝祭劇場でのオペラ観劇の醍醐味

仕事柄、ときにいくつかの海外オペラ劇場を訪れる機会があったが、もっとも印象に残っているのは真夏のバイロイト祝祭劇場での公演であった。

同劇場はかの偉大な作曲家リヒャルト・ワーグナーの存命中に、バイエルン国王ルードヴィヒ二世の後ろ盾で一八七六年（明治九）に完成し、以後ワーグナー作品だけを毎年夏に上演する贅沢な劇場である。ドイツのバイエルン州の北部に建つ劇場は、森の緑に囲まれた風格のあるレンガ造りで、狭い座席も当時のまま、冷房もない環境であるが、世界中のオペラファンが券を求めて群がり集まるほどの人気である。

午後四時、開演を告げるファンファーレが鳴ると、きらびやかに着飾った男女が劇場に入り、ぎっしりと詰まった満席の劇場内では、身じろぎもせずオペラに没入する。全三幕の作品が多く、二回の幕間は各一時間あり、観客はワインを傾けディナーを楽しみ、オペラの感想を語り合う。六時間余の上演が終りホテルに戻ると深夜になる。そんな夜を数日過ごすことがワグネリアンの最高の時間なのであろう。このような劇場での一連の時間を堪能するのが、ヨーロッパでのオペラをめぐる伝統的な劇場文化であると悟った。日本の歌舞伎の楽しみ方と相通ずるところがある。

私が訪問した頃は、まだ、リヒャルト・ワーグナーのひとり息子ヴォルフガング・ワーグナー氏も同夫人もご健在で、出演者たちと邸宅に招かれて懇談もした。お二人には、わが劇場の立ち上げの時からその後の作品制作に至るまで大変ご協力をいただいた。その後、惜しいことに相次いで他界され、今は娘さんたち次の世代が若い感覚で取り仕切るようになり、賛否両論、話題豊富である。

バイロイトでの公演には、世界中から第一級のアーティストが呼び集められ、出演者は大きな栄誉と心得て舞台に立つ。シーズン開幕の初日には、メルケル首相以下閣僚たちも顔を見せて、自国の誇る芸術文化を愛でることを忘れない。当然、政府や州の補助も手厚い。日本ではそういう風景になりそうもないのは残念なことである。ドイツの新聞各紙は各劇場のオペラ公演初日の模様を翌日には大きく報道する。舞台の記事と写真を幅広い世代の読者が楽しそうに熟読している様を見るとオペラ文化がマスコミにも市民の間にも深く根付いていることを実感する。片や、記事化するとしても公演が全て終了し、忘れた頃にしか掲載しない日本の新聞の報道姿勢とは、あまりに格差があるのは残念なことである。

バレエの華麗な舞台の制作と海外公演への道

私の就任時、バレエ部門は牧阿佐美芸術監督であった。島田廣前監督が基礎を築かれたあと、日本のバレエ界のパイオニアであった母堂の橘秋子氏の薫陶を受けた牧さんが監督になり、実に十一年という長きにわたり芸術監督として、新国のバレを世界一流の水準に押し上げてくれた。常に劇場の稽古場に出て、自ら直接手本となる踊りをみせながら、ダンサーたちを厳しく指導し、全身全霊でつくりあげる作品の完成度の高さは素晴らしいものがあった。観客たちも常に大いに沸いた。若いバレエダンサーたちも、監督の意に沿い訓練を続ける中で急速に成長をとげ、この劇場から何人ものスターダンサーが生まれた。

牧監督は、ご自身の牧阿佐美バレヱ団の運営を全面的に夫君の三谷恭三氏に託し、公私を画然と分けて新国の芸術監督として集中し、ほぼ連日出勤して見事に業績を残された。あるべき芸術監督の範としたい存在であった。

新国に新たにバレエ団を作り、ダンサーたちが日々劇場で練習を怠らないようにできるシステムをつくったのも牧監督であるが、その新国バレエ団員が一糸乱れず織りなすコール・ド・バレエ、いわゆる群舞の美しさは、世界第一級ではないかといわれている。どの舞台でも群舞はあるが、例えば『ラ・バヤデール』であったか、ゆるやかな坂道をバレリーナが次々に降りてくる場面で、四十八人のダンサーたちの織りなす優雅で機敏な動きの美しさは、今も瞼に残っている。

劇場を飾るバレエのプログラムには、当初外国の振付家の作品が多かったが、次第に牧監督自ら振付けを担当されるようになり、牧阿佐美版の『椿姫』や『くるみ割り人形』、『白鳥の湖』は観客からも専門家からも高い評価を得ている。

牧監督の業績として書きとめておくべきは、劇場のバレエを国際的な舞台に乗せて、外国のバレエ関係者からも確固たる評価を得るまでになったことである。まず、二〇〇八年（平成二十）二月に日米友好百五十周年記念事業として米国ワシントンのケネディ・センターで催しがあった時、その開幕を飾ったのが、新国のバレエであった。その前年には世界のバレエスクールの生徒たちを呼んで競演させる米国側の催しにも新国の研修生たちが招かれて好評を博した。このように、新国バレエ団が初めて外国の大きな催しでの公演を経験することができたのは画期的であった。世界的な有

新国立劇場バレエ団が米国ワシントンにて初の海外公演。前列中央が牧監督（2008年2月）

新国立劇場のホワイエの賑わい

力紙で辛口批評と言われているワシントン・ポスト、ニューヨーク・タイムズなどでも絶賛された。

その後、バレエの本場ロシアからの招請もあり、かのボリショイ劇場で、牧阿佐美振付けの『椿姫』を上演する機会があった。日本人バレリーナの繊細で、役の心情を見事に踊りきる姿にスタンディング・オーベーションの嵐となり、あの口うるさいモスクワの観客たちをも魅了したのであった。日本の新国バレエが日本人振付家の作品で海外での本格的なデビューを果たした瞬間であった。

監督就任後十一年を迎えた時、牧監督は、次の監督として英国のバーミンガム・ロイヤル・バレエ団の芸術監督であり、振付家としても世界的に著名なデイビット・ビントレー氏を推薦された。新国のバレエの評価をさらに国際的に高めようとの意図であった。ビントレー氏の功績も大で、今やスターダンサーの成長は著しいものがある。二〇一二年（平成二十四）六月には次期芸術監督予定者（二〇一四年九月以降）に、かつての名プリンシパルで現新国バレエ団監督補の大原永子《のりこ》氏の就任が決まった。牧監督ご自身は今、新国のバレエ研修所の所長である。

オペラもバレエも演劇も、新国に付属した研修所をもっている。とくにオペラ、バレエは、プロフェッショナルとなるための知識・技術水準はきわめて高く、研修所のカリキュラムも専門的で密な内容が網羅されている。最も古くからあるオペラ研修所の卒業生の中からは、すでに世界の劇場で活躍する歌手が生まれている。今後は出身の新国での活躍の機会がもっと増すことを期待している。バレエの研修生からは、主役を務めるプリンシパルやソリストが何人も生まれ、コール・ド・バレエの約四割を研修生や修了生が占めるなど、バレエ団の中核として大活躍している。彼ら若いアーティストたちの存在は、新国ひいては日本の舞台芸術にとっての財産でもある。

演劇部門

演劇部門の監督は、私の就任時、栗山民也監督であったが、いつも国立の劇場にふさわしい企画を考案し、しかも制作現場や各作品の演出家や俳優たちとの連携もよく、観客が十分納得できる舞台が次々に公演されていた。時折、海外での優れた演劇作品を招請して観客の目を育て、あるいは日韓、日中の共同制作の道も開き、優れた作品群の制作をリードしてくれた。また、海外でもつとに高名なわが国の演出家である鈴木忠志氏の作品も上演された。氏の作品は厳密な演劇理論に基づく独創的な解釈により、瞬時の隙もなく、よく訓練された俳優たちの研ぎ澄まされた動きと発声によって、緊迫した美しい舞台を出現させて観客を魅了した。このように栗山監督の時代の演劇部門は、いずれも人気が高く、安心して全てを任せることができた。

当時演劇部門の上演は年間十本程度、新制作の作品が主である。そのため監督は、常に目をいきわたらせ、あるいは不在時でも制作現場が監督との信頼関係をもって仕事を順調にすすめられるようにしておくことが不可欠である。栗山監督はそのようにして実績を積んでくれたが、在任期間が七年と長くなったということで、辞意を表明されたのは残念であった。

私が就任する前には次の監督予定者で参与となる候補者として、すでに演出家の鵜山仁氏が選ばれていた。発令はたまたま私の発令と同日付であった。その後同氏は、二年余の参与の期間のあと芸術監督として三年間つとめた。最後の作品『ヘンリー六世』の演出では、高い評価を得た。その制作にあたり全力で支えた現場の努力が光った。同氏には今後も演出家として力を発揮してもらいたい。

後任の宮田慶子監督は、明確なコンセプトをもってプログラムを考案し、参与時代のみならず、芸術監督として日々劇場にあって、制作現場との意思疎通もよく、種々の工夫と配慮をもって演劇部門の発展につとめてくれている。

芸術監督の選任

開場以来、三部門とも共通して監督の任期は三年と定められていた。一人の監督の期間が長期になるのをきらう風土があったらしい。ただ、舞台芸術の性格上、任期終了の二年前には、諸準備のために次期監督予定者を決め、参与として任命しなくてはならない。それは早めに公演企画をたて、出演するアーティストを決めて諸準備を始める必要があるからである。例えばオペラでは、三、四年前には演目を決め、指揮者や演出家、歌い手を探さなくてはよい作品は生まれない。世界の各劇場が名歌手たちを早く確保しようとしのぎを削っている分野だからである。したがって監督就任前の参与としての二年間が大事であり、例え任期が一期三年間であっても、劇場での活動は五年間になる。

参与の二年間と監督就任一年のあわせて三年。その間に国立劇場の監督としてふさわしい企画をたて、制作現場も協力して仕事ができる状況にあり、国立劇場としての成果が出せていて、再任が適当である場合は次期監督をお願いすることになる。その機能が十分発揮されていない場合は、たとえ監督期間が一期でも、劇場をよくするためには再任は要検討となる。

次期監督予定者は、専門家からなる選考委員会にかけて候補を選び、最終的には理事会で決定される仕組みになっている。二〇〇八年（平成二十）当時ちょうど三部門とも監督の任期終了の二年前となり、次期監督予定者を決めるべく同じように手続きを進め、三つの選考委員会で新しく予定者が選ばれた。演劇部門も、選考委員会では国内外の演劇人を取り上げての活発な意見が出たが、最終的には全員合意の上で候補者が決まり、理事会にかけた。ところが理事会で、出席理事の一人である演劇関係者から、選考委員会についての事実にもとる偏った情報に基づく異論がでた。そのため理事会では演劇部門については多数決で決めることはせずに、再度選考過程を吟味検証したうえで、決定することとなった。劇場としてフォローを丁寧に行った結果、やはり選考委員会で選任された新監督予定者が適当と判断して原案通りに進めることとした。

その後、某新聞紙上に選考過程が問題であるかのような社説が突然掲載された。記者からの劇場サイドへの取材は一切なく、一方的な内容で劇場側・理事長を批判する主張であった。その前後から、一部演劇関係者による反対声明が出されるなどの動きが続いた。また、劇場とは直接かかわりのない演劇人からも、何の問い合わせもないままで同紙に誤解に基づく批判の文章が掲載された。

人事である以上、異なる意見があることはやむを得ないが、劇場の理事や評議員という立場でありながら劇場側へ意見を述べることなく、一方的に誤解や偏見によるかのような情報をメディアに訴え、また演劇記者たちも劇場責任者や担当者への取材もせずに記事を書くという姿勢がみられ、驚かされたものであった。

選考自体が正当に行われたという点については、選考委員であり劇場の理事でもあった劇作家の山崎正和先生が、次の理事会の席上で、選考委員会は正常に運営されたこと、何ら問題のない人選であったことを明確に証言され、むしろ事実を曲げて外部メディアと結託し問題化したことの非礼さを批判された。この一連の経過は劇場のホームページでも明らかになっている。

一部の演劇関係以外の理事たちは、末松謙一氏、國分正明氏、篠沢恭助氏をはじめ全員が当初から選考委員会と劇場の決定に賛同していたことはいうまでもない。評議員会でも加藤秀俊座長をはじめ小倉和夫氏ら演劇関係以外のメンバーは全て支持してくれた。また、当時の文化庁の青木保長官、高塩至次長をはじめ担当官、新国立劇場を傘下におさめる日本芸術文化振興会の茂木賢三郎理事長や崎谷康文理事は終始一貫、事柄を理解し応援していただいた。茂木理事長とは教育論をはじめ種々の点で共感するところが多い。

この一部演劇関係者のみせた不可解な動きの背景は一体何であったのか、訝しく思っていたが、本書第Ⅱ部で、山崎正和先生から明晰にご指摘をいただくことができた（四〇五ページ）。日本の戦後演劇史と海外の演劇事情に照らし、当時の事象を理を尽くして明快に論証された内容はきわめて示唆的であり、蒙をひらかれる思いがする。日本の一部演劇界には、より広い視野をもって研鑽を積み、世界に通用する作品を創造することに力を注いでもらいたい。このような経過はあったが、その後は何事もなかったかのように、宮田慶子新演劇監督のもとで演劇部門は人気を回復している。

監督就任の経緯に問題はなかったものの、芸術監督選任の仕組みが一般的に分かりにくいことも確かであったため、私は何人かの識者との会合で議論を重ねたのち、監督の選考制度を改正することにした。参与の二年間と監督就任後一年ほどで次期予定者を決めなくてはならないという、それまでのやり方は、判断の難しさとともに監督本人の立場も不安定であり、誤解を生みやすい。そこで監督の任期を一期四年に、選考委員の構成も専門家の数を増やして透明性を高めることとし、理事会・評議員会の賛同を得て制度改正を行った。開場十四年後にしてやっと改正ができ、おそらく、その後の監督予定者選任は容易になったと思う。常に既存の制度にとらわれず、柔軟に対応していくことが大事であろう。

芸術文化は国境をこえて人々が互いに理解し、共感し合える領域である。そして芸術文化に触れることで、人は自らの生き方を顧み、未来への想いを新たにし、あるいは美しいものを見ることで心を洗われ、明日への希望を感じとることができる。さらには芸術家たちの真摯な作品、深い思索を促す作品から刺激を受け、それぞれの人生をより豊かにしていくことができる。どんなジャンルの芸術も然りである。ことに、生身のアーティストが舞台上で全身の力で表現し、主張し、その息遣いを感じとれる舞台芸術は、なおさらその効果が著しい。

一国にとっても、芸術文化をできる限り支援することによって、短期的、あるいは経済的な利益にはつながらなくとも、人々の生き方に活力を与え、自信と誇りを与えてその国の品格を高めることにつながる。私は、大使時代にそのことを痛感した。そして芸術文化の持つ力は、時代を超えて広義の安全保障になると確信したのだった。

私は二期六年の任期を満了して二〇一〇年（平成二十二）三月に新国理事長を退任した。総合舞台芸術の殿堂としての新国での仕事は、様々なことを経験できて、手応えのある、忙しくも充実した日々であった。新国立劇場は、まだまだ改善すべき点は多々あるが、更なる発展の余地は十分にあると思う。今後の一層の前進を願っている。

第二節　パナソニック教育財団と「こころを育む総合フォーラム」

「こころを育む総合フォーラム」の創設

大臣を辞して間もなくの秋（二〇〇三年）、当時の松下視聴覚教育研究財団の理事長であった元文部事務次官の木田宏氏から電話をいただいた。大臣時代の労苦への慰労と、氏がつとめている同財団の理事長後任に是非とも就任するようにとのお薦めであった。木田氏は、私が入省する時の面接者のお一人であり、その後、学術国際局長の時の直接のご指導をはじめ、折に触れ励ましをいただいてきた。トルコ大使への転出に際しては、不慣れな大使職で困惑しないように、氏の友人の元カナダ大使夫妻を紹介してくださり、大使稼業の在り方について教えを請う機会を与えていただいた。そのほかにも恩義を感ずるいくつもの出来事があった。氏は文部事務次官のあと国立教育研究所長を経て、草創期の新国立劇場理事長をお務めになった。また、現役時代に日教組との熾烈な対峙をはじめ、文教政策の理論家として数々の気骨ある業績と著作を残された方として尊敬してきた私には、財団理事長職就任のご依頼はお断りできなかった。氏は、その前後からご自身の担当しておられたさまざまな職を順次後輩に移譲され、その後、体調を崩されて他界された。惜しむにあまりある、清冽なご生涯であった。

二〇〇四年（平成十六）の四月、松下電器産業株式会社の中村邦夫社長に、理事長就任のご挨拶にうかがった。その時中村社長から、理事長として財団の職務を受け継ぐほかに、もし何か大切なことでやりたいことがあれば、是非取り組んでみてはどうか、という思いがけないご提案をいただいた。同社を力強く率いて大きな改革をなしとげた功績はつとに有名であるが、そのような気配は全く感じさせず、会社として社会に役立つ方途を探っておられる謙虚な姿勢に打たれた。

その後私は熟考の末、大臣時代に十分に手がけることができなかった「日本人のこころ」の問題を取り上げたいと考えた。世上、次々に起きる残虐な犯罪、企業人や官僚の不祥事、人々の物質中心の考え方をはじめ、人と人のつながりの希薄化から生ずる問題など、社会にはさまざまな問題が噴出している。そうした事態に対し、教育に深くかかわる民間財団として何らか貢献する方途はないか、考えてみたいと思った。中村社長からは直ちにご賛同をいただいた。この仕事はまさに当時の中村邦夫社長の一言から出発した事業である。

そこで、財団の仕事として「こころを育む総合フォーラム」を創始し、日本を代表する英知と実力を備えた方々にメンバーとなっていただくことにした。まず、そうした問題を論ずる会の座長をお願いするために、宗教学者の山折哲雄先生をお訪ねした。国際日本文化研究センターの所長室でお目にかかり、意図を話すとたちどころに趣旨をご理解いただき、快諾された。その後、山折先生ともご相談しながら、メンバーを考えては交渉した。

学界、教育界からはノーベル化学賞受賞の野依良治先生（現理化学研究所理事長）、医学界からは金澤一郎先生（後に日本学術会議会長）、元東京大学総長の佐々木毅先生、哲学者の鷲田清一先生（後に大阪大学総長、現大谷大学教授）、生物学者の中村桂子先生（JT生命誌研究館館長）、慶応義塾大学塾長の安西祐一郎先生（現日本学術振興会理事長）ほか、産業界からは、当時トヨタ自動車副会長の張富士夫氏（現会長）、新日本製鐵社長の三村明夫氏（現相談役）、東海旅客鉄道会長の葛西敬之氏、そして松下の中村邦夫社長（その後会長、現相談役）。文化界からは照明デザイナーの石井幹子氏（石井幹子デザイン事務所主宰）、マスコミ界からは読売新聞東京本社社長の滝鼻卓雄氏（その後同社会長、巨人軍オーナーなど歴任）らあわせて十六人の有識者で発足した。どの方もご説明すると二つ返事でお引受け下さったことからも、当時、識者の間で「日本人のこころ」の問題がいかに関心の高い課題であったかが分かるのである。

二〇〇五年（平成十七）の春から、月一回、超多忙な先生方も早朝からホテルに集まり、八時から十時までブレックファーストミーティングを開催すること十八回、毎回専門家を招いての議論も活発に展開され、熱心な意見交換で実り多い時間を過ごせた。二〇〇七年（平成十九）の一月には、討議のまとめとメンバーの思いを盛り込んだ提言書を発表した。これが活動の第一段階である。

その後、第二段階として、全国運動を展開しはじめた。提言の趣旨に沿う形で、各地で行われているさまざまな活動のうち、「こころを育む活動」として優れた内容をもつ活動を取り上げ、これを推奨することによって、よい活動を全国に普及していくというものである。毎年、優れた実践活動の事例が寄せられるようになり、おかげをもって全国でじわりとこの運動が浸透しはじめている。

　こうした活動を継続しながら、今後さらに民間財団として何ができるかを考察するために、現在は第三段階の活動に着手している。メンバーも新たに、若手の作家平野啓一郎氏、文化人類学者の上田紀行先生、教育学者の市川伸一先生（東京大学教育学部長）、同梶田叡一先生などの参加を得て、新たな議論の展開を図ることにしている。

　このフォーラムの活動をここまで進めることができたのは、座長の山折哲雄先生の並々ならぬご尽力によっている。いつもは座長として会を統べられるほか、全国各地で行うシンポジウムでは、常に聴衆の心にしみ入る基調講演をしていただき、フォーラムの活動を意義あらしめて下さっている。その講演録が『いま、こころを育むとは』（小学館101新書）という新書となって刊行されている。先生の講話は、仏教を基底にし、世界の宗教に通じる宗教学の深い英知と、世上の諸事象や人間の生きざまを明晰に分析される鋭い視点をもち、次々に生み出される論説や絶妙な間合いをもった説話は、深く味わいのある内容に満ちている。そして、はっとするような警告や示唆が含まれている。しかも、お話がそのまま見事な文章体になっていることから、いかに内面で整理されてのご発言であるか、ただただ、感嘆を禁じえない。楽しげにご酒をたしなまれながらも、生死を達観しての知的で、感性にあふれ、しかも演歌をはじめ世事にも通じたユーモアを発散されつつ、ゆったりとした人生の歩み方を彷彿とさせられるお話し振りに、人生の先輩として学ぶことがあまりに大きい。

山折先生のみならず、このフォーラムをきっかけに、独創的な柔らかい思考から鋭く核心をつく著作や洒脱な言動で世論をリードされる哲学者の鷲田清一先生、終始熱心にこころの問題に関心を寄せシンポジウムなどでも適切な発言をして下さる滝鼻卓雄氏には格別のご協力をいただいている。その他の方々もそれぞれ現代日本を代表する知性と行動の先導者であり、フォーラムをきっかけに随所で交流の機会を得たことは、まさにわがこころを育むための恵みともなっている。

全国の学校への助成活動

松下電器産業株式会社は、二〇〇八年（平成二十）に社名を一斉にパナソニックとし、財団名もパナソニック教育財団となった。この財団は、一九七三年（昭和四十八）に前身の財団が設立されて以来四十年の歴史を重ねて来た。もともとは森戸辰男文部大臣が、学校における視聴覚教育の進展のために尽力して欲しいと、ときの松下電器の社長松下幸之助氏に親書を送り、松下氏がそれに応えてつくられたものである。そのため現在も、全国の小・中・高等学校を中心に、学力向上や人間力向上などの教育課題の改善にＩＣＴ（情報通信技術）を効果的に活用して教育実践に取り組んでいる学校に対して助成している。これまで支援してきた学校数の累計は実に約二千六百校に上る。この制度を利用することによって、各地の学校ではＩＣＴの条件整備と活用が進み、教育指導の充実につながっているとの反応を得ている。

助成校で、子どもたちが自由自在にICTを使いこなす様子を参観する著者

最近ではこの助成の一部に、単年度ではなく二年間継続して支援する特別研究指定校制度もつくり、毎年数校ずつ支援するようになった。これらの学校ではとくに成果が上がっていることは注目に値する。各校には大学の専門家が訪問して助言するようにしており、分かる授業への取り組みが進んでいる。そうした活動の成果が全国的に波及することによって、日本の学校教育が実り豊かになり、日本の将来を担う実力のある人材が広く育成されることを期待している。民間財団の活動は、行政ではできないきめ細かな対応を可能とすることが分かり、力を入れている。

二十一世紀社会の特色としては、好むと好まざるとにかかわらず、グローバル化とともにインターネットの爆発的な普及があげられる。これからの高度情報化社会に生きる子どもたちに対して、われわれ大人や学校はいったい何ができるのだろうか。日本の学校教育における情報化への対応は、科学技術立国を謳うにしてはあまりにも遅いとの感をもっている。いまだに、児童生徒に一人一台のパソコンが整備されておらず、全てのクラスに電子黒板を備えるにも至っていない。やっとクラスに一台のパソコンと拡大機（大判サイズのプリンター。教材や掲示物の印刷に使用する）とテレビが備えられ始めた状態である。三十年前、中学校にコンピュータの導入を計画した者としては、いささか焦燥を感じている。

このような折、二〇一一年（平成二十三）四月、文部科学省生涯学習政策局（当時板東久美子局長）から「教育の情報化ビジョン」（安西祐一郎座長）が提言され、今後の情報化への考え方が示されたこと、その後、国としての政策が充実しはじめたことを評価したい。安西先生は認知科学のベースに立ち、大学、学術、情報教育の問題など幅広い分野でご指導いただいている。子どもたちが新しい時代に生き生きと活躍できるように、各学校で教師も生徒も情報機器をツールとして自在に使いこなせるようにするとともに、分かり易く興味を持てる授業の展開、子ども一人一人の進度に応じた個別学習、子どもたち同士が協力しあう協同学習が進むことを期待したい。加えて、情報モラルの徹底も小さい時から身につけさせて欲しい。

第三節　トヨタ財団の助成活動

長期的視野に立った助成活動の運営

二〇〇七年（平成十九）からは、縁があってトヨタ財団の理事長の仕事をお引き受けすることとなった。この財団は一九七四年（昭和四十九）の設立であり、その創設に際して当時のトヨタ自動車工業株式会社の豊田英二取締役社長は、「トヨタが自動車を始めてから四十年を機に、人間のより一層の幸せを目指し、将来の福祉社会の発展に資することを期する」ために財団を設立するとその趣旨を述べている。その根底には、トヨタが「自動車をとおして豊かな社会づくり」を行うことを基本理念としながら、社会の恩恵のもとに社業に努めるとともに、環境整備、交通安全教育、文化施設の寄贈など幅広く社会貢献を続けてきたという豊田佐吉翁の創業者精神が息づいている。

創設者のメッセージにはさらに、財団の助成活動は、「世界的な視野に立ち、しかも長期間かつ幅広く社会活動に寄与するため、生活・自然環境、社会福祉、教育文化等の多領域にわたって時代の要請に対応した課題をとりあげ、その研究ならびに事業に対して」行うとの高い志がある。したがって、この財団は、広範な内外の課題に対応して、有意義なプロジェクトを選んで助成を行う多目的財団である。その意味で、それぞれの専門分野を対象として、助成活動を展開し続ける民間助成財団が多い中では、ユニークな財団であろう。

設立以来、現在までに七五〇〇件をこえる案件に対し、合計で約百六十六億円の助成を行ってきた。この財団の助成活動については、その考え方や長年にわたる地道な仕事の成果が、社会的に広く評価されてきたことを有難く思っている。

歴代の財団会長は豊田英二氏、豊田達郎氏が務められた。そして現在は奥田碩氏（トヨタ自動車の社長、会長ののち、経団連会長。現国際協力銀行総裁）という強力な布陣のもとに運営されている。奥田会長には、ご多忙の中でも財団の運営に心配りされ、大局的見地から迅速にしっかりと必要な指示をいただけるのは心強い。小泉内閣での経済財政諮問会議においては民間からの有力議員として活躍され、大変お世話になった方である。

トヨタ財団助成贈呈式。左は助成対象者を激励する奥田碩会長。右から2人目著者（2011年10月）

歴代理事長としては、初代の豊田英二氏のあと、第二代はかつて日本の大学の医学界を率いてきたお一人の飯島宗一先生、第三代は碩学にして洒脱な教養人としてつとに名高かった東京大学名誉教授の木村尚三郎先生が務められたが、急逝されたのち私があとを引き継ぐことになった。いささか荷の重さを感じつつ、果たして財団の設立趣旨に照らし十分な活動であるかどうかを常に反芻しながら微力を尽くしている。

理事には、錚々たる企業人、学者、外交官などにお願いしているが、豊田章一郎名誉会長もご出席される。氏には文化庁時代、トルコ大使時代にもお世話になっており、若輩の私どもの話もじっくりとお聞き下さり、ご支援をいただいている。日本の未来を担う若きリーダーの育成については烈々たるご熱意をおもちであり、海陽学園を創設されるなど真に日本のために貢献されるお姿に感銘を深くしている。

今日のトヨタ財団の活動の基本路線は、かつて専務理事として長く活躍された未来学者の林雄二郎氏によって構築されたといってよいだろう。林専務は、「長期的な視野に立った問題発見重視型」の財団としていくために、事務局機能を強化し、重点指向テーマ、具体的な助成テーマを主導できるように、当時まだ日本の財団には存在していなかったプログラム・オフィサー制（財団等において、研究や助成プログラムの企画立案や運営管理、調整をするスタッフをおくこと）を導入した。これは画期的な試みであり、現在も踏襲している。その頃、先輩の天城勲元文部事務次官も理事のお一人であった。オフィサーたちはある分野の専門家というよりジェネラリストとしての資質が必要であり、社会のニーズを具体的に、しかも小さな芽生えの時から発掘することができる能力、新しいアイディアにも対処できる柔軟な判断力が求められている。なかなか難しい役割をもつオフィサーたちであるが、今もそれぞれに努力を重ねてくれている。彼らが闊達で有意義な仕事ができるように後押ししつつ、実際の選考にあたる研究者や関係者の意見を十分尊重しながら、助成活動の運営にあたるのが幹部の役目かと考えている。

目下の主たる助成プログラムは、国内外の研究事業へ助成をする「研究助成プログラム」、日本国内の地域活性化、コミュニティ再生事業へ助成を行う「国内助成プログラム」、主としてアジア諸国での実践活動を助成の対象とする「国際助成プログラム」という枠組になっている。

「安心・安全な社会の実現」に向けた取り組み

このようにして財団の助成活動は順調に進んでいるが、理事長就任後、二十一世紀も最初の十年を終えようとしている頃、世界はそれまでと異なる新たな局面を迎え、情報化、グローバル化の影響のみならず環境問題をはじめ地球規模のさまざまな問題をかかえるようになった。そんな折、財団の助成活動が真に公共の福祉と社会の発展へとつないでいくことができるかどうか、民間財団としての役割をあらためて考察することにした。新たに理事、評議員になられた有識者も迎え、何度も議論を重ねたうえで、「トヨタ財団ビジョン二〇一〇　よりよい未来を構築するために」を取りまとめることが出来た。そのビジョンの中には、「人と社会の望ましい未来にとって、個人の自助・自立を前提に、他者との関係を豊かなものとし、……〝新たなきずな（柔らかなきずな）〟を創りだしていくことの肝要さ」を指摘した部分がある。そのうえで「安心・安全な社会の実現」に向けての財団のさまざまな取り組みの方向も描かれている。

このビジョン発表ののち、間をおかず、三月十一日に東日本大震災が起き、日本と日本人の安心・安全神話が根底から揺さぶられた。かつてない規模の自然災害のもたらした被災地の状況はあまりに悲惨であり、被災者の苦悩はいかばかりかと心が痛んだ。再生への道のりは遠いが、その過程でちょうどビジョンの中で述べられた「絆」の大切さが改めて社会的にクローズアップされたことは偶然でもあり、大いに同感できた。そこで、財団としてもできるだけの支援を行うべく、直ちにプログラム・

オフィサーたちが現地に入り、そこでの具体的なニーズを掘り起こし、各地の要望に応え得る課題を見出し、優先的にとり取り上げて支援する態勢をとった。ボランティア活動をコーディネートする指導者養成のプロジェクトをはじめいくつかの地道な支援を行ってきた。

また、パナソニック教育財団とも連携して、相互に得意な分野の力を発揮することによって、未来を担う子どもたちの「居場所づくり」のプロジェクトへの支援に取り組んでもいる。国や地方の行政では十分対応しきれない分野や個別のニーズを汲み上げて、迅速にきめ細かい配慮をもって支援できるところに民間財団の存在意義はあるように思っている。

折々に導いて下さった方との出会い

さて、理事長の役目に就くように内々お話をいただいたのがトヨタ自動車の張富士夫会長であった。氏は、すでに「こころを育む総合フォーラム」のメンバーとして何度もお目にかかっており、また、当時新国立劇場の理事（現在は評議員）もされていた。また、外務省の海外交流審議会会長の時には私はそのメンバーでもあった。いつも私をはじめ若輩の者たちの話にも耳を傾けられ、重厚で思慮深く温かみのあるお人柄は、接した人たち全てが納得させられる方である。

その張会長はいざというときに明確で説得力のある意見を表明される。トヨタという世界的な大企業でのご業績はここでは触れないが、身近に拝見できたのは、例えばフォーラムの仕事が第二段階に入ろうとするとき、人々の活動を社会的に「褒める」ことの重要性を強調され、現在の「全国大賞、ブロック大賞」など活動の基本をリードしていただいた。さらに、二〇一〇年（平成二十二）の「トルコにおける日本年」では実行委員長にご就任いただくことができた。トルコにも工場を設置している同社とのご縁もあったからである。そのおかげで、日本がリーマンショックで経済的に落ち込んだ時期であったにもかかわらず、多くの企業からの寄付を集めることができ、この年、年間を通してのさまざまな企画が可能となって、トルコと日本の絆を強化するに相応しい記念事業の数々を開催することができた。

そして、私が新国立劇場内部の問題でつまらぬ横やりに悩まされた時も、そんなことは無視しなさいと力強く激励して下さった。自らに厳しくあくまで謙虚、他者には寛容で英知ある代表的企業人の生き様は、学ぶとしても及び得ない存在である。剣道家でもあり最近日本体育協会を率いられているが、実は音楽通でもあり、その貢献に対しオーストリア国からの勲章も授与されておられる。これ以外にも諸外国から高い評価が寄せられていると聞く。

これら二つの民間財団での仕事は、民間の立場からの闊達で柔軟な社会貢献の在り方との出会い、そして多方面の方々との貴重な出会いをもたらしてくれ、私にとっては「ひとすじの道」を歩んで来た大事な道程の一つとなっている。

第四節　富士山を世界文化遺産にする国民運動

文化遺産登録に向けたさまざまな階梯

あれは二〇〇五年（平成十七）初頭であったか、当時の電通の成田豊会長から、「富士山を世界遺産にする国民会議」を発足させたいので、力を貸して欲しいと懇請された。一九九〇年代の半ば、私が文化庁長官の時代に、一度富士山を世界遺産にする運動が始まったが、環境が整わず、ことに、自然遺産にする場合の条件に合わないために挫折したことを覚えている。世界自然遺産にするには、世界唯一の優れた自然景観でなくてはならず、富士山の姿は日本人には唯一無二の価値があっても、世界的に見ればあのようなコニーデ型の山はいくつもあり、論理的に世界自然遺産にはできないことが分かっていた。

成田氏の構想は、今回は世界文化遺産でいこうというものであった。しかも、国民会議の会長は日本の優れた政治家として、今も日本政治にとって要の存在である中曽根康弘先生であり、先生が真剣に富士山を世界遺産にすることを希望しておられるとのことであった。

そこで、困難とは知りながら、静岡で育ち既述のように富士山には格別の思い入れがある私としては、微力ではあるがお引受けすることになった。中曽根会長はどんなにご多用な中でも、富士山の世界遺産登録へのプロセスや国民会議の仕事について、熱心にフォローし私どもを激励して下さっている。偉大な政治家の中曽根先生の富士山への格別の想いに応えなくてはと、この役目を務めている。

また、電通は創業百年を超える広告界の雄であるが、新入社員には全員富士登山をさせるという、タフな伝統を長年続けている本物の「富士山大好き会社」である。同社は採算を全く度外視して、実質的に国民会議の事務局を支え、その活動をサポートしてくれている。

さて、引受けてからが容易ではなかった。国民会議の小田全宏事務局長とも相談しながらPRをかねたさまざまな活動を手がけた。しばらくして、富士山の所在地である静岡県、山梨県が世界遺産化への本格的な検討に着手し、一気に力強い動きとなっていった。同時に私は国民会議の副理事長であるとともに「富士山世界文化遺産二県学術委員会」の委員長を任されることになった。この学術委員会は、富士山が世界文化遺産として、普遍的な価値があることを証明するための理論づけや構成資産の選定、世界遺産への登録に必要な推薦書の案を作成する役割があった。

一番知恵を要したのが、文化遺産とするための論理構成であった。ユネスコの世界遺産委員会での審査に耐える議論をするために、委員会のメンバーには日本における文学、美術、歴史、宗教、火山学、環境など諸学問分野の最高の専門家たちにお願いした。副委員長は、西洋美術の専門家であり広く芸術文化に関する功績で知られる高階秀爾先生である。静岡県、山梨県では、ともに県としての学術委員会が設置されており、そこでの議論の結果を受けての審議であったが、この二県学術委員会でも、熱心な審議を何回も繰り返し、次第に議論が集約されていった。

富士山がユネスコの「世界遺産一覧表」のリストへ記載されるには、さまざまな階梯を踏んでいかなければならない。ユネスコの国際記念物遺跡会議（イコモス）の定める厳密な評価基準のどれにあてはまり、どういうコンセプトで「富士山の顕著な普遍的価値」を証明するか、が鍵になる。そこで、富士山という日本人の心のふるさとは、一つは、信仰の対象であること、二つには、芸術の源泉であること、という二つの柱で証明していくこととなった。

古くから富士山は神聖な山として人々の尊崇を集めてきており、歴史的にも修験道や江戸時代からの富士講をはじめ「富士山信仰」という、山岳に対する日本固有の文化的伝統を築いてきた。木花開耶姫《このはなのさくやひめ》を祀る浅間神社は富士山周辺のみならず、全国各地に所在する。加えて現代でも富士山登山は内外の人々から圧倒的な人気があり、ご来光を仰ぎ、あるいは山頂の奥宮に詣でるという、幅広い意味の信仰の対象となっている。

また、芸術の源泉という意味では、日本には葛飾北斎の「富嶽三十六景」や横山大観の「不二霊峰」をはじめ、富士山を描いた無数ともいうべき優れた版画や絵画が存在する。そして、古代から万葉集をはじめ豊潤な日本文学、精緻な工芸美術、神社などの建築物に、富士山に霊感を受けた各種の芸術作品が創造されてきた。さらに、北斎の版画をはじめ江戸時代の日本の版画や絵画は、西洋美術の世界にジャポニズムという新たな芸術の潮流を興した、いわば西欧美術史上にも残る画期的な影響を与えて来ている。この二つの普遍的な価値の基礎として、いうまでもなく、世界的にも稀な、名山としての美しい景観がある。

歓談する川勝平太静岡県知事（左）と横内正明山梨県知事

これにより、

イコモス評価基準（iii）「富士山信仰」という山岳に対する固有の文化伝統を表す証拠

イコモス評価基準（iv）世界的な「名山」としての景観の類型の顕著な事例

イコモス評価基準（vi）顕著な普遍的意義を持つ芸術作品との直接的・有形的な関連性

を適用することとなった。

次いでこれらの価値を証明するための構成資産を選定する作業が続いた。静岡、山梨両県には富士山にまつわる数多の名所、旧跡がある。そのうち、信仰の対象、芸術の源泉という二つの普遍的な価値に直接関連するものを選び出して、構成資産にしなくてはならない。イコモスが納得する構成資産に仕上げるに

「富士山を世界遺産にする国民会議」にて、中曽根康弘会長と理事長を務める著者（2013年2月23日ふじ山の日に）

はかなりの理論的、時間的経緯があった。結果的に、富士山域の構成資産、いくつもの浅間神社や富士講の信者を迎える御師の家、富士五湖のほか白糸の滝や三保の松原など、あわせて二十五の構成資産が選定されている。

日本の宝を世界の宝に

ここに至るまで、川勝平太静岡県知事、横内正明山梨県知事の世界文化遺産登録への強いリーダーシップとサポートがあって、事態を大きく進展させることができた。しかも両県の担当者が地域の地権者たちと血のにじむような交渉を重ねる努力があって、初めて達成できた面がある。それを知るがゆえに、このような大仕事にはいつもそうであるが、人知れず苦労を重ねてくれた人たちの存在があることを記しておかなければならない。また、文化庁の専門家による綿密で強力な支援をはじめ、環境省、林野庁、防衛省にもお世話になった。

さらには、将来にわたる保存管理計画を立てて、富士山の保存を確実にするため両県や地元の団体、関連省庁を巻き込んだ組織をつくることとなった。これが、世界遺産を守っていくために不可欠な要素である。

関連資料をあわせて膨大な推薦書の原案が出来上がったのは、二〇一一年（平成二十三）夏であった。その後文化庁から、二〇一二年（平成二十四）の一月末に正式な推薦書としてパリのユネスコ本部へ提出された。同年夏にはイコモスの専門家リン・ディステファノ博士によって富士山の全ての構成資産を綿密に調べる現地調査が実施された。その後もパリでの富士山展の開催、あるいはイコモスからの追加質問など最後の関門をくぐり抜けるための努力が続いている。二〇一三年（平成二十五）二月二十三日に行われた国民会議主催の「富士山の日フェスタ二〇一三」には中曽根康弘会長もご出席下さり、世界遺産登録への強い決意を述べられた。今や晴れて二〇一三年の夏、朗報がもたらされるのを待ち望んでいる。

この運動を、熱意をもって推進しておられた成田豊氏が、二〇一一年の夏に急逝された。よもやと思う間もない出来事であった。私はその後をついで国民会議の理事長を務めているが、成田氏の遺志を達成するためにも成功させたいものだと密かに念じている。かつて電通を盛り立てた吉田秀雄氏や成田氏の偉業はつとに有名であり、同社では今もその遺志をついで高嶋達佳会長をはじめ、社員に対する明確なメッセージを発し精力的に改革の指揮にあたる石井直社長のもと、社員が一致協力し、メディアの進化と変貌が目まぐるしい現代社会にいかに対応していくか、日々懸命な努力が続けられている。しかも、富士山世界文化遺産への支援がかわることなく続いていることを有難く思っている。

富士山の仕事を通じ、哲学者の梅原猛先生、日本芸術を比較文学の立場から透徹した流麗な文体で解き明かす芳賀徹先生(現静岡県立美術館長)をはじめ多くの優れた専門家に身近にお会いできたのは、人生にとっての収穫であった。

幸いなことに、二〇〇九年(平成二十一)夏、富士山への登頂を果たされた皇太子殿下も世界遺産への登録を期待されていると聞く。私自身は、この日本の誇り、日本人の心の拠り所である富士山の美しさを、しっかりと後世に残していきたいとの思いで及ばずながら取り組んでいる。「日本の宝」を「世界の宝」に、というのがこのプロジェクト関係者の一致した思いである。

第五節　最近の日々

美しいもの、よき人々との出会いを楽しむ

これ以外に、幸運にもいくつかの興味深い仕事に出会っている。日本の伝統文化を代表する分野の一つである〝いけばな〟の世界では、常陸宮妃殿下を名誉総裁に仰ぎ、豊田章一郎副総裁のもと、「日本いけばな芸術協会」の会長を仰せつかっているのは誠に光栄なことである。日本のいけばなは、『源氏物語』や『枕草子』にも書かれているなど長い歴史をもつが、ことに室町時代以降、武家社会にお

いて華道として、茶道とともに理論的にも技としても洗練され発達してきた。今では国民生活の中に深く根ざし、全国で数百の流派があるといわれる。

それら流派の大部分が傘下に入るこの芸術協会が主催して、毎年、春秋に東京と地方でいけばな芸術展が開かれる。その機会に、開催地へ妃殿下に随行させていただき、展覧会場で見事な作品の数々を拝見できるのは大きな楽しみである。副会長の池坊由紀子氏、草月流勅使河原茜氏、理事長の未生流肥原碩甫氏をはじめその道をリードする師匠方とお目にかかれることが喜ばしい。私自身は無粋にしてどの流派でもなく、ひたすら花を愛でて飾るのみであるが、一輪の花にも心洗われて活けるこの道の奥深さに心惹かれるのが常である。

さらに日本画の専門美術館である公益財団法人の山種美術館（山崎富治名誉館長、山崎妙子館長）など民間の優れた美術館の運営をフォローさせていただくのは興味深い。このほかいくつかの大学の経営協議会のほか、全国少年警察ボランティア協会の仕事など、いずれも社会を構成する、意味ある民間の諸組織とかかわらせていただいており、私自身何ほどのこともできないが、むしろいろいろと学ばせてもらう機会となっている。

こうしたいわば公的な仕事と離れて、近年ほっとするのは、長年、人生の目標の一つとして仰ぎみてきた富士山の近くに時折出かけることである。山中湖の近くで、折にふれ富士山の姿に出会うことが最高のひとときとなっている。春夏秋冬、四季折々の富士山の雄姿は、刻々と移り行くがゆえに目を離すことができない。富士山は、私にとって、若い時からのあこがれであり、社会人となってからの心の拠り所であり、今は、心の安らぎの源となっている。

加えて、その姿に魅せられ周辺に集う方々との邂逅は、俗界を離れた気分での出会いとなっており、最近の大きな楽しみとなっている。中でもしばしばお目にかかって、清談の機会を得ているのが、イトーヨーカ堂の創業者でセブン&アイ・ホールディングス名誉会長の伊藤雅俊氏と同夫人である。氏とは若い頃に天城会議（第四章第一節参照）で同じメンバーであったが、最近は氏のつくられた奨学財団である伊藤謝恩育英財団の仕事を少々手伝っている夫とのご縁もあって、よくお声をかけていただくようになった。お目にかかるたび、日本のサービス業界のトップランナーとして続けてこられた幅広いご経験と内外の経済をみる視点の確かさ、社会の事象や人物の捉え方の的確さ、常にメモ帳を開いて知識を吸収される謙虚さにただただ感じ入る。賢夫人の伸子夫人は全てを理解されながら、あくまで控え目で伊藤会長のよき伴侶であり、料理の達人としてしばしばお手製の品を授かっている。お二人とも、社員や周辺の者への気配りをされるだけでなく、個人として大学への莫大な貢献や学生への育英資金の提供を通じて日本の未来のために寄与される社会貢献の精神には、いつも感銘を受けている。半世紀も前からあのアメリカの経営学の泰斗ドラッカーと親しく交流され、その論を自らの経営に取り入れた最初の日本人経営者でもある。いつまでもお健やかに過ごされ、私どもの山中湖行きの楽しみが続くことを願っている。

伊部幸顕ゼリア新薬工業社長ご夫妻とは、わが陋屋の場所を決めるときからお世話になり、いつも快い友好関係が持続している。新薬の開発や海外の製薬会社との提携など思い切った会社経営をリードされる伊部社長ではあるが、信念と勤勉さとで一貫した生き方には感心させられるとともに、ご夫妻でゴルフや愛孫との時間を大切にされる人間的な温かみにほっとしてお付き合い願っている。

古代ローマの遺跡調査をベースに古典考古学や美術史で高名な青柳正規先生（現国立西洋美術館長など）は以前から近隣に別荘を構えられ、手造りの能力の凄さは料理の美味さのみならず、邸内の敷地にブロック煉瓦を敷き詰めてローマの街道の小型版を作ってしまう技量と力仕事にはひたすら脱帽である。幅広い視界から湧き出るアイディア力と実践力に富むエネルギーには感服する。

富士山の周辺には、かねてお世話になり深い思索のもとに名著を発表もされる尾崎護氏（元大蔵事務次官）、日本の「研究開発戦略」に理論と実践の両面で活躍を続ける生駒俊明氏（現キヤノン副社長）をはじめ、山向こうにアトリエを持つ日本の誇る版画家の牧野宗則氏などここにお名前を書ききれない錚々たる方々がおられ、ときに交流できることが楽しみである。

壮麗な富士の山を正面に仰ぎ、刻々と表情を変えるその姿に見とれながら過ごす時が、私にとっての至福のひとときである。そして澄んだ空気と四季折々の木々の移ろいや鳥の鳴く声に心を奪われ、読書と思考を重ねて心を澄ませる折が最近のわが唯一の贅となっている。ただ、その機会があまりとれないのが心残りである。

第Ⅱ部 —— 仕事の周辺

出会った方々の回想

1　世界初の大プロジェクト、世界青年意識調査

日本青少年研究所長　千石 保

一九七二年（昭和四十七）は日本史に刻まれる多くの出来事が起こった年でした。札幌で開催された冬季オリンピックのスキージャンプ七十メートル級では日本勢がメダルを独占し、連合赤軍の浅間山荘事件は全国に大きな衝撃を与えました。田中角栄氏が「日本列島改造論」を発表したのもこの年で、日本列島は祭りの終わりを祝うように、高度成長末期の好景気に酔っていました。

そんな時代背景の中、取り組んだのが「世界青年意識調査」です。私は法務省から総理府青年対策本部の参事官として出向中。そこに、遠山さんが文部省から参事官補佐として出向してきました。文字通り、私の補佐役のポジションでした。当時の総理府は、多数の出向者を受け入れており、従来の行政組織とはかなり趣を異にしていました。いろいろな省庁から有能な人材が集まり、各人が各々の視点で意見を交わし合う自由な雰囲気に満ちていたのです。世界青年意識調査は、そういった環境の中で、立ち上げた大プロジェクトでした。

青少年行政を行うには、まずその実態の把握が不可欠です。青少年が何に満足し、何に悩み、何を求めているかを熟知しなければ適切な行政が行えないというのが出発点でした。そのために、日本をはじめアメリカ、イギリスなど世界十一ヶ国の青少年に同じ質問をして、一挙に比較しようという大がかりな企画を練りました。各国の十八歳から二十四歳までの男女二千人を無作為に抽出し、その対象者を調査員が訪問して、質問紙による個別面接調査を試みる。対象者数は合計で二万二千人に達する、まさに未曾有の規模でした。データとしては、各国一千サンプルでも十分なのですが、どこからも疑問の声が上がらないように、二千サンプルに増やしました。

同時に諸外国でも同じ調査を実施しようとしたのには、二つの意味があります。まず、第一に、各国を比較することにより、問題の所在を明確につかむこと。青少年の悩みは、彼らが生きている社会構造と無関係ではありません。そういったケースに生じる悩みは、ともすれば心の底辺に沈んでしまいます。抑圧された悩みは、日本だけの調査では十分に把握できず、各国を比較してこそ実態が浮き彫りにできると考えたのです。また、第二の狙いは、調査結果や検討の成果を世界に発表することによって、日本が文化的な側面で世界に貢献できるのではないかと期待したのです。

遠山さんは、日本の青少年は諸外国と比べてどういう位置づけになるのか、かねてから興味を抱いていたようです。遠山さんは相対的なものの見方や考え方を得意とし、それによって本質を明らかにしていこうとするタイプ。研究者や科学者の発想法に通じます。世界青年意識調査には、そんな遠山式発想が多く盛り込まれました。

しかし、調査の実現までにはいくつかの壁が立ちはだかっていました。まずはお金の問題。これだけの大調査となると経費は莫大になりますが、果たして、多額の予算が認められるのか。真っ正面から会計課に持って行っても、門前払いされるに違いない。そこで私は、直属の上司（青少年対策本部次長）を飛び越し、総理府の事務次官級である総務副長官に直訴するに及んだのです。副長官のところへ乗り込んで行ったところ、私の形相や態度に圧倒されたのか、「おお、面白そうだね。やってみろ」とその場で了承してもらうことができました。直訴という手法は、序列を重んじる官僚の世界では通常許されないこと。私がそんな行動に出たのも、調査班の「いけいけムード」にのせられたのでしょう。高度成長時代で予算が比較的潤沢だったことに加えて、遠山さんたちの気迫に押されたのだと思っています。

お金の目途はついたものの、その先には気の遠くなるような準備作業が待っていました。調査項目の決定、具体的な質問事項の作成、諸外国の研究者や調査会社との交渉など、多くの実務をこなさなくてはなりません。

その時の遠山さんの活躍は見事でした。問題が生じればすぐさま指摘し、それを解決していく。多岐にわたる質問事項は、おおぜいの専門家の意見を精力的に聞いてまわり、作成してくれました。また、質問事項の翻訳に問題がある箇所を見つけると、複数の人に訳してもらっていちばんいい訳を選んでくれました。海外に暮らしていた人の意見なども聞いたようです。緻密な遠山さんには、安心して仕事を任せることができました。

結局、質問事項は、日本語をはじめ英語、ドイツ語、フランス語などいくつもの言語に訳すことになりました。誤訳を避けるのはかなり大変な作業だったのです。

翻訳に苦労する言葉もありましたし、例えば、「察し」という言葉は日本特有の文化に由来しているため、直訳ができない。そのほかにも同様の言葉が多かったことを覚えています。

調査は、一九七二年の十月から十一月にかけて一斉に行いました。人の意識は時時刻刻と変わっていくので、短期間にしかも各国同時に行う必要があるのです。翌年には、その結果を発表しましたが、のぼり坂の日本が、いったい世界にどう見られているのか、日本は世界の中でどういう地位にあるのか。世界初の画期的な調査ということで、新聞、テレビなどマスコミは大々的に報道してくれました。官邸からもすぐ呼ばれました。その規模の大きさに官邸も驚いたようです。一方で、ヨーロッパの学者たちからはずいぶん嫉妬されました。あれだけの規模の調査を日本に先を越されたという思いがあったようです。

ところで、当時遠山さんのお子さんはまだ小さかった。遠山さんは、夜遅くまで残ってだらだら仕事をするという役人の働き方を変え、仕事と子育てとを見事に両立していました。ただ、寝る時間は少なかったようで、職場で居眠りをすることもありました。自分ではうまく居眠りしていないように見せているつもりだったのでしょうけれど、ほかのみんなはわかっている（笑）。私は、「昨晩は何時に寝たの？」と聞いたこともあります。しかし、普通の人と違って、遠山さんは目覚めた途端でも頭が冴えている。その点、非常に感心しました。

個人的には、ハーバード大学のタルコット・パーソンズ教授にお会いできたことが印象に残っています。二十世紀を代表する社会学者ですが、面会を申し込んだら、私の滞在しているホテルまで車で迎えに来てくれました。飾らない人柄でしたね。それから一緒にハーバード大学まで車で送ってもらったのですが、教授はその頃七十歳くらいだったので、運転が危なかった（笑）。懐かしい思い出です。

調査班には、遠山さんをはじめとして優秀な人材が集まりました。この調査の成功は部下に恵まれたおかげです。調査の面白さに魅せられた私はその後、法務省には戻らず、総理府で調査担当を続けました。ほかの省庁の人たちと付き合って視野を広げられたからで、退職後も各国の青少年の意識調査を継続することができました。そして、遠山さんもあの頃に見せた仕事ぶりをその後も継続され、各方面で業績を残されました。そういう意味でも、あの世界青年意識調査は、遠山さんの仕事の「原点」だったのかも知れませんね。

千石 保（せんごく たもつ）

一九二八年富山県生まれ。青少年の意識・実態についての調査研究の第一人者。早稲田大学法学部卒業後、法務省入省。東京地検検事を経て、総理府青年対策本部参事官を務める。七五年、財団法人日本青少年研究所を創設し、現在所長兼理事長。著書に『「普通の子」が壊れてゆく』『日本の女子中高生』ほか多数。

2 ノーブレス・オブリージュ――学術情報システムの生みの親へのオマージュ

元三重県立図書館長　雨森　弘行

私が文部省（当時）の大学図書館係長をしておりました一九七七年（昭和五十二）に、情報図書館課長として就任されたのが遠山課長さんでした。のちに文部科学大臣にまでなられましたが、当時、私は直属の部下でしたので、いまも「遠山課長さん」と呼ばせていただいております。初めてお話ししたときの印象は強烈で、昨日のことのように思い出されます。

「夏に、レニングラード・フィルの来日コンサートをＮＨＫホールに聴きに行った時にね、ムラビンスキーの指揮する『トゥオネラの白鳥』を聴いているうちに、目の前に東山魁夷の『白夜光』の絵がふうっと浮かんできたの」。虎ノ門の霞山会館で開催される会議の準備を終えて、会議室前の廊下で新任早々の遠山課長さんと立ち話をしていると、そのような文化の香りあふれる話題が飛び出してきました。クラシックが好きで東山魁夷のファンでもあった私は、その魅力のとりこになってしまい、「あぁ、何て素敵な感性をお持ちの方なんだろう！　こんな課長さんとなら、仕事もどんなに楽しくできるようになるだろう！」と思わず気持ちが高ぶったのを覚えております。

実は、その頃ある事情により大学図書館行政が足踏み状態になっていて、担当係長として大変不安な日々を過ごしていました。そんな折の遠山課長さんの就任は、まるで天から救いの女神が舞い降りてきて下さったように感じられました。そこで、私が改革に取り組んだのが、かねて懸案になっていた国立大学図書館間での文献複写による資料の貸し借りをする際の代金支払の仕組みでした。

それまではすべて前金払いで、少額であっても、大学間でその都度、個別に行うなど非常に効率が悪かったのです。たとえば、私費払いの場合は、一件について三百円にも満たないほどの文献複写代でも、それ以上の手数料をかけて現金書留で送るなどという不合理なことが行われていました。しかし、会計制度は金城鉄壁であり、その改善は困難だと思われていました。私は、これを改革するのは遠山課長さんが在任中の今でなければチャンスを失うと思い、改革案を提案しました。遠山課長さんは「それじゃお手並み拝見ね」とすぐに了承して下さり、すべてを任せてくれたのです。

省内関係者との折衝は難航しましたが、一年ほどで面倒な支払の仕組みを簡略化することができました。当時この業務の取扱量がもっとも多かった大阪大学附属図書館の協力を得て、同館の中に複写データ処理センターを設けて、各大学は年二回そこに実績データをまとめて送る。そのデータをコンピュータ処理して文部省に渡し、文部省が各大学の予算配分時に代金相殺を行うという新しいシステムができたのです。部下の提案を尊重して、当人に任せて奮起を促すという遠山課長さんの指導があったからこそ、このような合理的な清算方式を実現することができました。そして、これは後年、新たな仕組みの中で、公・私立大学をも含む代金相殺システムの基として活用されて、次に述べる書誌ユーティリティの実働の際にも大変役立つことになります。

ちょうどその頃、遠山課長さんは、やがてわが国の学術情報流通体制を抜本的に変え、図書館界にとっても画期的な大改革となる、壮大な「学術情報システム」構想について懸命に取り組んでいたのでした。学術情報システム構想は当時、情報図書館課にとってもっとも重要な行政課題の一つでした。遠山課長さんの信念は、どの職場に行かれても、そこで直面している課題を探しあて、その解決に全力を尽くすということであり、学術情報システム構想についても、課内のスタッフと議論を深める中で戦略を着想され、それを施策化していきました。学術課長補佐時代に、日本初の「学術白書」を作成したり、学術審議会を運営したりするなど、学術行政全般にわたる行政実務を手がけた経験を生かして熟考を重ねた結果、当面する大学図書館行政と学術情報行政の課題解決のためには、両者の統合的改革が必要であると強く認識されたのです。そして、一九八〇年（昭和五十五）には、その構想を、「今後における学術情報システムの在り方について」という学術審議会答申のかたちに結実させることに成功しました。

この構想に描かれた、図書館の機能とコンピュータ・ネットワークの機能とを一緒にした全国的な情報基盤システムは日本では例がありませんでした。とくに、この学術情報システムの根幹をなす仕組みの一つとして盛り込まれたものは、大学図書館を中心とする全国的な総合目録データベースの構築による資料相互利用サービスシステム（書誌ユーティリティ）でした。これは、旧来の大学図書館間における目録業務の重複作業による非効率性を解消するとともに、図書館間での資料相互利用サービスを格段に向上させて、利用者の利便性の向上を実現するもので、図書館界にとっては新たな時代を切り拓くきっかけとなる画期的なものでした。遠山課長さんは、強力なスタッフにも恵まれ、この構想を国家的プロジェクトに成長させたのです。もし、遠山課長さんが所管課長でなかったなら、この書誌ユーティリティを含んだユニークな学術情報システム構想は誕生しなかったであろうと思います。まさに天の時、地の利、人の和のなせる千載一遇のチャンスであったと言えましょう。

その学術情報システムの中枢機能を担う学術情報センターは、様々な壁を乗り越えて一九八六年（昭和六十一）に創設されました。創設当初は参加大学が数校に過ぎず、二千件程度のデータしか蓄積されていなかった総合目録データベースが、いまや国内外の参加機関が一二〇〇機関を超え、一億件を超える目録・所在データ量を有する世界有数の書誌ユーティリティにまで成長しています。また、全国の研究者が様ざまな研究活動に活用できる高速の学術情報ネットワークが全国の大学や研究機関を網羅し、国際的な研究組織にも繋がり、国内外の各種研究データベースの活用も容易になりました。そして、このシステムはいま、日夜、研究活動に励んでおられる全国の第一線の研究者から高く評価されております。その構想の生みの親は遠山課長さんだったわけです。

このように振り返ると、すべてが順風満帆に進んだように思われるかもしれませんが、事実は大きく異なります。学術情報システム構想は文部省内外で必ずしもすんなりと受け入れられたわけではありませんでした。そこで遠山課長さんは、省内の上司や政府関係者にポンチ絵（漫画）を使って説得に回りました。さらには、大学の一部の研究者や図書館職員からも反対論が湧き上がりました。いわく「これは情報の国家統制に繋がりかねないものである！」「カタロガーの仕事が奪われる！」。まさに、前門の虎、後門の狼でした。今から見ると時代錯誤も甚だしいものでしたが、遠山課長さんは、けっして権力を背景にして強弁するようなことはせずに、自ら大学に出向いていって、関係者の前で誠心誠意、説明責任を果たしていきました。遠山課長さんが乾坤一擲《けんこんいってき》の気迫をもってこれらを成し遂げられたのは、入省以来培ってこられた、行政官としての使命感と責任感に強く裏打ちされたノーブレス・オブリージュ（位高ければ義務また重し）の賜物だったと言えるのではないでしょうか。

私は、改革の行く手を阻む〝壁〟には、「物理的な壁」「制度の壁」「意識の壁」の三つがあると思っております。それを乗り越えるためには、ミッション、ビジョン、パッション、アクションが不可欠です。遠山課長さんは、自らに課したミッションに対して確固たる想いを抱き、燃えるような情熱をもって信念を貫かれた。その果敢な行動に多くの関係者の方々が惹きつけられ、共鳴し、行動をともにしながら目標達成へと邁進できたのだと思います。

そのような遠山課長さんの姿勢に間近で接することができたのは、私にとってもこのうえない幸運でした。その時の経験は、のちに私が三重県に出向して、移転・新営された県立図書館で、大学図書館と公共図書館等との垣根を越えたネットワークづくりをする際にも十分に生かされました。そのことをあらためて心から深く感謝申し上げます。

なお、学術情報センターは、二〇〇〇年（平成十二）に国立情報学研究所に改組されましたが、学術情報システムのコンセプトは継承されて、新たな発展を続けております。今後は、この研究所の進めている最先端の学術情報基盤が、学術の研究・教育活動はもとより、図書館界のシステムを通じて、生涯学習の活動をも一層強く支える存在となっていくことを切望しております。

雨森 弘行（あめのもり ひろゆき）
中央大学法学部卒。弘前大学、東京教育大学（現筑波大学）の各附属図書館を経て、文部省情報図書館課に勤務。横浜国立大学、大阪大学、東京大学の各附属図書館を経て、学術情報センター事業部長、三重県立図書館長、東京大学附属図書館事務部長、名古屋女子大学常務理事、お茶の水女子大学参与。現在、愛知淑徳大学等で非常勤講師等。

3

校内暴力問題と学校再建への取り組み

元町田市立忠生中学校長　長谷川義縁

一九八三年（昭和五十八）二月十五日の午後四時頃、東京都町田市立忠生中学校で、「教師が生徒を刺す」という前代未聞の事件が起こりました。校内暴力問題の象徴としてマスコミに大々的に報道された、「忠生中事件」です。生徒からの度重なる嫌がらせに耐えかねた教師が、玄関の泥落としマットを振り上げ襲いかかってきた生徒をナイフで刺し、逮捕されたのでした。このニュースはその日のうちに大々的に報道され、翌日には校舎にたくさんの取材カメラが入るという異常事態になりました。

当時、私は同市内の堺中学校長を務めており、忠生中の中里稔校長が市の校長会会長、私が副会長という間柄でしたから、事件以前から、忠生中の荒廃が相当に深刻であることは十分わかっているつもりでした。しかし、事件翌日の早朝、忠生中に中里校長を訪ねると、校内は私の想像を絶する酷い状態でした。

同年四月一日付で私が忠生中学校長として異動することを知らされたのは、暴力事件発生から一ヶ月半後の三月二十五日のことです。まさに青天の霹靂でした。東京都には中学校長が六百人もいるのに、よりにもよってなぜ私なのか、一五〇〇人もの生徒を抱えるマンモス校の忠生中を私が校長として再建できるのか、自信があったわけではありません。眠れないほど悩んだ末に、「私が引き受けなかったら、残された生徒たちは、父母たちはいったいどうなってしまうのか」と思い、できることを精一杯やってみるしかないと考え、引き受けることにしました。

この問題の解決に向かう中で、私の心の支えになったのは、当時文部省の遠山敦子中学校課長の存在でした。「どうしたら現場の教師、とくに校長が学校運営をしやすくなるのか」という一点に集中して私たちをバックアップし続けてくれたのです。遠山さんは、事件直後有識者による「懇談会」を立ち上げ、迅速な審議のあと「提言」をまとめあげました。その中で危機管理の在り方を全国に示唆。続いて、学校と教育委員会の緊急と長期の対策、問題行動への基本方針と具体的方策の指示、生徒の出席停止の取扱指導通知等々、現場で指導するうえで困難とされていた法規の扱いや指導の事例が具体的に示されたのです。こうした的確な対応は、ともすれば弱腰になりがちな校長、市教育委員会に勇気を与えてくれました。施策に悩む校長にとって、まさに鬼に金棒、応援歌のように感じました。

私の堺中学校長時代にも、校内の窓ガラスが数枚割られる事件がありました。誰がやったのかはその時点で分かりませんでしたが、私はすぐに業者を呼んでガラスを直し、制服警官に実地検証と校内の見回りを依頼しました。これは「悪いことは絶対に許さない」という生徒に対してのデモンストレーションでもありました。警官を校内に入れるということに反対する意見がなかったわけではありません。しかし問題の解決にはその事件に合わせた迅速な対応が必要で、こういう時こそ校長の決断が大切なのだという信念からでした。これは問題が大きく発展する以前に解決できた要因であったと思います。堺中と忠生中では、状況の深刻度はまったく違いましたが、校長として、強いリーダーシップを持ってスピーディーに決断することで問題を解決させていくという姿勢は同じです。ですから、遠山課長の指針は、現場を預る私どもにとって力強く正鵠を射るものでした。

当時の校内暴力というのは、校内での地位や暴力的実力を誇示したい生徒と、校外からそういう生徒を金づるになる獲物として狙う暴走族や、ヤクザまがいの人たち、双方の存在があって初めて生じる問題でした。また、学校が荒れるのには、学校側にも原因があるものです。中でも教師間の足並みの乱れは学校運営に大きな影響を与えます。当時の忠生中は日教組の影響力が強く、校内暴力問題と無関係ではないと感じていました。私は「われわれは、なぜ生徒の非行を防ぐことができなかったのか、異常な状態をそのままにしてきたのか。いま一人一人が振り返り反省しよう。そして、一枚岩の組織力で指導にあたろう」と、教師に強く訴えかけました。その決意はやがて全教職員の心の琴線にふれ、強固な結束が生まれました。

その後、生徒とじかに向き合う指導の中で、数人の教師がひどい暴力を受けたこともあります。五月に入って間もなく、視察に来られた十数名の市教育委員に向かって「俺たちは見世物じゃねーぞ、さっさと帰れ」と生徒の怒号が飛び、「こんなに荒れているのですか…」と委員たちが絶句したこともありました。それでも、現場の教師の本気の態度が生徒たちの心を少しずつ動かし、次第に無軌道な振舞いが減っていきました。四月の赴任から二ヶ月たった六月には、ようやく各教室内で授業が行われるようになりました。

ちょうどその頃に、校長会を通して「文部省の遠山課長が学校を視察したいという意向がある」との連絡がありました。ようやく静かになりつつある状態でしたが、私は「あるがままの現状を是非見に来てください」と回答しました。遠山さんの方でも、静かに今の状態を見たいと仰ってくださったと聞きました。銭谷課長補佐とともに忠生中に来られた遠山さんは、まだ不穏な空気の漂う校内をつぶさに見て回りました。参観後、「校門を入った時点で、重圧を感じた」「静かではあったが張りつめた緊張の空気が、強く胸を圧迫した」「ちょっとした音にも敏感に反応する校長、教頭の鋭い神経。毎日こうした緊張が続いているのだと痛ましく思った」と感想を話されました。当時の遠山さんはまだ四十代半ばだったと思います。多くを語らずとも本質を捉えておられました。

この訪問から一年後、落ち着きを取り戻した忠生中に遠山さんをお招きし、授業参観を公開し、父母や地域住民、全教職員を対象に、『非行の現状とこれからの教育の方向』と題した特別講演をしていただくことになりました。「中学生非行の問題の難題・課題に一石を投じた忠生中の事件は、単に一中学校の問題ではなく、荒れる中学校の象徴として位置づけられている」と、外国の事例を織り込んで熱演され、八百人を超える聴衆は熱心に耳を傾けました。とくに、私たちの再建への努力がこれからの日本の教育の在り方に波及するのだというお話には、襟を正す思いで聞き入り、感動しました。そして事件から二年たった一九八五年（昭和六十）二月八日、町田市教育委員会は、全国都道府県の教育委員会に「忠生中学校研究発表会開催」を通知し、当日一二〇〇名以上の出席者に「学校再建の歩み・校内暴力を克服して」という冊子を手渡しました。その巻頭には遠山さんの「忠生中学校の見事な立ち直りの第一要因は、校長の責任感と優《すぐ》れたリーダーシップにある。同時にこれを支える教頭・他の先生方の一致した協力体制が何より大切である。〈略〉生徒一人一人が未来に向かって大きく羽ばたくように、真に豊かな心を育み、学校を愛し、誇りを持って一層発展されることを心から期待している」という熱いメッセージをいただきました。最前線で日々問題と向き合う私たちを、温かく、そして具体的な施策を伴って力づけて下さったからこそ、現場は再建に向けてたたかい続けることができたのです。

私は「育ち、頭脳、美」という言葉を添えて遠山さんを人に語ります。愛情深い人柄や、公私の別がしっかりしているのは、御両親から人としての素晴らしい教育を受けてこられたことの証でしょう。頭脳は、言わずもがなです。私の目には、遠山さんは寡黙の人として映ります。余分なことは一切おっしゃらない。しかし歯切れがよい。難しい仕事に凜然と取り組まれていますが、心の内にあるいつも穏やかで柔和な姿は華があります。人間性の豊かさに傾倒します。

私自身の教師人生を振り返ってみると、理想とする師との出会いがあり、その姿から時々に目指す方向を示していただいていたように思います。最初に東京で着任した新宿区立淀橋中学校の佐藤清治校長は、弁護士資格を持ち、毅然とした態度で教育現場に立っていました。「私はこの校長のために、精いっぱいつとめよう」と強く思ったものです。今の教師たちを取り巻く状況を見てみると、校長との関係性も希薄で、「師の恩に報いる」などは古語になりつつあります。私は、教育の道はこころの道と考えています。その師は志であり、志は尽心にあります。教育が教育になるという回復力、それは「子どもから出発し、教室から積み上げ、何のために何を教えるべきか」知恵を出し合い、子どもに分からせるための授業研究や教材の開発にあります。そして、子どもが本来持っている徳性を十分にみがき育てることであると考えるからです。

長谷川　義縁（はせがわ よしより）
一九二六年岡山県生まれ。中央大学法学部卒業。東京都杉並区、町田市の各中学校長を歴任。八三年に町田市立忠生中学校の校長に就任。退職後、玉川大学客員教授、文部省児童生徒の問題行動に関する検討会議委員、東京都児童福祉審議会委員等を務める。著書に『学校再建』『学校は生きている』『見える学校 見えない教育』ほか。

4 役人の枠を越えた行動力――芸術文化振興基金創設と新国立劇場の建設

元文化庁長官　川村恒明

遠山さんは一九六二年（昭和三十七）の文部省採用、私より三年後輩になります。入省した頃、日本はちょうど高度経済成長期に突入し、その後しばらくは国の予算も右肩上がり。行政官はみなよい日本をつくろうと意気に燃えて、徹底的に議論を繰り返し、次々と業務をこなしていった時代でした。彼女とはそのような同じ空気を吸って育ちましたが、どういう巡り合わせか同じ部署で仕事をする機会になかなか恵まれませんでした。

彼女は「女性初」ということで入省時から何かと目立つ存在で、たびたびその噂を耳にしたものです。しかし、年号が昭和から平成に変わり、彼女が文化庁次長になった頃、尋常ならざる話が飛び込んできました。「文化庁が大変なことになっている。次長の遠山さんが鬼気迫る形相で、民間企業に寄付をお願いして走り回っている」というのです。当時、学術国際局長にあった私は「まあ、寄付はたいして集まらないだろうなあ」くらいに冷ややかに見ていました。私自身、その少し前に募金活動に失敗した経験があるので、民間からお金を集めるのは至難の業であることを知っていたからです。

しかし、ふたを開けて度肝を抜かれました。百億円をわずか半年ほどで集めてしまったのですから。どおりで顔付きも厳しくなるはずです。役人がそのような巨額な寄付を集めることができたのは、時代が追い風となったのも確かでしょう。当時はバブルの末期で、企業にはまだ余剰資金が残されていました。それに、日本全体が心の豊かさを求め、文化に目覚めた時期でもあります。「企業メセナ」という言葉も流行していました。しかし、いくら時代が味方したとしても、彼女の獅子奮迅の働きがなければ、芸術文化振興基金の創設は実現していなかったのは間違いありません。

それから約一年後。そんな活躍を外野から眺めているわけにはいかなくなりました。文化庁長官の辞令が出て、初めて一緒の職場になったからです。その頃はすでに寄付の目途がつき、法律改正も行い、やれやれという状態だったので、彼女も平静な顔色で私を迎えてくれましたが（笑）。国の五百億円と民間からの寄付百億円で合計六百億円。運用益だけで何と三十億円以上にも上った！　文化庁の予算が全部で五百億円足らずの時代にこれだけの運用益を生む基金をつくったのですから、これが文化振興に多大な貢献を果たしたのはいうまでもありません。

基金創設を成し遂げた裏には、彼女が外部に太い人脈を持っていたことを忘れてはなりません。ソニーの盛田昭夫さんから三億円の寄付をいただいたと言いますが、これは並大抵なことではありません。合計で一三四社から一一二億円という数字は、普段から人脈を大切に育て、いろいろな人から厚い信頼を受けていたことの証だと思います。

これに並行して彼女が行ったのが新国立劇場の建設です。新国立劇場の問題は、一九六六年（昭和四十一）から延々と議論されてきましたが、難問だらけで、実際に実現できると思った人は誰もおらず、本気で手をつけてこなかったのです。その背景には、国の仕事としては伝統芸能を守るために三宅坂に国立劇場を作っただけで十分で、オペラなんて個人で楽しんだらいいだろうという差別的な認識がありました。それに加え、この問題にはいろいろな人や組織の思惑や利害が錯綜しており、それを解決していくのは不可能と思われていたのです。たとえば、国内にもオペラ団体はありますが、新しい劇場を「器」として使用させてくれるのだったら賛成だけれども、新劇場に自主制作をされたら自分たちが困るわけです。また省庁の利害も複雑に絡んでいます。役所というのは縦割りで、文部省の中でも文化庁とほかの局では考え方は違うし、局の中でも思惑が異なります。それをいちいち解きほぐしていかなければ、話が一向に進みません。もちろん、当時の大蔵省も首を縦に振らない。オペラというのは総合舞台芸術ですから、劇場をつくるからには自前のオーケストラ、自前のコーラス、自前のバレエが必須ですが、そうしたお金は絶対に認められません。しかし、遠山さんは、「国立」というからには、単にオペラを上演する「箱」だけを作っても意味がないと、自主制作ができ世界に誇れる劇場の建設を狙っていたのです。

そのためには、まず国が認めてくれない建築費を何とかしなければならない。そこで使ったのが「空中権」という手法でした。これも実は以前から議論されてきた、知る人ぞ知る方法なのですが、当時はほかの省庁の所管であったため、文化庁が手を出してはならないと封印されていました。しかし、彼女は莫大な建築費を捻出するためには、これを使うしかないと一大決意をして、誰もが避けて通っていた空中権の問題に踏み込んだ。後になって、「空中権を活用して、ほとんど国費を使わず劇場施設を建設したのはマジックのような経緯でした」とさらっと話しますが、関係者との折衝はとてもではないが一筋縄ではなかったと察します。

次長という職は文化庁で最もっとも激務を課せられるポストです。山積する通常業務をこなしながら、約二年という短い在任期間で何十年に一度というような大仕事を二つも達成したことは驚きです。基金にせよ、新国立劇場にせよ、とくに上から命令があったわけではありません。空中権などという難しい手法を使うより、地道に毎年度予算を要求して、十年計画でもいいから施設をつくろうと考えるのが普通の発想。「お利口な役人」なら責任を問われないように、初めから手をつけないだろうし、仮に着手してもどこかで手を引いたりするでしょう。それを彼女は、敢えて自分から困難に向かい、「えいやー」と切り込み、最後まで信念を貫き通した。役人の枠を越えた行動力があったのだと思います。

これらの業績は彼女ひとりで行ったわけではありません。政治家や企業の経営者、文部省や他省庁の担当者、新国立劇場の地元関係者などの折衝には、彼女の部下も分担してあたったはずです。しかし、彼女に部下からの厚い信望がなければ、彼らは動きません。例えば、彼女の両腕になって働いた総務課長、会計課長は二人とも有能な人材でしたが、いわゆる役人らしくないタイプ。使いこなすのは容易ではなかったと思います。彼らをはじめ、文化庁全体を一枚岩にさせたからこそ、この難事を達成できたのです。組織をまとめ上げる統率力は素晴らしかったですね。

彼女の性格を一言で表すなら「剛毅果断《ごうきかだん》」。この言葉は、奈良時代の光明皇后に由来します。能書家としても知られた光明皇后には、『楽毅論《がっきろん》』という作品があり、東大寺正倉院に収められています。中国の書家、王羲之《おうぎし》が書いた『楽毅論』を臨書したもので、力強い筆致を見ると、強い意志の力や決断力が感じられます。書は人なり、光明皇后の剛毅果断な人柄が表されたこの書を見ていると遠山さんを彷彿させます。突飛なようですが、光明皇后と遠山さんが二重写しに見えてくるのです。

最後に、敢えて彼女のあらを探すとすれば、仕事をしすぎることでしょうか。遠山さんには、これからも日本に貢献する業績を残してもらいたい。そのためには、今後はあまり無理をせず長く仕事を続けていただきたいと思っています。

川村 恒明（かわむら つねあき）
一九三六年京都府生まれ。東北大学法学部卒業。文部省学術国際局長を経て文化庁長官に就任。国立科学博物館館長、日本育英会理事長、神奈川県立外語短期大学学長、財団法人文化財建造物保存技術協会会長を歴任。現在、（公益財団法人）日本ナショナルトラスト副会長等。著書に『文化財政策概論』。

5 学友として、カウンターパートナーとして

元駐スウェーデン大使　藤井 威

一九五八年（昭和三十三）四月、芦屋の実家から生まれてはじめて一人で特急つばめで上京した私は、東京大学文科一類８Ｂのクラスのドアをおずおずと開けて、そっと中をうかがいました。その時私は十八歳になったばかり。世間知らずの、言ってみれば典型的な坊ちゃん育ちでした。しかも灘中・灘高という男子の中で思春期を過ごしていました。

教室の前から三番目くらいに一つ空いた席が目に入りました。その席に向かって歩いていくうちに、そこに女子学生が座っていることに気づきました。ほかの列はだいたい一つの机に二、三人ずつ座っているのに、その机だけ一人しか座っていない。どうしてそこだけ一人だったかというと、たった一人の女子学生ということで、みんなは遠慮して座らなかったのですね。席に着く時はいやが上にも胸が高鳴りました。恐る恐る横顔を見ると、目を見張る美しさでした。文科一類八百人の入学者の中でたった一人の女性です。何という幸運なことか。その時の私の気持ちを一言でいえば「胸キュン」でした。

その女子学生、小沢敦子さんが、本書の著者、遠山敦子さんです。

この「胸キュン」はホロ苦い想い出だけで終わりました。せっかく大学に入ったのに、自分の身の置き場の見つからない空虚な気分を脱け出したい、ラグビーなら高校時代に一応やったことがある、それだけの理由で、私は歴史と伝統を誇る東大ラグビー部の門をたたいたのです。東大ラグビー部は、その前身である一高ラグビー部の時代から、早稲田、慶応、明治などの名門ラグビー部とともに、わが国におけるラグビー創世期の一翼を担った名門でした。そんな名門運動部に加わることがいかに重大な覚悟と決意を必要とするかなど、全く知らなかったのです。

授業が終わると、駒場にあるラグビー場へ直行です。二年生までは授業も駒場でしたから、ラグビー場との往復も楽でしたが、三年生からは本郷のキャンパスでの授業になります。ですから、午後の授業が終わるとバス停へ走り、駒場に向かうという日々でした。小沢さんとのお付き合いも、勉学関係のかたい話ばかりで、とてもお茶に誘う余裕などありませんでした。もし、仮にあったとしても小沢さんには今のご主人が恋人としてすでにいらしたようですから、私の入り込む余地など全くなかったわけです（笑）。小沢さんとの学生時代の想い出といえば、せいぜい卒業式の時にラグビー部の仲間と、法学部、経済学部の女子学生も一緒になってグラウンドで楽しいひとときを過ごしたことぐらいでしょうか。そうそう、私が卒業生の総代になった時は、小沢さんに「おめでとう」とホメられた覚えがかすかな記憶として残っています。

芦屋の実家に戻って、卒業式を待っていた私に、大学から、石井照久法学部長がお呼びという電話がありました。あわてて上京し、渋谷にある石井先生のお宅にうかがうと「卒業式の答辞担当は、大学八学部回り持ちで、今年は法学部なので、学部教授会の決定で君を推挙することにした」というお話でした。

総代になるには、運動部に所属して活躍したことが必要な条件であるという説明をうかがいました。確かに私は悪友から「法学部でなくラグビー部卒業だ」とからかわれるほど、ラグビーに明け暮れていました。同じラグビー部所属の同級生にはスタープレーヤーが何人もいましたが、私は万年二軍選手でしたので、「活躍した」という条件には大きな疑問符がつきます。まァ、棚ボタのような総代でしたが、小沢さんに褒められ、嬉しい気持ちになったのを覚えています。

その後、小沢さんは文部省に入り、間もなくご結婚されて遠山敦子さんになりました。私は、大蔵省に入りました。同じ官僚になりましたが、しばらくの間、ほとんど接点はありませんでした。それは私が、予算編成の仕事ひとすじという特異なコースに進んだということも理由にあります。課長補佐時代からずっと主計局にいて途中スイスの大使館へ行き一等書記官をしましたが、三年後に帰国して、再び主計局に戻りました。

私が文部省の予算編成を担当したのは、次長の時です。一九八八年頃だったと思いますが、その時遠山さんは文化庁次長になっていました。そこで初めて別々に上ってきた二人の階段が交差したわけです。文化庁長官はどちらかというと外への顔であり、実務的な責任はすべて次長の遠山さんにかかっていました。

大蔵省の方も、予算編成を取り仕切るのは、事実上、局長のもとで三人の次長が分担するという体制でした。

私は主計局で文部省を担当する次長を二年間務めましたが、その間に文化庁で遠山さんによる二つの提案がありました。日本の芸術文化を振興するための基金の創設と、のびのびになっていた新国立劇場の建設についてで、いずれも遠山案は大蔵省サイドには簡単には認められないような難しい問題を含んでいました。

それまでは農林や建設関係の物的な施設に関する予算づくりが中心でしたが、私もこれからは日本が世界に肩を並べる芸術文化を育てていくというような、ソフトな方向の予算化が重要になると考えていました。ですから遠山さんのアイディアに関して、私は基本的には異存ありませんでした。そこには学生時代からの知己である遠山さんの構想を実現させてあげたい、という気持ちも少なからずあったと思います。

しかし、これは国家的な大きな企画です。国民の皆さんの税金を投入するのには限度があり、また、投入の仕方にも慎重な検討が要求されます。当初遠山さんが考えておられた「百％税金で基金を作ってサポートする」というやり方はどうしても大蔵省では通りません。当時はまだバブルの残映があり、税収の剰余金がかなりありました。そこで、「剰余金は使ってしまえばおしまいだが、基金として運用すれば永遠に残る」、さらに「そういう基金の造成には官民あわせて相応の分担を行う」という説明をつけ加えて、上層部に粘り強く交渉し、予算化の了承を取りつけました。そのため、遠山さんにも基金にあてるかなりの部分を民間から集めてもらうことが条件となりました。これはきわめて厳しい条件であり、遠山さんは自ら企業を回り、苦労に苦労を重ねて次々に民間からの寄付金を集めてきたのです。これが現在の日本芸術文化振興基金になりました。思い込んだら決してあきらめない――、遠山さんらしいですね。

新国立劇場の建設については、建設敷地の上部の空中権を民間に買ってもらい、多額の資金を確保するという奇策が遠山さんから持ち込まれました。それまで官の事業には存在しなかった考え方でもあり、こんなものを買う企業があるのかとも思いました。しかしバブルの名残が彼女に味方しました。遠山さんは実力に加えてツキを呼ぶ人だという気もします。当時、敷地の周辺にあったいくつかの大企業の協力によって、空中権の譲渡が実現し、巨大なオペラ劇場をつくれるだけの金額の目途をつけたのです。

もう一つ大きな問題がありました。せっかくオペラ劇場をつくることができても、その管理、経営はとても厳しいものです。私もオペラが大好きなので、この点をよく承知していました。オペラはあらゆる音楽の総合芸術です。オーケストラと声楽、さらに巨大な美術工芸、そして芝居、このすべてが公演には必要で、一つの舞台をつくりあげるのには膨大な費用がかかります。しかも『アイーダ』や『椿姫』など本格的な歌劇の上演を計画しても、長期ロングランなど夢のまた夢であり、四、五回も上演できればいい方でしょう。さまざまなことを考えると、適切な入場料で上演コストをまかなうことはとても期待できません。新国立劇場の構想と実現のためには、この点にどう対処するかを考える必要があり、これは遠山さんだからできたと思います。

遠山さんの素晴らしい点は、いつも普段通りの表情でいることです。大蔵省の私の部屋にも、緊張して必死の形相で来るわけでもなく、にこにこ笑いながら入ってきました。

その後、私と遠山さんは大使の仕事で時を同じくし、お互いの国を訪問し合おうということになりました。先ず遠山さんがスウェーデンに来られ、女房と二人でお迎えしました。スウェーデンはとても自然の美しい国ですが、それは写真を撮ったらおしまいです。強いていえば、現在も使われている宮殿やバイキング時代のお城、巨石文化遺跡などが観光のポイントで、バイキングが岩に彫った岩絵などが国内のあちこちにありますが、目をみはるような大規模なものではありません。この時、遠山さんが冗談っぽく「スウェーデンの遺跡というのはこういうものですか」とおっしゃったことを覚えています。

それからしばらくして、今度は私と女房がトルコに行きました。レンタカーを借りて遠山さんのプラン通りにトルコ国内を回りましたが、エフェソス遺跡などトルコのあちこちで、スウェーデンの遺跡とは全く違うその規模に圧倒されました。町全体が古代文明の粋を集めたような巨大遺跡になっていて、たとえば紀元前一六〇〇年のヒッタイトの町が今も残っています。「私もできればスウェーデン大使ではなくトルコ大使がよかったな」などと一瞬思ったりしましたが（笑）、もちろんスウェーデン大使であったことに誇りを持っています。

駐トルコ大使を経験した人はおそらく何人もいらっしゃると思いますが、「元トルコ大使」として名前が挙がるのは遠山さんが一番多いのではないでしょうか。同じく、駐スウェーデン大使も何人もいらっしゃいますが、私はスウェーデンに惚れ込んで、大使時代も今も徹底的にスウェーデンのとくに福祉について研究を続けています。そんなこともあって、有難いことに駐日スウェーデン大使館は「元スウェーデン大使」として私の名前を一番にあげてくれます。

遠山さんにしても私にしても、いわゆる叩き上げの外交官ではないことが自由闊達な仕事につながり、それが周囲にとっても新鮮だったのだろうと思います。遠山さんの、トルコへの一途な思いや突進的な実行力は、私がスウェーデンに惚れ込んだのとある意味では共通する感覚なのかもしれません。

今、日本は未曾有の困難な課題に直面していることは、誰もが認めることでしょう。遠山さんという稀有の人材がその長いキャリアの中で示されてきた実行力、突進力が、このような困難な課題に対する適切な対処の立案と実行に今後とも生かされていくことが、切に望まれるのです。心から御健斗を祈ります。

藤井 威（ふじい たけし）
一九四〇年生まれ。東京大学法学部卒。大蔵省に三十一年間在籍し、うち十九年間、国家予算編成事務に従事。主計局次長を経て、経済企画庁官房長、理財局長、内閣官房内閣内政審議室室長を務める。退官後、九七年から駐スウェーデン特命全権大使兼ラトヴィア特命全権大使。著書に『スウェーデン・スペシャルⅠ、Ⅱ、Ⅲ』『福祉国家実現へ向けての戦略』。

6

大使仲間から見た遠山駐トルコ大使

駐日前ニュージーランド大使　イアン・ケネディ

私がニュージーランドの駐トルコ大使としてアンカラに勤務していたのは一九九六年（平成八）から一九九九年（平成十一）までの間。遠山さんの在任時期とほぼ重なっています。その期間、私は遠山さんの仕事ぶりを間近で見てきました。日本の大使はみなさん優秀です。そんな中にあって、外交官としての経験がない遠山さんが、ほかの大使にできなかった立派な業績を残されました。なぜでしょうか。その大きな理由としては、遠山さんが人とのつながりを大切にされていらっしゃることにあると私は思っています。

少々個人的なことを申しますと、私がトルコに赴任した時には、息子はまだ五歳でした。当初はイギリスの学校へ通っていましたが、その学校はドイツ人やフランス人の子どもたちが多く、英語以外に母国語も話せます。ところが、息子は英語しか話せないため、その学校にどうしてもなじめなかったのです。そこで、ほかにいい学校がないか探しました。家内が日本人なので、日本語が学べる日本人学校に転校させたかったのですが、父親に日本国籍がないので入学が許可されませんでした。そんな時に救いの手をさしのべてくれたのが遠山さんだったのです。遠山さんは「日本人の母を持ち、日本人と同等の教育を受けたいという申し出なのだから、入学を認めてあげるべきだ」と校長先生を説得してくださいました。おかげで息子は日本人学校に通うことができたのです。遠山さんは、人が困っている時には黙っていられないというやさしい性格です。

その日本人学校の運動会で私は感動的な光景を目にしました。このような催しに大使が来賓として招待されても、遠く離れて眺めているのが普通です。ところが、遠山さんは子どもや父母と一緒に玉入れをしたり、綱引きをしたり、ご自身も楽しそうに競技に参加されていたのです。教育に熱心な遠山さんは、子どもたちや父母の輪の中に入り、触れ合うことが大切とお考えになったのでしょう。専門の外交官にはなかなかできないことです。遠山さんのそのような姿を見て、駐在する日本人に対して強い責任感を持っていらっしゃると感じました。

そのほか、遠山さんでなければできなかったと思う業績は、土日《とにち》基金文化センターの設立です。遠山さんは東京の外務省やほかの省庁との関係はもちろんですが、大手企業幹部にも強いパイプを持っていらした。これは、それまで遠山さんが築いてこられたネットワークであり、遠山さんほど経済界との付き合いを持っている外交官をほかにあまり知りません。センターの設立のため、遠山さんは企業のトップを回り、資金協力をお願いしました。その頃、日本企業は不況に苦しんでいたそうですが、遠山さんのお願いは断ることができない（笑）。説得力もあり、お人柄もいいからです。遠山さんは自分の昇進より、日本人や国益を優先させます。他人のために動く人なのです。利益を求める企業の社長も、そんな遠山さんの熱意に押されて、「かなわないなあ」と、協力を惜しまなかったのだと思います。

遠山さんの努力で日本側の寄付金が集まり、できあがった土日基金文化センターは、日本とトルコとの交流に大変意義のあるものになりました。遠山さんの赴任される前に、多くのトルコの人たちが日本に対して抱いていた一般的なイメージは、性能のよい自動車とか電気製品を生産する国で、国民も勤勉であるというものでした。しかし、センターで日本の文化を紹介することで、トルコの人たちは、日本は技術力だけでなく、文化面でも優れていることを知ることになりました。それによって、トルコの人たちは日本に対して、いっそう絆を深めたいという気持ちになったようです。このセンターは、日本の文化を紹介するだけにとどまらず、トルコの俳優や歌手の公演などにも利用されました。両国の交流のシンボルとなったセンターの設立は、遠山さんの大きな業績だと思います。

遠山さんは日本人会の中心的存在でもありました。遠山さんが「よしっ」と言えば、アンカラ駐在の日本人は「よしっ」と言います。それだけ尊敬を集めていました。日本人会には、いろいろな活動がありましたが、とくに記憶に残っているのがゴルフコンペ。遠山さんやＪＩＣＡ（国際協力機構）

の職員、日本企業の社員らの中に私も入れていただき、一緒にプレイしたものです。アンカラにはゴルフ場がないので、金曜日の夜に集合して、地中海のアンタリアまでバスで向かいます。土曜日の早朝に到着して、その日は練習試合。翌日の日曜日に本格的なコンペがあって、それが終わってからバスでアンカラに戻るというハードスケジュールでした。でも、それを通して、皆さんと緊密な友情が築けたと思っています。

もうひとつ、印象的なのは、遠山さんが呼びかけて創設した「アジア太平洋の大使の会」。ニュージーランド、オーストラリアのほか、インドネシア、マレーシア、中国、タイ、カナダなど十数ヶ国の大使がほぼ二ヶ月おきに日本大使公邸に集まり、意見交換や情報交換を行いました。トルコのＶＩＰがゲストスピーカーとして招待されたこともあります。私はいちばん若い大使だったので、この会は外交上、非常に助かりました。遠山さんの人を束ねる力と指導力があったからこそ、この会が継続したのだと思います。

一九九九年にお互い帰国しましたが、その後も交流が続いています。遠山さんは国立西洋美術館の館長に就任されるなど、美術や芸術の分野でも活躍されました。その縁もあって、二〇〇七年（平成十九）に上野の東京国立博物館で、ニュージーランドの国立博物館が所蔵している美術品を展示することになりました。ニュージーランドは、先住民のマオリ族の部族長とイギリス女王との間の契約に基づいて出来上がった国。マオリ族はふるさとからカヌーに乗ってニュージーランドにわたり定住したという伝承があります。そのマオリ族の独特な木彫芸術や民族の誇りを示すカヌー、武勇の象徴である武器、ペンダントなど合計で一二〇点ほどを公開しました。さらに、記念講演やパフォーマンスもあって、日本にニュージーランドの一面を知っていただくことができました。遠山さんのお骨折りやアドバイスがあったからこそ、この大展示会が実現したのです。

短い休暇でしたが、遠山さんはニュージーランドへいらっしゃったこともあります。その時、私は自動車で各地を案内いたしました。首都ウェリントンから二時間ほど走ると、リゾートビーチがあります。その海岸で、遠山さんは急に靴を脱ぎ、少し海に入って手を浸しながらこう話したのです。「この海のずっと向こうに日本があります。距離は遠く離れていますが、強い絆で結ばれているので、両国の関係は近いと思います」と。その言葉を聞いて、遠山さんは日本とニュージーランドの懸け橋のような役割を果たしているんだなあと実感しました。このようなことからも、遠山さんが外交の仕事に熱心だったことがわかります。

さて、トルコの時代に話を戻します。遠山さんが離任する直前にトルコに大地震がありました。地震直後に被災地を訪れるなど遠山さんの効果的で迅速な対応はトルコにとって大きな助けになりました。これによって、トルコと日本の関係はいっそう深まったと思います。

遠山さんはトルコをとても愛していて、トルコ全土を回られました。その経験からトルコに関する本を出版されましたが、これは非常に立派なことです。私には到底まねができないことですね。

イアン・ケネディ

一九九六年から九九年まで駐トルコ大使。イスラエル、ヨルダン大使を兼務する。二〇〇四年〜〇七年まで駐オーストラリア高等弁務官代理。〇七年〜一二年まで駐日大使。外交官としての経歴のほか、ニュージーランド国内でもさまざまな政府系部門での勤務経験を持つ。現在日本関係政府特使および日本ニュージーランド経済委員会ニュージーランド側委員長。

7 職業外交官も脱帽するご活躍の日々

駐オマーン前日本国特命全権大使　森元 誠二

一九九九年（平成十一）八月十一日、二十世紀最後の皆既日食が体験できるということで、トルコの首都アンカラはたいそう盛り上がっていました。日本でも話題になり、見学ツアーが組まれるほどでした。無邪気な一面がある遠山大使は「わたしたちも見ましょうね」と皆を誘い、大使館員全員が屋上に上り、太陽が覆われていく様子を観察したものです。それから一週間もたたない八月十七日未明、トルコ北西部をマグニチュード7・4の大地震が襲ったのです。現代ではイベント化した皆既日食ですが、古来、不吉な事象の前触れとして恐れられてきました。今から思えば、二十世紀最後の皆既日食も大地震の前兆だったのかも知れません。

一九九八年（平成十）九月からほぼ一年間、私は在トルコ共和国日本大使館の次席として、遠山大使にお仕えしました。その期間中いちばん印象に残っているのがこの大地震です。トルコの家屋は、支柱にしっかりとした鉄筋が入っている建築が少なく、地震の揺れに弱いため、二万人近い方が犠牲になりました。私は当日の朝、別件でエチェビット首相の秘書官と打ち合わせを行っていたのですが、すぐに首相の執務室に呼び入れられました。通常、大使館の次席が任国の首相と差し向かいで話すことはめったにありません。しかし、この時ばかりは首相から直々に、「可能な限りの支援をお願いしたい」と言われました。遠山さんはそれに沿うようにと、迅速に行動を開始しました。おかげで、日本の対応は他国を終始リードすることができたのだと思います。

遠山さんは大局的見地から全体像を把握したうえで、理詰めで物事を処理していくタイプ。一度決断したらブレることなく、物事を簡単に諦めないねばり強い根性もあります。度胸と実行力も兼ね備えていて、これが大地震の時にも遺憾なく発揮され、大使館という組織をぐいぐい引っ張っていったのです。

喫緊に処理しなければならなかったのは在留邦人、旅行者の安否確認。そして、その手間のかかる作業と並行して、緊急援助隊の派遣や支援物資の供与を実現させていきました。一方で、本格的な支援を行うには一度現状を見る必要があると、地震直後にヘリコプターで被災地入り。その行動力には驚きました。現地の悲惨な状況をその目で見た遠山さんは、「これは長期戦になる。息の長い援助が必要だ」と覚悟し、壊れた住宅の代わりが不可欠だと認識されたようです。トルコはあと一ヶ月もすれば雨が増え、寒くなる。その前に仮設住宅でもよいから被災者に住宅を届けられないか——そんな構想を抱き、すぐ利用可能な住宅を探しました。幸いなことに阪神淡路大震災で使っていたプレハブ住宅を無料で提供してもらえることになりました。

次に立ちはだかった壁は、国の追加支出が難しい状況の中、輸送費をどう捻出するか。大使館ではいろいろな案が出ましたが、遠山さんが進言したのは、日本の海上自衛隊に協力を仰ぎ、艦船で運んでもらうという大胆な方法でした。「ブルー・フェニックス大作戦」と名付けられたこの計画は閣議の了承を得て遂行されました。神戸港からプレハブ住宅を搭載した自衛艦船三隻は十月十九日にイスタンブールのハイダルパシャ港に無事到着しました。地震発生から二ヶ月後のことでした。いかに自衛艦船とはいえ、プレハブ住宅を甲板の上にロープで縛りつけるという不安定なかたちでの航海をしなくてはならず、そんな大変なオペレーションを海上自衛隊が引き受けてくれた背景には、両国海軍の友情に加えて遠山さんのねばり強い働きかけがあったからだと思います。

このプレハブ住宅の提供は、トルコ本国からは大いに感謝され、仮設住宅の閉鎖が決まってからも、まだ住み続けたいと希望する人も出るほどでした。ところが、この大作戦に関して、日本のある放送局が、送った住宅はトルコの実情に合わず被災者の役に立っていないという番組を放映して、日本国内で大使館が批判の矢面に立たされたことがありました。当初から特定な意図をもって作られたこの番組に対して、すでに日本に帰国していた遠山さんは各方面で毅然として誤りを正してくれました。

その一方で、日本政府の支援の在り方を巡って、在任中の遠山さんは現地事情に合致した協力を惜しむべきでないと本国政府に対して様々な意見を具申しました。しかし、そこに政府への直截な進言が含まれていたのも事実で、大使会議から戻ったある時、「公電の件で総理からお小言を受けてしまいました」と微笑みながら明かしてくれました。それほどまでして大使館員の総意を代弁してくれる上司ほど頼もしい存在はありません。

遠山さんは、若手館員や現地職員に対しても分け隔てなく、温かいまなざしを向けることができる人です。休日などは一緒に遠出したり、公邸に招いて食事をともにしたりして、若い館員や派遣員の途上国勤務の労をよくねぎらっていました。大使秘書をしていた現地職員は、未だに遠山さんの写真を机上に置いて一緒に仕事をした頃のことを懐かしがっていると聞きます。

もうひとつ、遠山さんの業績で忘れてはならないのが土日《とにち》基金文化センターの建設です。私が赴任する前のことですが、トルコと日本の友好の証として、センターを作ることが大きな懸案となっていました。トルコ側が二億円の資金を用意して実現に熱意を示す一方で、日本側もこれに応える必要がありましたが、バブル崩壊の影響で日本企業や関係者らの反応は鈍かった。そんな中、遠山さんは東奔西走して日本側の資金調達に務め、構想実現に向かって走り続けたそうです。そのかいがあって、目標額を達成し、センター構想は日の目を見るのですが、過度のストレスのためか、体調を崩され一時帰国せざるを得なかったと聞きました。

完成したセンターでは、日本文化が活発に紹介され、トルコとの交流に貢献しました。センター開館一周年のイベントでは、森英恵さんのファッションショーを行いましたが、この素晴らしいショーも遠山さんの人脈があったからこそ実現したのです。これに関しては後日談があります。私が在オマーン大使をしていた二〇一〇年（平成二十二）に行われたカブース国王即位四十周年記念行事の中でも、森さんのショーが開催されました。これも遠山さんの尽力によるものです。トルコでもオマーンでも、質の高い日本文化を伝えることができました。

さて、遠山さんを語る時、言及しなくてはならないのは、ご主人の遠山嘉一さんのこと。工学博士でありながら、政治や社会問題へも造詣が深く、在トルコ大使館員からも「博士」と呼ばれ慕われていました。もちろん、ご夫婦は大変仲が良く、ご主人はいつも一歩下がって遠山さんを引き立てるようにして、遠山さんもご主人を信頼しきっている様子がうかがえました。通常、女性大使に仕える男性次席は、ホステスである大使と対《つい》になるホスト役を務め、公邸での社交行事などに一緒にあたります。ときに、これが原因で双方の夫婦関係にさざ波が立つこともあるのです。ところが、遠山さんがほかの大使と異なったのは、遠山さんのご主人と私の妻をほとんどの行事に同席させた点です。これは、遠山さんご夫婦の配慮、気遣いだったに違いありません。

実は、私がトルコに赴任する際、外務省本省から「職業外交官でない館長をしっかり支えるように」とクギを刺されました。しかし、振り返ってみると、結局はこちらのほうが支えられていたのかも知れません。遠山さんは職業外交官も脱帽する立派な業績を残しました。温厚で人懐っこい人柄は、外交団の間にとどまらず、トルコ人社会でも高い人気を得ていました。サドクラル土日基金文化センター理事長やウナイドゥン在京元トルコ大使とは、個人的にも強い友情で結ばれていました。

私がもっとも心に刻まれているのは、遠山さんがトルコの任務を終えるにあたって、エジェビット首相に離任の挨拶をするために同行した時のことです。首相は、遠山さんに大使在任中の功績を称賛する言葉を贈られ、その顔から笑みがこぼれていました。いつも気難しい表情をしている首相が、遠山さんの前で相好を崩していたことが忘れられません。

森元 誠二（もりもと せいじ）
一九五一年愛知県岡崎市生まれ。一九七五年外務省入省。西欧第一課長、駐トルコ日本国大使館公使、総合政策局国際社会協力部審議官、在ウィーン国際機関日本代表部大使、駐ドイツ日本国大使館公使を経て、二〇〇八年六月～一一年九月まで駐オマーン日本国特命全権大使を務める。現在、農畜産業振興機構理事。著書に『知られざる国オマーン』。

8

人間性からにじみでるエレガンス

ファッションデザイナー　森　英恵

二〇〇二年（平成十四）、東京銀座——。資生堂ビル十一階のエレベーターを降りると、春の陽光が降り注ぐレストランに、長年親しくさせていただいている方々がお揃いになっていました。小澤征爾さん、浅利慶太さん、篠田正浩さん、資生堂の池田守男社長（当時）……。夫を亡くし、会社も失った私を励ます会を皆さまが催してくださったのです。仕事が上げ潮の時には、黙っていても多くの人が周りに集まってきますが、いったん社業が傾くと、そういう人が一人去り、二人去りというのは、世の習いかも知れません。しかし、もっともつらい時に、励まし、支えてくれるのが真の友情と思い、感謝の気持ちで胸がいっぱいになりました。ところが、そのメンバーの中に、お一人だけ存じ上げない紳士がいらした。あとでわかったのですが、遠山さんのご主人だったのです。遠山さんご自身は、文部科学大臣としてユネスコ総会出席のためイスタンブールへ出張中で、ご主人が会に参加されていたのです。私は、その遠山さんの配慮に涙が出る思いでした。

遠山さんとはもう二十年以上のお付き合いになります。中でも強く記憶に残っているのは、トルコ大使時代のこと。トルコとの友好を深めるために、大変なご尽力をされたとうかがっていました。一九九八年（平成十）、アンカラに苦労して建てられた土日《とにち》基金文化センターは、日本とトルコの友好の象徴だそうです。名誉なことに、そのセンターの開館一周年の記念事業として、私のファッションショーを開く運びになりました。イスラムの世界で女性の美を強調するファッションショーが許可されるのか、また過去に例があるのか、疑問とともに大変興味も感じました。遠山さんがそれらをどう克服されたかはわかりませんが、アンカラに加えイスタンブールでもショーが実現したのです。

二つの催しの間のわずかな時をやりくりして、遠山さんが車でトルコを案内して下さったことも忘れられません。トルコの歴史や風物は素晴らしく、とくに塩でできたトゥズ湖の光景は圧巻でした。その日のうちに主要な名所旧跡を回り、次の日は、きちっとショーの段取りをされている。時間の使い方のうまさ、手際のよさに感心しました。

その後、私はすっかりトルコが好きになったのですが、十年以上経って再びイスタンブールでファッションショーを披露する機会に恵まれました。二〇一〇年（平成二十二）が「トルコにおける日本年」ということで、チュラーン・パレス・ホテルで開かれた友好祝賀式典では、その一環として私のショーが行われたのです。この一連の企画も遠山さんが中心になって支援されたとのことです。五月三日に開かれた式典には、トルコ側からギュル大統領ら四百人を超える人が集まり、日本からも寛仁親王殿下、張富士夫トヨタ自動車会長ら要人も多くいらっしゃって大盛況でした。モデルは、日本、ロシア、ウクライナ、トルコから集まった十二人。尺八や和太鼓の音などを基調とした音楽は東京で準備して、ショーは進行しました。東洋と西洋が融合した衣裳を身にまとったモデルたちが、舞台を歩くたびに、会場からたくさんの拍手をいただきました。

終了後は、すぐにオマーン国へ飛び、同じファッションショーを開きました。わずか五日後の開催という強行スケジュールを実行したのは、オマーンの森元誠二大使（当時）と遠山さんから依頼を受けたからです。森元さんは以前、遠山さんの部下だった方。イスタンブールで私のショーが開かれることを知り、オマーンの国王即位四十周年の祝賀行事でも開催できないかと考えられたそうです。

行事のパトロンは、王族のアリア王妃が務められました。森元さんは当日の模様を大使館のホームページに、次のように記しています。「短いスカート丈のドレスに続いて、ロングドレスが登場するのですが、細かな刺繍やビーズをちりばめた日本の扇や浮世絵、クジャクなど、和風デザインと鮮やかな色の組み合わせに驚嘆の声が上がります。極め付きは、柔らかなシフォンの布地に大胆なデザインのタンチョウヅルやトラがあしらわれたロングドレス。アリア王妃からは『こういう流れるようなシフォンのタッチは、オマーンの女性が好んで着るものですよ』と」。この日の様子はオマーンの新聞などでも大きく取り上げられました。

帰国後には、もうひとつ大きな仕事が待っていました。遠山さんが理事長をされていた新国立劇場で、オペラシーズンのオープニングに『アラベッラ』が上演されることになっており、その衣裳デザインの担当が私でした。このオペラは、作曲家リヒャルト・シュトラウスと台本作家ホフマンスタールの名コンビによる最後の作品。一八六〇年代のウィーンの貴族社会を舞台に、性格が全く異なるアラベッラとズデンカの美しい姉妹の恋愛模様を描いた名作です。「日本に残るオペラにしたい」という遠山さんの熱意に打たれ、頑張りました。これが私の最後の大きな仕事になるかも知れないという覚悟もありました。

『アラベッラ』は一九三三年(昭和八)の作曲ですが、現代にも通じる表現を大切にして作ろうと考え、配役すべての衣裳のデザインに集中しました。私が描いたデザイン画は八十枚ほど。パリの材料店まで出向き、装飾に使う羽根などを買ったりして準備を進めました。それまでのオペラは、出かけていって外国人の中で仕事をするのが通例でしたが、今度は逆にこちらが迎える立場。私のデザイナー人生でも特別なことなので大変緊張しました。世界を駆け回っている一流の歌手の方々の仮縫いはままならなかったのですが、からだ全体を振動させて声を出すオペラ歌手の衣裳を、細心の注意をしながら手がけました。関係者の注文や要望を取り入れながら、ぎりぎりまで調整を重ねました。

十月二日の開幕初日には、オペラ通の小泉元総理や、八ヶ国の駐日大使、文化担当者もお見えになり、皆さまから「新国立劇場の公演の質の高さに感動した」という感想をいただきました。もちろん、この称賛は『アラベッラ』にかかわったすべての人に向けられたものです。公演のあと、自分が着た衣裳を欲しがった男性歌手がいたとか。再演があるかもしれないので、お断りしましたが、舞台と同じ帽子をもうひとつ作って、彼はそれを被り帰国したそうです。私が愛したオートクチュールの作品づくり。ひたすら手で作ってきた作品は国を越えて人の心に届くのだと実感できました。

こうして振り返ってみると、多くの仕事の機会をくださった遠山さんは日本の伝統や文化を大切になさる人です。センスも洗練されていて、パーティーや公の場の服装は、地味すぎない、その場にふさわしい装いをしていらっしゃる。私が常々スタッフに言ってきたのは、「品を大事に」という一点なのですが、遠山さんはそういった品格を備えていらっしゃる。デザイナーの目から見ると、エレガンスとは人間性と人生から滲み出てくるものです。遠山さんは家庭のことも立派にこなす一方で、官僚として、大使として、大臣として、大組織の長として、走ってこられた。遠山さんとお会いする時には、そう多くの会話を交わすわけではありませんが、世界を舞台にした仕事を続け、社会の中を駆け抜けてきたという共通点があるのか、心が通じ合います。私は、新国立劇場に仕事で毎日のように行きましたが、会議室にはさりげなく花が飾られていました。あれは遠山さんの気配りだったと思います。そういった人間性がエレガンスにつながっているのでしょう。仕事に対する情熱、取り組み方。遠山さんのような方が多くなったら、日本はさらに住み心地がよくなると思いますね。

森　英恵（もり　はなえ）
島根県生まれ。東京女子大学卒業。パリ・オートクチュール組合に属する唯一の東洋人として活躍。オペラやバレエ、能、歌舞伎の衣装、バルセロナ・オリンピック日本選手団の公式ユニフォーム等を手がける。紫綬褒章、文化勲章、（仏）レジオンドヌール勲章オフィシエ受章。著書に『グッドバイ　バタフライ』『森英恵　その仕事、その生き方』。

9 「脱ゆとり教育」への転換と「大学改革」

学校法人城西大学理事・大学院センター所長
日本学術振興会顧問
小野　元之

遠山さんは文部省の六年先輩で、遠山さんが文化庁長官だった時に、文化庁次長としてお仕えしたことがあります。その時は、一緒にオウム事件の対応で宗教法人法の改正などに取り組みましたが、その後再び直属の部下になる運命が待っていたのです。

二〇〇一年（平成十三）一月五日――。この日は、翌六日の「文部科学省」誕生を控え、「文部省」最後の日でした。省庁再編には大幅な人事異動も伴い、何かと落ち着かない日でしたが、それに追い打ちをかけたのが読売新聞の報道でした。一面トップに「新学習指導要領で文部省が指針」「『ゆとり教育』抜本見直し　学力向上に力点」という見出しの記事が掲載されたのです。それまでの既定路線にブレーキをかけ、①二十人程度の少人数授業でレベルの高い授業を行う、②総合学習の時間で英語などを行う、③私立中学入試の「難問」も容認する――という内容でした。突然の方向転換に教育界には衝撃が走りました。

記事によると、ゆとり教育は一九七七年（昭和五十二）改訂の学習指導要領に、詰め込み教育対策として「ゆとりと充実」を盛り込んだ時から始まったとあります。その後、いじめや学級崩壊、凶悪事件の低年齢化などに対応するため、世の趨勢は、ゆとり教育に流れていき、二〇〇二年度の新学習指導要領の導入にあたっても、文部省の担当部局（初等中等教育局）は「心の教育」を充実させる方向で準備を進めていたのです。

しかし、一方で少数派ながら、ゆとり教育を懸念する向きもありました。「学力の十分でない子」への配慮に傾斜しすぎると悪平等となって教育の活力を失わないか、学力低下に拍車をかけはしないか、などという指摘が一部にあったのです。実は、当時事務次官だった私も同様の意見を持っていました。ゆとり教育の理念には賛同できる。しかし、教育現場を探ると、必ずしも勉学意識の高い子ども、教育熱心な父母、指導力のある教職員ばかりではないことがわかりました。このまま漫然とゆとり教育に向かっていったら、「ゆとり」が「ゆるみ」になってしまう。日本の将来を考えれば、たとえ職を失ったとしてもここで舵を切り直さなければならないのではないか——そういった私の主張を反映させてくれたのが読売新聞の記事でした。報道直後、新聞社や役所には現場の教師たちからの問い合わせやとまどいの声が殺到したそうです。担当の初等中等教育局は、次官が勝手に主張しているだけと表面的には冷静な対応だったそうですが……。

そんな騒動の中、一本の電話がかかってきました。その頃、国立西洋美術館長だった遠山さんからです。私と同様に日本の学力低下を憂いていたようで、「小野さん、（あの記事は）よかったですよ」と励ましてくれました。ともすれば孤立しそうな私に、大変心強い援護の一言でした。この電話は、遠山さんと私がその後行っていく教育改革のプロローグだったのかも知れません。

ちょうどその頃、次期文部科学大臣に関して、いろいろな人たちの名前が取り沙汰されていました。小泉内閣はフレッシュさを打ち出すために、民間人、しかも女性を起用するのではないかという噂も耳に入ってきました。そんな中、私の脳裏によぎったのが遠山さんでした。遠山さんは、教育現場や学術分野にも詳しく、大使の経験もあります。そのうえ、部下だった経験から遠山さんが強いリーダーシップを持っていることも知っている。私は遠山さんほどふさわしい人はいないと確信して、意見を求められた時には、遠山さんの名を挙げたものです。ところが、ご本人は入閣の話を三度固辞したとのこと。ドロドロした政治の世界に身を置くことに躊躇されたのでしょう。その話を聞き、私は「（文科大臣は）やりたい人ではなく、やって欲しいと望まれる人がやるべきです。微力ながら私が支えさせてもらいます。一緒にやりましょう」と進言しました。ほかにも多くの方々が説得されたらしく、二〇〇一年（平成十三）四月、遠山敦子文部科学大臣の誕生に至ったのです。

私は遠山さんのもとで再び仕事ができることが嬉しかったですし、文科省も歓迎ムード。しかし、政治家の中には、バッジもないのに大臣になったと遠山さんに嫉妬し、快く思っていなかった人も少なくありませんでした。そういう政治家がうるさいことを言って来た場合には、私が遠山さんに代わってうまく対応しようと心に決めました。

遠山さんと私には共通点があります。行政判断において、過去の前例やしがらみに縛られない。政治家や団体、組織、企業などが反発しようが、最終的には国益を第一に考える。国民のためにこれがいちばんよいと判断したら、それに向かって突き進むという点です。もちろん、対照的なところもあります。遠山さんは「清く正しく美しく」、私は根っからの野人派です（笑）。二人の「方法論」が違うため、机上の理路整然たる部分は遠山さんにお任せし、机の下の厄介な交渉ごとは私が行う。そう役割分担をすると仕事はスムーズに進んでいきました。

そうやって二人で取り組んだ、ゆとり教育からの転換の〝総仕上げ〟とも言えるのが、二〇〇二年（平成十四）一月に発表した「学びのすすめ」です。海外出張中の遠山さんと発表の前日まで何度も何度も文案を練り直したことが思い出されます。ある教育ジャーナリストは「ほんの数年前だったら、大臣がこんなことを言ったら、マスコミは反発していたかも知れない。しかし今回、批判的な報道は少なかった」と書いています。国民の多くが遠山さんの「学びのすすめ」を支持してくれました。あれから十年以上たったいま振り返ると、勇気をふるって、方向変換してよかった。さらに、あの時、遠山さんが大臣として来てくれたから、国民に大きな不利益をもたらさずに済んだのだと思うのです（もちろん方針転換したことで混乱したのではないか、という批判は十分受け止めています）。

そのほか、遠山さんと一緒に行った仕事で印象に残っているのは大学改革です。小泉総理（当時）

は国立大学の民営化に前向きで、「どうして国立大学が九十九校も必要なのか」と強く迫ってきました。確かに、当時の国立大学には変革しなければならない点は多かったのですが、一方で日本の国立大学は行革の発想だけで安易に民営化すべきでない理由もありました。国立大学は地方にバランスよくキャンパスがあり、理工系の学生の比率が高い。それを民営化してしまえば、経営を優先する大学は大都市に集中し、ほとんどが人文系大学になって、日本の国力は低下しかねない。何としても民営化は阻止しなければならないと考えたのです。

そこで、遠山さんと私が作ったのが「国立大学の構造改革の方針」。具体的には、①国立大学の再編・統合を大胆に進める、②国立大学に民間的発想の経営手法を導入する、③第三者による競争原理を導入する——というのが骨子でした。小泉総理は即断即決の人。方針を説明するにしても、初めの数分を聞いて判断してしまう性格ですので、上手に方針を提示しないと、国立大学民営化へ一気に傾いてしまう。遠山さんと私は、そういう事態を避けようと練りに練って原案を作成しました。この方針を総理に示すと、総理はその場で「分かった」と了解してくれました。国立大学の民営化を押しとどめ、変えるべきところは大胆に変える。明治以来百年に一度の改革が達成できたのではないかと自負しています。残念なのは法人化後も財政的支援をしっかり行うというのが前提だったのですが、国家財政の悪化で予算が毎年減らされたことです。

ところで、遠山さんには入省以来、常に「女性初」という冠がついて回りました。しかし、ご本人には女性だからと肩肘を張ったところがない。「仕事に男性も女性もない」という自然な働きぶりを後輩に示してきたのではないでしょうか。昨今は官僚に対する風当たりが強く、萎縮している若手も少なくありません。政治家はうまく官僚を使えばいいのに、それだけの能力のある人はあまりいません。そういった風潮の中、私は後輩官僚たちに次のようにエールを送りたい。「日本国のためにこれが最善だと思ったら、慣例や自己保身を顧みず、やりたいことをやり、言いたいことを言おう。人間だから間違えることもあるが、その時は深謝すればよい。役人人生は思ったより短い」。その際、遠山さんの生き方はきっと参考になるはずです。

小野元之（おの もとゆき）
一九四四年生まれ。京都大学法学部卒業。六八年文部省入省。文化庁次長、文部省官房長、文部事務次官を経て、二〇〇一年文部科学事務次官。〇三年～一一年まで日本学術振興会理事長。同志社大学及び関西大学客員教授。現在、城西大学理事・大学院センター所長。(仏)レジオンドヌール勲章シュバリエ、(独)功労勲章大功労十字章受章。

10 大改革、国立大学法人化の成功

元京都大学総長、前国立国会図書館長　長尾　真

遠山さんが霞が関の若手の中では抜群の方だとかねてから聞いていたのですが、若い頃は直接お会いする機会がありませんでした。初めて接点ができたのは、一九七〇年代後半、遠山さんが情報図書館課長の時代だったと記憶します。

一九七〇年代に入ると、日本でも情報というものの大切さが認識され始めたのですが、当時の文部省は私立大学を新設するとか、科学研究費の予算を拡充するとかには一生懸命でしたが、大学から出てくる貴重な学術成果をどのように有効利用していくかに関しては重要視していないように見えました。そうした中で、遠山さんは、大学関係者が作りだす学術情報を誰もがうまく利用できるようにする必要があるという問題意識を持たれたようです。今でこそ当たり前ですが、大学の持つ学術情報をデータベース化してそれをネットワークでつなぎ、国際的なデータベースにもリンクさせて、世界の第一線の学術情報を研究者が端末から使えるようにしようというのは、当時としては斬新なアイディ

アでした。しかも「学術情報システム」の根幹に各大学の図書館の情報を集約するセンターを設立して、図書館同士を有機的に結合しようという仕組みが考えられていました。三十年以上前に、このような構想を抱いた遠山さんは時代の先端を読み取るセンスが抜群だったわけです。

その頃、私は教授になったばかりでしたが、情報分野が専門ということで、大先輩に混じって学術審議会の学術情報分科会のメンバーに加えていただき、既存のデータベースの利用とともに、大学の作る学術情報をデータベース化し利用できるようにすることの大切さなどを説きました。遠山さんからは、その分科会の席だけでなく私的にもいろいろな質問を受けたものです。役所がまだ絶大な力を持っていて、多くの行政官が教員には上からの目線が当然のような時代でしたが、遠山さんは、教授になりたての私にもフランクに相談するなど、学究的で好感を持ちました。

遠山さんは大胆な発想や行動力で知られているようですが、実はその裏には非常な慎重さを兼ね備えておられるのです。この時も広く学者の意見を聞きながら、自分の考え方が間違っていないかどうか、じっくり確かめながら一歩一歩進めているという印象を受けました。そして、自分の方向性が正しいと確信すると力強く行動を起こされます。この学術情報システム構想は従来にない画期的なものだったため、上司の方々に理解してもらうのに苦労して、イラストを使うなど粘り強く説得をされたと聞いています。

おかげで、一九八〇年（昭和五十五）には学術情報システムの中心となるセンターの調査予算が取れ、一九八六年（昭和六十一）には学術情報センターの設立につながっていきました。現在の高度情報化時代の基礎を築かれたわけです。遠山さんお一人の力で実現したのではないでしょうが、そのためのリーダシップをとり、日本の学術研究の発展に貢献されたという点でその業績は高く評価できます。

この最初の出会いの印象が強かったので、遠山さんの動向にはずっと注目していました。文化庁長官、駐トルコ大使、国立西洋美術館長など要職を歴任されるという、その華麗なご活躍ぶりを端から頼もしく拝見していましたが、二十一世紀に入り、二度目の接点が生じました。今度はかなり厄介な状況下での再会となりました。

一九九〇年代後半の日本は、長引く不況の中、政府、世論とも行革の方向へ突っ走っていました。一九九六年（平成八）に、各省庁をスリム化させようと行政改革会議が発足しましたが、その改革の波は国立大学にまで押し寄せてきました。翌年、私が京都大学総長に就任した頃から、国立大学の法人化について激しい議論が繰り返されるようになり、私もこの問題に巻き込まれることになりました。

法律に強くない学長の集まりである国立大学協会（以下、国大協）も、独立行政法人通則法の研究にとりかかりましたが、この通則法が大学という研究・教育機関には到底そぐわない法律であることは明らかでした。ほかの機関と違って、大学は学部や学科、研究者に最大限の自由度を与える組織だからです。そこで、国大協は二〇〇〇年（平成十二）に当時副会長だった私を座長として設置形態検討特別委員会を発足させ、独立行政法人通則法とは全く独立した「国立大学法人化法」をつくることを主張しました。国大協の会長になってからも、独立行政法人通則法から独立したこのような考え方が認められなければ、国大協の役職を辞する覚悟で頑張りました。

一方で、文部省は法人化の具体的な制度設計を検討するために国公私立大学関係者や経済界、言論界など各界から有識者を集め、調査検討会議を設けました。これは法律を作る前段階として有識者の意見を聞き、法律の骨子を明確化するために通常行われる審議の場で、大変重要なものでありました。こちらでも座長に指名されたので、私は国立大学側の意見のとりまとめを行うと同時に、文部省側の法案の枠組みの検討もすることとなったのです。これに対し、一部から「両方を掛け持ちするのはどうか」という批判の声が上がりましたが、私は議事を公平に進めるつもりだったので特に矛盾を感じませんでした。

そうしたすったもんだの中、二〇〇一年（平成十三）四月に国大協の会長に就任しましたが、奇しくも同月に文部科学大臣になったのが遠山さんでした。渦中での大臣就任でしたが、わずか一ヶ月後に、いわゆる「遠山プラン」という国立大学の構造改革の方針を発表されたのです。これは①国立大学の再編・統合、②民間的発想の経営方針の導入、③第三者評価による競争原理の導入――を柱としたものので、よくこれだけ大胆なプランを打ち出したものだと感心しました。従来の文科省では絶対に考えられないことでした。

その構想は、理念としては私の考えていたことと一致していたので、心の中では、「的を射ている、さすが遠山さんだ、凄いな」と思いましたが、国大協の中は蜂の巣をつついたような騒ぎになりました。特に中小の大学は統合されてしまうのではないか、という不安が大きかったのです。

私は国大協の代表として、そういった声を代弁しながらうまく纏めなければならない立場だったので、公式の場では遠山大臣や文科省の担当者には結構、反対意見も述べました。たとえば、国立大学長の懇親会では、多くの学長の前で文科省の批判をチクリとしたこともありました。しかし、遠山プランは、当時の小泉総理が推進しようとしていた国立大学民営化の防波堤の役割を担うために、出さざるを得なかった案であることは十分認識していましたので、遠山大臣を苦境に追い込むつもりはありませんでした。私的にお会いした際などには、国大協はうまく纏めるから心配しないでほしいと、遠山さんを激励したこともあります。

国大協内では、さらに一年ほど熱い議論が繰り返されましたが、社会情勢を勘案すれば文科省の調査検討会議が作った案を受け入れざるを得ないという状況に至りました。その時の国大協の臨時総会はかなり荒れました。しかし十分時間をかけて検討して来たあとは決定するしかないと考え、それまで国大協ではやったことのなかった賛否の決をとり、文科省の案を受け入れるということになったのでした。そして二〇〇三年（平成十五）二月に国立大学法人法案が国会に提出され、審議に付されました。その時、遠山さんは、文教委員会で野党から激しい攻撃にあったのです。それまでも国大協などから激しい抵抗はありましたが、大学関係者は議論を尽くせば最後にはわかってくれます。しかし、国会議員という人たちには論理などなかなか通用せず、野党のあまりのしつこい質疑に大変ご苦労なさっていました。それでもねばり強く対応し、七月には可決成立に漕ぎ着けたのです。ここに至るまでの道は遠山さんにとっては実に大変なことだったわけです。しかし遠山さんは自分が確信したことは絶対に曲げない。普通なら、政治家に突っ込まれるとすぐ妥協して、折れてしまうものですが、遠山さんは途中でへこたれない芯の通った強さがあります。そのくらいの強さがなければ大きな改革は成し遂げられなかったのだと思います。

去り際も見事で、法案が成立して二ヶ月後に大臣を退任されました。やるべきことはやったので、新天地でまた新しい仕事をすればよいと思われたのではないでしょうか。

私も、法案成立の直前に国大協会長を任期満了で退任。その年の十二月に京大総長の任期も終わったのですが、その後、国立大学がどうなっていくのか複雑な気持ちで見守ってきました。法人化された当初は、大学が作った中期計画について、文科省があまりに子細なことまで指導してくるなど、問題点は少なからず見受けられました。しかし、スタートして九年余りたった今考えると、法人化は成功だったと思っています。

昨今の厳しい財政事情から見ると、国立大学が法人化され、教員が非公務員型となったおかげで、大学は外部資金を導入しやすくなり、自由度が増した教員は民間などと共同研究もかなり自由に行うことができ、大学の財政にも貢献しているわけです。法人化が実現していなければ、大学は悲惨な状況になっていたでしょう。環境の激変を乗り越えて、教職員の意識改革が行われたという意義もあります。以上のように遠山さんは国のために数々の大きな業績を上げてこられたわけです。

今は、三回目の縁ができ、遠山さんが理事長をされているトヨタ財団の理事としてお手伝いをしています。トヨタ財団は国内の地域振興とともに、東アジアを中心に海外で地道な活動をしている団体などを積極的に支援しています。こうした民間の仕事でも公共性を忘れない遠山さんの考え方が反映しています。

そのほかにも日々忙しくいろいろな仕事をこなし、やりがいを感じながら努力しておられるのは実に立派なことであります。これからも日本のために頑張ってくださるよう念じております。

長尾 真（ながお まこと）

一九三六年生まれ。京都大学工学部電子工学科卒。京都大学名誉教授。元京都大学総長。情報通信研究機構初代理事長。前国立国会図書館長。世界を代表する言語処理研究の第一人者。紫綬褒章、（仏）レジオンドヌール勲章シュヴァリエ、日本国際賞などを受章。文化功労者。著書に『人工知能と人間』『電子図書館』『情報を読む力、学問する心』など。

11 信念と情熱を持って取り組んだ教育行政

元文部事務次官　阿部　充夫

文部省への入省は私が一九五五年（昭和三十）、遠山さんが一九六二年（昭和三十七）。この七年の差が、その後のすれ違いを生むことになったのです。当時、文部省は七年目くらいで地方へ出向して武者修行してくるのが人事の通例で、遠山さんが入ってきた年と私が出るタイミングが重なりました。今度、文部省初の女性上級職が入ってくるという噂が流れていたので、どのような女性か興味があったのですが、こちらは転勤の準備に追われていて顔も見ずじまい。遠山さんより少し上の年次は歓迎会などと称して、遠山さんを誘って、今で言うところの合コンを企画し、飲んでいたようですが（笑）。

私が東京に戻ってからも、接点はほとんどありませんでしたが、その後、遠山さんを直接ではなく、間接的によく知ることになります。私が人事課の副長に就いたからです。役所組織は、課長の下に数人の課長補佐が配され課長を支えるというのが通常の構成ですが、人事課は仕事量が相当規模になるので、課長と課長補佐との間に、副長というポストが設けられていたのです。その副長は、若手のキャリア職員の人事も専管として担当していたので、いやがおうでも遠山さんの情報が耳に入ってきました。これが実に評判がよろしい。と同時に将来どのような進路を歩むのか、周囲から関心を持って見られていました。

婦人教育課長からその上の社会教育局長というような、女性が進みやすいコースを辿るのではないかと見るのが一般的でした。しかし、私はそれには疑問を感じました。それだけ仕事ができるなら、将来事務次官までいく可能性がある。男性と同じ扱いにすべきだと上司である人事課長に上申し、了解を得ました。調べてみると、上層部にも「遠山さんは存分に使ったほうがいい」という考えの人も少なくなかった。そういうこともあって、遠山さんは省内各局の「ホットコーナー」を回ることになりました。仕事のうえでは女性ということを意識させないような配置をし、かなりきつい仕事も預けたつもりです。

以上は水面下での話。実際には、廊下で会って「やあ」という程度で、それ以上は言葉も交わしたことのない状態が続きました。初めて同じ職場になったのは、確か遠山さんが入省してから実に二十五年目。私が大学局長、今の高等教育局長になった時で、遠山さんは同局の企画課長でした。「あなたと一緒の職場になるのは本当に初めてだねぇ」と挨拶をした記憶があります。企画課長というのは、局の筆頭課長ですから、局内全体を見渡して調整をする重責を担っていました。

それに加え、大学審議会を作るという重大な任務があったものですから、遠山さんは全力投球をしている最中でした。

その頃、印象に残っている部下が、遠山さんと佐藤禎一大学課長。佐藤君は遠山さんより二期下で、この両課長は省内きっての人材と言えました。ただし、二人の性格は対照的。遠山さんは非常に真面目ですべてが正攻法。野球のピッチャーでいえば、一四〇キロ台の速球をコーナーめがけてピシッピシっと投げ込み、バッターを着実に抑えていく。相手をきっちり説得し、理解してもらった上で、協力を得るという仕事のやり方で、どんなに困難な仕事でも決して逃げることなく、挑戦するタイプでした。

佐藤君のほうは、一五〇キロ台の豪速球も投げる一方で、フワっとした変化球やクセ球を投げる。手練手管を用いながらも、相手を自分のペースに引き込んで、事柄を相手に理解させ、主張を通していくという仕事ぶりでした。そういった手法の違いからか、二人の間でいろいろと議論が白熱することもあったようですが、結論が出ると二人で仲良くニコニコしながら、「この件はこれでどうでしょうか」と話を持ってきてくれる。私はトップダウンというスタイルが好きではないものですから、二人が練ってきた筋書きに沿って、国会答弁でも何でも踊りを踊りましょうと決心を固めました。二人を信頼していたからです。

佐藤君は後年、評判通りに次官になりましたが、遠山さんは文化庁の系統に進みました。将来の次官と思っていましたが、ほかの省でも女性次官の前例がなかったので、当時の首脳部が「遠山次官」に踏み切れなかったのだろうと察します。それでも後に文部科学大臣になったわけですから、「おつり」がきたのではないでしょうか。

二人には共通点もあります。遠山さんはトルコ大使に、佐藤君は次官の後にユネスコ大使になったこと。文部省から外国の大使に引っ張られたのは、当時は二人だけで、ほかの省庁からも有為な人材と目されていた証です。

さて、そのような最強スタッフに支えられて設置したのが大学審議会です。臨時教育審議会の答申を受け、高等教育のあり方を調査審議する文部大臣の諮問機関である大学審議会を常設することになったのですが、その設置段階で困難にぶち当たりました。

大学審議会の設置を主な内容とする法律案は一九八七年（昭和六十二）二月に、衆院文教委員会へ提出されましたが、野党の一部が大学の自治や学問の自由が侵されると強硬に反対してきたのです。七月になってもまったく審議が進まない状態でした。文部省としては、審議会のメンバーに多くの大学人を入れ、大学の合意を取った上で提言を得ようというのが本意。大学の自治や学問の自由を妨げるつもりは毛頭なかったのですが、猛烈な抵抗は一向にやみません。私は委員会で矢面に立たされましたが、結局は八月に、当時十数年ぶりと言われた強行採決によって法案が通過することとなりました。反対派議員にもみくちゃにされる委員長、激しく飛び交う野次や怒号、灰皿まで宙に飛んだ光景はいまだに忘れられません。

このようにして大変な難産の末に生まれた大学審議会ですが、その後は急に抵抗が収まって、順調に成長してくれました。精力的な活動を続け、中央教育審議会に再編されるまでの十三年間で、二十件以上の答申を提出し、後年の大学改革の流れを方向づけるという大きな業績を残しました。

諮問の要点は、①大学院を中心とする教育研究の高度化、②学部レベルの高等教育の個性化、弾力化、③大学の組織運営の活性化――の三点でした。諮問文作りとメンバーの選定は遠山さんを中心にしてもらいました。

遠山さんとしては、初めての大学局の仕事で、いきなり大学問題のど真ん中に据えられて、さぞかし苦労したことでしょう。しかし、あの経験がのちの国立大学法人化問題などに生かされることとなったのだと思います。遠山さんは、二十世紀後半から行われた大学改革の功労者の一人であるのは間違いありません。大学審議会の石川忠雄会長をはじめ、多くの論客、大学人たちからも信頼されていました。

そういえばこんな思い出があります。私が国会答弁で疲れて帰ってくると、「局長、ひと休みしましょうか」と声を掛けてくれる。飲み屋に付き合ってくれ、その後はカラオケなんかも歌ってね。私が好きな曲は股旅ものなどの「ド演歌」なのですが、遠山さんはきれいなソプラノでコーラスのような歌いぶり。それでも遠山さんは私に合わせて股旅ものも歌ってくれました。男性課長とはひと味違う気遣いをしてくれたことに感謝したい。

こうやって、振り返ると、私たちは実にいい時代に行政の仕事をしてきました。信念と情熱を持って、話を上げれば、上の人も聞いてくれました。今は上のほうがバラバラな状態なので、役人として信念を貫くことは至難の業だと思います。そんな中、私たちの話が少しでも参考になってくれれば有難いですね。

阿部 充夫（あべ みつお）
一九三二年東京生まれ。東京大学法学部を卒業し、五五年文部省入省。管理局長、教育助成局長、高等教育局長を経て、文部事務次官。九〇年退官後、九七年まで放送大学学園理事長、二〇〇〇年まで東京国立博物館館長などを務めた。〇三年勲二等旭日重光章受章。

12　理事長の覚悟と決断力でつかんだ世界への道

振付家・新国立劇場バレエ研修所長　牧　阿佐美

私は一九九六年（平成八）に新国立劇場の参与に就任し、一九九九年（平成十一）から二〇一〇年（平成二十二）まで舞踊部門の芸術監督を務めました。初代監督は島田廣先生で、私は二代目です。現在はイギリス人のダンサーで振付家のデヴィッド・ビントレー氏に三代目のバトンを渡し、私は新国立劇場バレエ研修所の所長をしています。

国立のオペラ劇場建設は、オペラ界のみならず、バレエ界の長年の悲願でもありました。私の母、橘秋子をはじめ、服部智恵子さん、谷桃子さん、島田廣さんといった、日本バレエを黎明期から牽引し続けてきた方々が、どうか国立のオペラ劇場をつくって欲しいと、長年、政府に要請し続けていたのです。私は母を通じてそのことをよく知っていましたから、監督就任の話をいただいた時には、これは母の遺志でもあるだろうと思い、主宰する「牧阿佐美バレヱ団」を夫の三谷恭三にすべて託すことにしました。そして国内のどのバレエ団にも引けをとらない新国立劇場バレエ団を育てようと、かたく心に誓いました。

監督になってからは、「牧阿佐美バレヱ団」の稽古場には一度も行きませんでした。小さな子どもの頃から育ててきたダンサーたちばかりですから、そばにいてあげられないのはかわいそうだと思いましたが、足を運ぶのは、本番の公演だけでした。やはり新国立劇場バレエ団を引き受けた以上は、けじめをつけなくてはいけません。ダンサーというのは、「自分の先生だ」と思った時に初めて心を開いてくれるのです。あちらにもこちらにも手を付けていたら、ダンサーたちはきっと私の事を信頼してはくれなかったでしょう。何かを作り上げようという時には、そのことだけに全力を尽くさなくてはならないと私は思います。

「新国立劇場バレエ団」ができてから十五年がたちました。今でこそ世界で評価していただけるバレエ団に成長しましたが、最初は団員募集からのスタートで、それは大変なことでした。日本には大手のバレエ団がいくつかありますが、それぞれが自分の団員、スタッフを持ち、運営には大変な努力をしています。国立の劇場が出来たからといって、長年大事に育ててきた自分の団員を出してはくれません。募集を見て全国各地から新国立劇場に集まったのは大手以外のダンサーたちで、全幕を踊ったことのないような人や、小さなバレエ団にいて舞台慣れしていない人も多かったです。とくに男性団員は絶対数が少ないので、なかなか集まらず、困り果てて、ついには牧阿佐美バレヱ団から七人連れてきました。それが大きなダメージとなって、牧阿佐美バレヱ団では約二年間、地方公演ができませんでした。そのくらい団員確保というのは難しい問題なのです。

このように新しいバレエ団の幕開けは前途多難でした。私は団員に振付の実践を示し、ともに汗をかきながら来る日も来る日も指導を続けました。その成果を感じられるようになったのは、六、七年たった頃だったと思います。

若いダンサーたちを育てて、よい作品を上演することで、バレエを日本に定着させたいと、私は無我夢中でした。他のバレエ団から見れば、この劇場もライバルの一つです。「新国立が出来たせいで、チケットの売れ行きが悪くなった」と、中にはあまりよく思わない人が今でもいるようです。でも、私は日本のバレエの底辺を広げ、ダンサーの質を高めていくためにも、私たちの果たすべき役割は大きいと思っていますし、やりがいも感じています。

遠山さんが劇場の理事長に就任されたのは二〇〇五年（平成十七）のことでしたが、遠山さんのことは、文化庁長官の頃から存じ上げていました。初めてお目にかかった時から、この方は信頼できる人だという印象がありました。

新国立劇場ができるまで、日本の劇場は貸しホールが主でしたから、ホールの理事長や監督の中には「たまに顔をだせばいい」という考えをお持ちの方が多かったように思います。しかし、外国では監督もダンサーもオペラ歌手も、みんな毎日劇場に通い、顔を合わせて練習を積みます。日本でこのような劇場のシステムを導入したのは、新国立劇場が初めてでしょう。

遠山さんは、毎朝必ず劇場に顔を出し、劇場から一日の仕事をスタートされていました。外の仕事で遅くなっても、必ず劇場に戻ってから自宅に帰られていました。そして、多岐にわたるお仕事をかかえてとてもお忙しいはずなのに、公演には必ず足を運び、同じプログラムを何度も観て熱心に勉強されているのです。もともとオペラがお好きだったようですが、バレエにもすぐに精通されて、今ではバレエもオペラ同様に好きになってくださったようです。

創設から約十年が過ぎた頃、米国ケネディ・センターから「日本フェスティバル」に新国立劇場バレエ団を招待したいというお話がありました。ただ、招待といっても費用を全額負担してもらえるわけではありません。バレエ公演はダンサー、オーケストラ、スタッフなど百人を超える大所帯ですから、行くとなれば大きな予算が必要です。しかし、遠山さんは「チャンスですから、なんとかやってみましょう」と言ってくださったのです。遠山さんは、ただやみくもに「やりましょう」とおっしゃったわけではなく、海外のバレエ公演などもかなりご覧になられたうえで、「新国立劇場バレエ団も力をつけて来ているから、この機会に世界に打って出ましょう」と、決断してくださったのだと思います。こうして、バレエ団設立十一年目に、私たちは世界デビューを果たすことになりました。

アメリカのお客様は、バレエといっても日本舞踊のようなものがくると思っていたようでした。ですから、クラシックで正統派の私たちのバレエ公演を見て、そのレベルの高さにとても驚いたようでした。現地のメディアにも複数取り上げられ、日本バレエの美しさ、繊細さを高く評価してくれました。さらにその翌年の二〇〇九年（平成二十一）、私たちのバレエ団はロシアのボリショイ劇場に招待されました。

二〇〇七年（平成十九）の新国立劇場開場十周年記念公演に、ボリショイ劇場所属の世界的ダンサー、スヴェトラーナ・ザハロワを主役に呼んで、私の振付による『椿姫』を上演しました。そのこともあって、スヴェトラーナが「私のために牧さんが『椿姫』を作ってくれたのだから、今度は日本の新国立劇場バレエ団をボリショイに呼んで共同公演をしたい」と当時のプーチン大統領に頼んだことがきっかけでした。

ロシアまで来てくれれば、劇場はもちろんオーケストラ、指揮者などすべて用意します、ということでした。それでもロシアに行くまでの移動や搬送費用はこちらで工面しなくてはなりません。前年にアメリカ公演があったばかりでしたから、遠山理事長としては資金集めの苦労を思うと頭の痛い話だっただろうと思います。

一方、私もボリショイでの公演に自信があったわけではありませんでした。あちらは二百年以上も歴史のある由緒正しい劇場です。そこに設立十年ばかりの私たちが行って、大丈夫なのだろうか…と。

遠山さんにもきっと、本場ロシアでの公演となれば、叩かれ酷評される事もあるのかもしれないという危惧はあったと思います。普通に考えれば、「(こんな面倒なことは)せっかくだけれど、やめましょう」と、引いていたでしょう。でも遠山さんは、今回もすぐに「やりましょう」と言ってくださったのです。他の方からもよく聞いていましたが、遠山さんの決断力は〝すごい〟と改めて思いました。

足りない資金を集めなくてはいけないし、苦労しても公演が成功するかどうかはわからない。辛い結果になるかもしれない。そんな未知数の状況とリスクを十分理解したうえで、あの時遠山さんは「覚悟」を決めて下さったのだと私は感じました。

幸い、心配をよそに、公演は大成功でした。ロシアのお客様は皆興奮して立ち上がり、場内には大きな拍手がいつまでも鳴り響いていました。

公演後、当時駐ロシア大使だった河野雅治さんに「これほどボリショイ劇場が盛り上がるとは、日本人としてとてもうれしいし、誇りに思います」と言っていただきました。遠山さんは「バレエのメッカで、地元のお客様があんなに感動して喜んでくださった。本当によかったですね」と声をかけてくださいました。

海外公演の成功は、もちろんバレエ団全員の頑張りがあったからですが、トップの遠山さんが、「よいことは必ずやり遂げましょう」という強い信念を持った前向きな方だからこそ、大きなチャンスをつかむことができたのだと痛感しています。遠山さんはスケールが大きく、潔い決断力、揺るがない信念、豊富な知識と芸術を見る感性、さらに人間としての包容力もあります。こういう方にはこれからもお目にかかることはないでしょう。

私の母は「一つのバレエ団だけがよくなってもだめ。バレエ界全体がよくならなければ、日本のバレエは成長しない」といつも言っていました。私は、バレエ界全体をよくしていきたいという志を母から受け継いでいます。個々の利益、不利益を超えて物を考えているつもりです。これも遠山さんの考え方と通じ合うのです。

牧阿佐美（まき あさみ）
一九三三年東京生まれ。日本バレエの草分け、橘秋子、牧幹夫の長女。アレクサンドラ・ダニロワ、イゴール・シュベッツォフに師事。五六年、牧阿佐美バレヱ団を設立。日本を代表する舞踊手を数多く育て世界に送り出してきた。九九年、新国立劇場舞踊芸術監督に就任。現在は新国立劇場バレエ研修所長。文化功労者。著書に『バレエに育てられて』。

13

同時代を駆け抜けた同志

劇作家　山崎　正和

私が一九三四年（昭和九）、遠山さんが一九三八年（昭和十三）生まれ。私たちが属する、昭和十年前後から昭和十五年前後生まれのいわゆる「戦後第一世代」には大きな特徴があります。第二次大戦は経験しましたが、まだ年少だったので戦争には深くコミットしていません。それに対して、前の世代、たとえば、私より十歳ほど年長の吉本隆明氏は、戦中は軍国少年だったが戦後は左翼に転じました。私たちは、そういう精神的な「ねじれ」のない世代なのです。また、戦争で多くの先輩がいなくなったため、好むと好まざるとにかかわらず、若い頃から日本の戦後復興に参加してきたのです。

もうひとつ特徴的なのは、この世代を中心に大きく女性の社会進出が進んだことです。戦後第一世代の女性の頑張りは素晴らしく、ほんの一握りではありますが、各界に有能な女性たちが活躍を始めました。遠山さんはその代表のお一人。東京大学を出て、中央官庁に入り、結婚をして、子育てをしながら仕事もこなす——すべてに全力投球して、並々ならぬ努力によってそれを完遂させた方だと思っています。

聞くところによると、出産の直前まで役所に来て、出産後もすぐに仕事を始めたとか。噂話なので真偽のほどを確認したわけではありませんが、遠山さんの仕事に対する責任感の強さや矜持を示すエピソードだと思います。

私は、遠山さんとは若い頃からの知り合いではなかったのですが、文部省（当時）とは古い付き合い。そんな中で木田宏さんという歴代の文部事務次官の中でも「名次官」とうたわれた方と親しくさせていただいていました。木田さんは遠山さんより十五年ほど先輩でしたが、彼女を非常に高く評価しており、折りに触れて遠山さんの仕事ぶりや人柄を聞かされました。

私が遠山さんと初めてお付き合いを持ったのは一九九〇年頃。当時、文化庁次長だった遠山さんは、新しい国立劇場を作るプロジェクトの中心的存在でした。私はそのプロジェクトの企画委員に任命されて、実際に仕事をご一緒することとなりましたが、木田さんが話していた通りの方だと思いました。

さて、遠山さんの後期の功績を語るにあたっては、私のフィールドである日本演劇界の略史や世界の演劇事情を把握しておく必要があります。そこで簡単に注釈を加えさせてもらいます。

大戦中、軍部によって最も弾圧されたのが新劇でした。同じ芸術家でも、たとえば小説家はそう厳しい弾圧を受けませんでしたが、演劇関係者は多くが監獄に入れられるとか、徴用されたりしていました。そういった反動からなのか、戦後は演劇関係者の多くが左翼に振れていった。そして、一九六〇年代の中頃から七〇年代になると、反文学的な運動が巻き起こるのです。演劇の本流を占めてきたのは、ギリシヤ古典劇やシェイクスピア以来、セリフは詩のように美しくあるべきだし、戯曲は上演することができる文学だという考え方でした。しかし、戦後の一時期に、演劇は文学と縁を切って、役者の身体を見せる独自の芸術に変わっていこうという風潮が世界的に広まっていったのです。ただ、演劇から文学を取ってしまいますと、残るのは肉体ですから、ほとんどが暴力とセックスに傾きがちになる。七〇年代から八〇年代の初期にかけて日本でもその影響を色濃く受けて、たとえば新宿の花園神社の境内でテントを建てて行っていた演劇などはその流れの中にあるものでした。

一方、私は伝統的な演劇の在り方を固持してきました。つまり、演劇は文学であると信じ、かつ反左翼の立場を貫いたのです。先輩の名前を挙げるならば福田恆存氏とか三島由紀夫氏とかの系列に属していたわけです。それに、多くの人がかかわって作り上げる演劇というものは、大変お金がかかる芸術ですから、何らかの公的助成がなくては成り立たないという信念もありました。小説とか絵画とかは、単独でなし得ますが、演劇はそうはいかない。世界の演劇史をひもといても、あのギリシヤ悲劇も当時のポリスがバックにあった国営の演劇。シェイクスピアは国王や貴族が支え、モリエールのパトロンはルイ十四世でした。現代社会でも、先進国のほとんどは国立の劇場を持っているし、アメリカのように国立劇場がない場合には財団が助成金を出しています。そういった事情から、私は日本でも新しい国立劇場を作ろうという動きが官界から起こったことに大いに賛同したのです。

そんな考えの私を企画委員に任命した遠山さんら文化庁の方々は、同様の思想を持っていらっしゃったはず。演劇に関する造詣が深かったのだと察します。

三宅坂にある国立劇場のほかに第二の国立劇場を設立するという構想は、かなり以前からあったのですが、予算面がネックとなり、なかなか話が進展しませんでした。ところが、遠山さんは「空中権」という奇想天外な手法を使ってそれをクリアした。それがなければ、新国立劇場の完成はもっと遅れていたか、最悪の場合は、実現しなかったかも知れません。加えて六百億円あまりの芸術文化振興基金も遠山次長の時に創設されたのです。官僚の枠を超えた遠山さんの発想力、実行力には感心させられました。

遠山さんは文化庁次長ののち、本省の局長を歴任し、再び長官として戻ってこられました。その際も文化行政のトップとしていろいろ尽力されました。遠山さんが文化政策において示したのは、ハコモノだけでなくて文化の中身にお金を出すという、日本にとっては画期的な試みでした。これは財政当局（当時は大蔵省）が最も嫌うこと。単にハコを作るのは予算の立て方が明解ですが、ソフトとなると芸術に明るくない官僚が判断するのは至難の業だからです。

演劇はレベルの低い劇作家と役者を使うなら安上がりですが、一流の人材を集めるとなるとそれなりのお金がかかる。イギリスやフランス、ドイツなどは制作費にお金を出していたのに対して、日本はそれをやってこなかった。具体的には、三宅坂の国立劇場のソフトは実質上松竹が作っていて、国は建物を貸しているだけ。いわば貸し館です。しかし、遠山さんは、自らが創設した芸術文化振興基金をベースとして、舞台芸術などのソフトにお金を出すという仕掛けを作った。国際的スタンダードに大きく踏み出したわけです。役所の政策なので、遠山さん一人がおやりになったわけではないのでしょうけれど、遠山さんの次長、長官時代は、ある意味で日本の文化行政に大きな革命をもたらしたと言っても過言ではないと思います。

長官を退任後、遠山さんはトルコ大使に転任。あまり例がない人事で、外交の仕事によって見識をいっそう広げられたようです。その間は、遠山さんと一緒に仕事をすることはありませんでしたが、次にサプライズが待っていました。突如、文部科学大臣に就任されたのです。

文部官僚出身の文科大臣というのも異例なら、大臣自身が「学びのすすめ」という明確な教育ビジョンを公に示されたのも異例。遠山さんは非常に慎重な言い回しをしていますが、「学びのすすめ」は、エリートを育成する必要性をアピールする内容です。私の言葉に置き換えて言いますと、知的なエリートを認め、育てていかなければ日本には明日がない。そのうえ、国際社会に通用するような優秀な日本人を作る——この二点は、戦後の日本の教育の中で等閑視されてきたことなのです。戦後民主主義は、お手手つないでみんな平等ということが正当化され、運動会の徒競走でさえ順位を付けない学校もあったほどです。しかし、遠山さんは、そういった戦後教育の隠れた惰性にブレーキをかけたのです。念のため付言しますと、エリートの必要性を唱えましたが、それ以外の人たちを切り捨てるというのは、遠山さんの本意ではありません。

遠山大臣在任時は、小泉民営化路線の真っ最中でしたが、遠山さんは教育が社会の競争原理に巻き込まれることに強く反対されました。大学の経営が市場主義を優先し始めると一国の未来をリードできるエリート教育などできなくなるからです。民営化を強硬に押し出す政権下での大臣として相当苦労されたと思いますが、結局、大学の姿は守られて、かつ小・中学校教育も当時流行っていた「ゆとり」から普通の教育に戻すことができた。政治の世界においても相当な手腕を発揮されたわけです。これは、文部行政を下から上までおやりになった経験の賜物であり、まさに歴史に刻まれる文科大臣だと思います。

二〇〇三年（平成十五）に大臣の大役を終え、二〇〇五年（平成十七）に遠山さんは新国立劇場運営財団の理事長に就任され、再び私と仕事上の密接な関係が復活します。そこでも遠山さんは、オペラ、バレエなどの現代舞台芸術を国際水準にするために尽力された。ところが、任期の後半に新国立劇場の演劇芸術監督の人事を巡る騒動が勃発したのです。遠山さんとしてはおそらく生まれて初めて、理不尽な批判の矢面に立たされることとなりました。その際、私はことの筋道の観点から、結果的に遠山さんの援護射撃をさせていただくことになったのです。

ここで、当時の演劇界を取り巻く事情や新国立劇場の芸術監督について説明をしましょう。

二十一世紀に入り、演劇界は激しい左翼勢力は表向き姿を消し、正常な状態に戻ろうとしていました。言葉の演劇、つまりセリフを大事にする舞台も復活しつつあったのです。その流れをリードしていたのが新国立劇場でした。遠山さんが理事長になられた時、私は劇場の理事、栗山民也氏が演劇芸術監督を務めていました。栗山氏は、兵庫県がお金を出している「ひょうご舞台芸術」で地歩を築き、新国立劇場の芸術監督の座を射止めたのでした。非左翼とセリフの演劇というものが戻ってきたことは、彼の力に負うところが大きい。その栗山氏の後任に抜擢されたのがA氏でした。ところが、A氏は演出家としては優れた人材であったものの、新国立劇場という組織の中でしっくりいかなかったようでした。財団では「A氏が多忙でコミュニケーションがとれない」と婉曲に述べています。間もなく次期芸術監督を決める時期が来て、オペラ、バレエ部門と同様に、演劇も選考委員会が開かれることとなり、私はその選考委員の一人として参加しました。

ところで、芸術監督とはどういう存在なのか。芸術監督とは、演劇の芸術面においてリーダーシップをとり、その限りでは「独裁」を許されている人と言ってもいい。ただし、アメリカの演劇界を例に取れば、独裁的な権限を持つ代わりに経済的な責任も負う。ある演劇を上演しました、全然当たりませんでした、赤字が出ました——これは芸術監督の責任になるのです。実は私も兵庫で芸術監督を務めたことがありますが、その際に、一時的ですが、数千万円もの私的な借金を背負ったものです。

ところがお金の責任を持たない芸術監督というのは、非常に勝手次第ができる。ですから、フランスなどでは芸術監督に経済的な面で責任を問わない代わりに、文化大臣の判断で芸術監督を解雇することができる。お金の責任を持つ人が権利も持つ――これが芸術監督の世界の暗黙の規則なのです。

以上、演劇界の国際標準からすると、お金の責任を持たない日本の新国立劇場の芸術監督は、劇場の命令に従うべきだというのが私の意見です。とくに、A氏の場合は任期が来たわけですから、再任するかしないかというのは、当然劇場側（理事長）の権限内だと思います。二〇〇八年（平成二十）五月に開かれた選考委員会では、A氏を再任しないと決定。その後任としていろいろな候補者の名が上がりましたが、最終的には全員合意で宮田慶子氏に決まり、理事会に推薦したのです。

しかし、その選考委員会に出席した委員が関係したのかどうか、会のあとに外野席から異論が出ました。要するに理事長が勝手にA氏の再任を認めず後任を推してきた、と。しかし、実際、選考委員会はきわめて公正に、熱心に議論しており、初めから宮田氏を選ぼうなどという劇場（理事会）側の意向を受けたものではなかった。これは天地神明に誓って事実なのです。

ところが、この問題は一部マスコミが偏った報道をすることで火がついてしまった。その記事は、遠山さんによると、劇場側への取材はなしに書かれたものだったそうです。この一方的な劇場批判で、一部の演劇人が劇場に対して反旗を翻すことになった。演劇人が潜在的に持っていた左翼魂が燃え上がってしまったのでしょう。参加したメンバーを見ると、昔の新左翼的な人もいれば旧左翼的な人も、ノンポリもいる。ところが、体質的な問題なのか、新劇の多くは権力というと反抗となる。その矛先として、官僚出身で元大臣も経験した理事長の遠山さんは格好のターゲットでした。さらには当時盛んに行われていた「官僚バッシング」が拍車をかけ、一部マスコミも騒動を煽ったのです。権力反対、官僚反対と、いわゆる「演劇村」に属する人たちが、ある種の既得権を守るためもあってか、一致団結することとなった。歴史的に左翼傾向はしぼんできた中で、最後の吹き上げをやったのです。

この騒ぎはだんだん延焼していき、民主党の議員が遠山さんを喚問するという話も聞こえてきました。外野席で騒いでいるうちはまだよかったけれども、政治家が乗り出してくるのはいかがなものか――ここに至って、私はことを収めなければならないと覚悟を決めたのです。そこで、二〇〇九年（平成二十一）三月、理事会の席上、先の選考委員会は適正に行われたことを発言しました。また、選考過程に疑義があるのに選考委員である私に一切問いただすことなく、外部のマスコミなどに一方的に情報を流した人の理不尽さを批判しました。私の発言に対して、その席では反対派から一言半句の反論も起こりませんでした。論理的にスジが通っていたからでしょう。

その後も、犬の遠吠えのような反撃はありましたが、結局その一戦で勝負が完全について、この人事問題は二度と蒸し返さないという理事会決議を取り、事態は収拾しました。先ほど申しました通り、この一連の騒動で、遠山さんは一生で初めて自分が非難される立場に回られた。不愉快な思いもたくさんされたことでしょう。しかし、遠山さんは、よく我慢して一貫して、毅然とした態度で事態に臨まれました。

遠山さんを漢字一文字で表すとしたら「凜」。凜然という言葉が一番お似合いかと思います。世渡りをする上で戦術として弱さを見せたり、甘えたりする女性がいますが、遠山さんはそのようなことを一切しない方。言葉を濁すこともなければ、あやふやなことも言いません。真っ正面から正論を押し通すという点では私のもっとも尊敬する人物像です。遠山さんとはプライベートなお付き合いはほとんどないのですが、同じ時代を駆け抜けた、仕事上の「同志」だと思っています。

Photo by H. Endo

山崎　正和（やまざき　まさかず）

一九三四年京都生まれ。劇作家、評論家。大阪大学名誉教授、LCA大学院大学学長、経済産業省参与。京都大学哲学科美学美術史卒。イェール大学演劇学科に留学。六三年『世阿弥』で岸田國士戯曲賞、『鷗外　戦う家長』で読売文学賞、『柔らかい個人主義の誕生』で吉野作造賞を受賞、九九年紫綬褒章受章。二〇一一年日本芸術院賞。文化功労者。

14

「静」と「動」の人

宗教学者　山折哲雄

その印象は今でも鮮やかです。

遠山敦子さんが文部科学大臣に就任されて間もない時でした。遠山大臣の大学改革構想の趣旨説明があり、全国の国公立の学長と研究所の所長、一五〇人ほどが東京で一堂に会しました。定刻になると遠山さんが静かに会議場に入って来られ、淡々と話をすすめられました。気負ったところがありませんでしたね。自然体で臨まれ、その静かなたたずまいの中で、会場はしんとしていたように思います。

話を終え遠山さんは又、静かに会場をあとにしました。私は長く大学の教師をしていましたので多くの文部大臣を遠くから見ていましたが、遠山さんは、そのどなたとも違っていました。

親しくお付き合いいただく様になったのは、私が所長を務めていた国際日本文化研究センターに客員教授としておいでいただいてからです。それまで、何度かお目に掛かるうちに、遠山さんが京都のこの研究所に関心をお持ちであることに気付いておりましたので、文科大臣を辞められた後、お願いすると快く引き受けて下さいました。センターに来られると図書館で文献を熱心に読まれていました。

桜の季節に、西の郊外にある花の寺にご案内したことがあります。西行が出家した寺として知られる勝持寺《しょうじじ》ですね。本堂の前を通ると中から読経が聞こえて来ました。私が立ち止まると、遠山さんも歩みを止めていました。読経が終わるまで、二人で聴き入っていました。とても心地のよい一刻で、記憶に残っています。

「こころを育む総合フォーラム」（以下フォーラム）のお話があったのは、それから間もなくの事です。もしかしたら勝持寺でご一緒したあの時間がきっかけになったのかもしれませんね。

それまでの大臣というのはご承知のように、いつもころころ変わっていました。どの方がどんな仕事をされたのかほとんど記憶にのこっていませんでした。その中で遠山さんは二年五ヶ月のあいだ大臣を務め、大きな仕事をされました。「フォーラム」はそんな遠山さんのキャリアを生かす、とても素晴らしい仕事だと賛同しました。でもあのメンバーの中での座長というのは荷が重いと尻ごみしたのですが、遠山さんのお人柄に引き込まれて、つい引き受けてしまいました。

遠山さんの活動的な仕事ぶりが見えて来たのは、この「フォーラム」の仕事でご一緒してからです。さきほどの花の寺での出会いが遠山さんの「静」をあらわしていたとすれば、これは「動」

の世界をみせてくれたのかもしれません。それがなければ行政官僚としても、政治家としてもあれだけの仕事は出来なかったでしょう。遠山さんはこうと思ったら、そうしないではおられない行動力のある人です。情熱だけでは仕事は実現出来るものではありませんね。説得したり納得させる力が必要です。

考えて、必要と判断したら、ただちに行動に移すというのが遠山さんの信条になっている。「フォーラム」の仕事をご一緒して、そんな風に思うようになりました。

トルコとの文化交流の仕事も遠山さんの「動」の姿勢がよく映し出されています。とにかく日本の中で、もっともトルコを愛する方のお一人でしょう。トルコを語る時は、あのいつも冷静な遠山さんが熱くなるのがとても印象的です。トルコはイスラム圏の中でいち早く近代化に成功した国です。日本の伝統文化に理解を深めて仕事をされた遠山さんが、トルコに魅かれるのも十分に理解が出来ます。そのトルコへの視線は、たんなる伝統回帰でもない、そしてかならずしもグローバリゼーションにも流されない、第三の道を探ることにつながるのかもしれません。

「フォーラム」では家庭、学校、地域、企業、そして社会の在り方を問い、これらの分野の課題をいかに繋げていくかについて議論を重ねてきました。回を重ねるにつれて、遠山さんの人選の中にこめられた深い意図が分かって来ました。

この「フォーラム」からの提言は若い世代に向けて発信するというのが中心の課題でした。しかし会議を重ねるにつれて、むしろ若者の親にあたる大人の社会にも届けるべきでないかと考えるようになりました。

例えばモラル。モラルは頭で考えてから行動に移すのでは本当のモラルとは言えないだろうと私は思っています。気がついたらそのように行動していた、そしてその結果が世の中の規範に合っているとき、その時はじめてモラルに則した行動ということになるのだと思います。ですから幼児の時からのしつけが大切で、頭を通しただけではなく、いつのまにか、身体に染みこんだものでなくてはならないはずです。そういう点では、たんなるモラルの学習には限界があります。親から子へ、子から孫へ、という流れの環境の中で培われるものなのではないでしょうか。

遠山さんが単なるエリートではないのは御両親の教育によるものだと思っています。幼い日に松茸狩りに出かけ、籠が家族には十分な量で満たされると、「あとは次に来た人のために残しておくように」と訓したというお父上のエピソードをうかがって、感銘したことを覚えています。

今日の社会を見ていて、しばしば暗澹たる気持ちになります。親が子を殺し、子が親を殺す。しかもその動機が余りにもお粗末です。そんな時、あの「殺すな」という言葉が喉元を突き上げてきます。殺すな、盗むな、嘘をつくな、ですね。私はこれを人類の「三大黄金律」（深遠な教訓）、とよく言います。これはモーゼもお釈迦さんも言っています。にも拘らず、人類は人を殺し続けて来ました。裏切ってきたわけですが、それでもその黄金律をずっと言い続けてきました。

ところが今日、誰も「殺すな」とはもう言いません。「命を大切にしよう」という言葉に置き換えていうようになりました。直接に「殺すな」とはもう言えなくなっているのではないでしょうか。そのことと「命を大切にしましょう」というメッセージの間には、実は大きな落差があります。このような言葉の置き換えが本質を誤らせることにつながっているような気がします。

大阪の池田小学校の殺傷事件は遠山さんが文科大臣の時代に起きています。その前には忠生中学校の事件もありました。「フォーラム」の構想は遠山さんの中でその頃から芽生えたのではないでしょうか。現場の状況を肌身で感じた時に「心」の問題がいかに大事であるか、観念的ではなく実践的な行動が必要だと強く思われたのだと思います。

まず、できることからはじめていこう。それが「フォーラム」の考え方の一つでもありました。たとえば食育の問題もそうですね。だから「早寝早起き朝ご飯」の運動や、「小さな親切」運動などを大切にし、人間らしさをとりもどすための、もっともシンプルで、しかも根本的な生活態度をとりあげ、広くすすめていこうということもわれわれの運動の指針にしています。

「フォーラム」は提案するだけでなく、そういう「小さな運動」を積極的に評価し支援していこうと考えています。

出来るだけ自由に議論の輪を広げ、その中からおのずと方向性を見出せるだろうと考えているところです。これからますます遠山さんの手腕に期待しています。

山折 哲雄（やまおり てつお）
一九三一年生まれ、岩手県出身。東北大学インド哲学科卒業。同大学院文学研究科博士課程修了。東北大学助教授、国立歴史民俗博物館教授、白鳳女子短期大学学長、京都造形芸術大学大学院長などを経て、現在、国際日本文化研究センター名誉教授。著書に『仏教とは何か』『日本人の宗教感覚』『ニッポンの負けじ魂』『救いとは何か』（共著）ほか多数。

15

多くの人の信頼を得る、真っ直ぐな仕事力

トヨタ自動車代表取締役会長　張　富士夫

それまでも、遠山敦子さんとはさまざまな場所でお会いしていましたが、ごあいさつ程度のお付き合いでした。親しくお話しするようになったのは、遠山さんが新国立劇場運営財団の理事長に就任された二〇〇五年頃からでしょうか。私は当時理事（現在は評議員）として、微力ながら運営をお手伝いしていました。

新国立劇場は四十年もの準備期間を経て、一九九七年（平成九）の開場当初、業績は順調なものでした。ところが、しばらくすると、国の委託費が年々減額し、不景気による民間企業からの支援も減り、またオペラ人気も下降傾向となりました。遠山さんが理事長になったときの財政状況は、かなり厳しいものがありました。これに加えて、様々な職員から構成される組織・体制面においての難しさもいくつかありました。

こうした困難な状況にあった劇場でしたが、遠山さんは就任直後から劇場の使命を明確に打ち出し劇場の各部署に足を運び、職員の意識改革と組織の機能強化に全力で取り組まれました。理事長を退

任された今も遠山さんを慕う職員が多いのは、遠山さんの仕事への取り組みだけでなく、そのお人柄によるものでしょう。

劇場の運営面では、とりわけオペラ・バレエ公演の質の向上、観客動員増加の実績をあげられたことが高く評価されています。遠山さんは、来日する指揮者や演出家、歌手、ダンサーなど、舞台芸術家たちとの交流をとても大事にされていました。時には彼らを御自宅に招待して自ら料理をふるまい、感謝と激励の言葉をかけられるなど、きめ細やかにおもてなしをされていました。それは見ていてとても自然な風景でした。

メトロポリタン歌劇場など世界の一流の歌劇場では、遠山さんの存在はよく知られています。オペラの豊富な知識に加え、ここでもやはりお人柄がモノを言っています。こうした公私にわたる活動が、劇場の売り上げ増に大きく貢献しました。遠山さんの視点は、国や企業からの補助、支援に頼るのではなく、自らの企画と努力でお客さんを呼べる劇場にしなくては、というものでした。

このような経営の狙いや、その実現への取り組みを見ていますと、きっと遠山さんはどんな場所であっても、例えば私どものような企業にいらしても、素晴らしい経営者になられたと思います。遠山さんの、物事の決断の速さ、難しい事を先送りしない、真っ直ぐな仕事ぶりは、私も見習わなくてはいけないと常々考えています。

駐トルコ大使としての仕事も特筆されるものです。大使就任後から「トルコは素晴らしい歴史・文化を持ち、中東地域の中心的な国だ」と、周囲に熱く語っていました。

トヨタの工場はトルコにもあります。現場のスタッフは技術レベルも高く、真面目でよく働きます。彼らは一生懸命に日本語を覚え、日本語で意思疎通がはかれます。ですから世界各地にある工場の中でも、品質レベルには目を見張るものがあります。

私がトルコの人々に信頼と親近感を強く抱き始めた頃に、トルコ大使に就任されたのが遠山さんでした。遠山さんのトルコへの想いは、大使を退かれたあとも変わらず続いているように感じます。二〇一〇年（平成二十二）の「トルコにおける日本年」に、遠山さんから声を掛けられて実行委員長をお引き受けしたのは、そういう背景があったからです。

トルコ人は非常に親日的です。明治時代、和歌山県沖で遭難したトルコの軍艦の乗組員をその土地の人々が命がけで助け献身的に看護し、日本政府が救出者全員を無事に本国に送り届けた「エルトゥールル号遭難事件」がトルコと日本の友好関係の始まりといわれています。また、イラン・イラク戦争が激化した当時、イランにいた日本人全員をトルコ航空が安全な場所に送り届ける一方、飛行機に乗ることのできなかったトルコ人たちが、陸路を歩いて脱出した話は、私にとってトルコという国を更に身近な存在にしました。

遠山さんに強く勧められて、アンカラから南東へ約百キロのところにある、カマン・カレホユック遺跡に行ったことがあります。この遺跡は、日本人が初めて発掘権を得た場所です。考古学者の大村幸弘さんを中心に、もう三十年近くも発掘が続いています。遠山さんに大村さんをご紹介いただき、この地を見せてもらって、私は人生観が変わりました。権力者によって築かれた都が、栄枯盛衰を繰り返す中で、次々と新しい都がその上につくられていったのです。日本では学ぶことのなかった世界の歴史の壮大さを改めて感じました。遠山さんが勧めてくださった理由が遺跡を前にして納得がいったものでした。

遠山さんとは、パナソニック教育財団が行っている「こころを育む総合フォーラム」でもご一緒しています。子どもたちの抱える心の問題に取り組むために七年前発足したフォーラムです。遠山さんが主唱してつくられた有識者会議に、私もメンバーの一員として加わっています。

ここで、私はかねてから思っていた「もっと人のよい点を見るようにしよう」「褒める習慣を世の中に根づかせよう」ということを提案しました。私は仕事でアメリカに十年近くいました。地域のコミュニティに参加して印象に残ったのが、毎年暮れになると、恵まれない人々のためになるようなことをこつこつやった人を表彰することでした。小さなチャリティーパーティーの中で「この人はこういうことをやった」という話をして皆で拍手し、盾一枚を贈る。それは決して大げさなことではありませんが、そういう風にして善行を積んでいる人を褒めてあげるのは、いいことだなあとつくづく思いました。

日本人は正反対というか、叱って育てる文化が主流で、私も叱られながら育ってきました。日本では自分たちのよくないところばかりが目に留まり、「もう日本には未来がない」とか、「大変な時代になってしまった」などと言う人がいます。でも、その何十倍も素晴らしい現実があって、それを見過ごしているのです。大人も子どもも、もっとよいことに目を向け、そして認め、褒めないといけないと私は思います。このことは遠山さんをはじめ皆さんからご賛同いただいて、全国各地で行われているよい活動を「褒める」事業に結びつきました。こうした遠山さんの子どもたちの育成・教育への取り組みは、文部科学大臣をなさっていたときのご経験が根底にあるような気がします。私どもが深く関る学校法人 海陽学園創設時、第一期生の入学式にも遠山さんにはご出席いただきました。

遠山さんには二〇〇七年(平成十九)から、私どものトヨタの財団の理事長に就任していただきましたが、直後から有識者の英知を集めて新しいビジョンをかかげ、助成事業推進にご尽力いただいています。

遠山さんにお会いすると、お話されることの一つ一つが心に響きます。「ああ、そうだな」と納得できるのです。男性というのは、案外周りのことを考えてしまって、こういうことをしたら誰かが反対するんじゃないかとか、立場上そんなことはできないとか、本筋以外のところでグズグズしてしまうところがあります。その点、遠山さんは「こうやらなければ」となったら、その目的のために真っ直ぐ前を見据えて進んでいて男性以上のものがあります。とにかく純粋な方で、正義感が強い。やらなければいけないことは即、実行されます。

二〇一一年(平成二十三)七月に立ち上げた、トヨタ財団とパナソニック教育財団の「東日本大震災支援共同プロジェクト」もその好例です。異業種の企業財団が同じ支援事業に取り組むというのは、様々難しい面があります。助成財団界というのは、縦割り意識の強いところですから、共同プロジェクトというのは、そう簡単に実現できるものではありません。「被災地復興支援」と「次世代育成」という共通する考えがあるのだから、協力し合いましょう、という遠山さんの純粋な強い思いによって実現したと言えます。

財団職員から遠山さんがこんなことをおっしゃったと聞いたことがあります。「小さくても着実に成果の上がることを支援するのは大切。ただしそればかりでなく、この国の幸せにつながるような高い志を忘れてはならない。あなたの提案にそうした視点があるのか自問自答しなさい」。被災地支援プロジェクトでは、自ら被災地に足を運び、現状をしっかり視察した上で助成先の決定をされるなど、ご自分の手足を使う実行力が、職員たちから厚い信頼を得ているのだと思っています。

遠山さんは、ものごとの核心をとらえる感覚が繊細で非常に優れています。そこから立案して、決断・実行に移すのが本当に早いのです。こういう方は、そうはいません。近い将来、国を背負うほどの大きな舞台で、また仕事をしていただきたい、そう願っています。

張　富士夫（ちょう　ふじお）

一九三七生まれ、東京都出身。東京大学法学部卒。トヨタ自動車代表取締役会長。二〇〇五年～〇九年まで日本経済団体連合会副会長、〇六年～〇八年まで日本自動車工業会会長を歴任し、政府の教育再生会議委員（〇六年～〇八年）なども務めた。現在、日中経済協会会長（〇七年～）、日本体育協会会長（一一年～）。〇一年藍綬褒章、〇九年旭日大綬章受章。

巻末インタビュー　夫・遠山嘉一氏に聞く（聞き手・編集部）

ワイフはいつでも全力投球

お二人の出会いは――

大学の同じ学年でした。僕は工学部で彼女は法学部でしたから学部は違いましたが、彼女は文科一類八百名の中でただ一人の女性でした。物事に対して前向きで明るいところに惹かれて私からアプローチしました。たまたま叔母が静岡の隣町にいて、僕もよく夏休みなどをそこで過ごしていましたので、土地勘があったのと、鉄道好きであったこと（著者の父親は鉄道技師）が功を奏したと思います。彼女は大学を出て文部省に入り、僕は大学院に進みました。結婚したのは僕が社会人になった時です。彼女が入省して二年経った頃でした。

大学時代の嘉一

結婚後も仕事を続けるとおっしゃったそうですが、それはお互いに尊重しようということから――

これは、そんなにかたい話ではなくてね、なんとなく成り行きで…という感じなんですよ。

ただ、それぞれにやりたいことはやろう、というだけのことです。仕事を辞めるとか辞めないとかいう話が出たこともありませんし。それに、僕は理系で民間会社のエンジニア、ワイフは文系で文部省のキャリア官僚。専門も職場もまるで違いますから、彼女が仕事を続けることについても「そういうういうものなのかな」という感じでした。

結婚後お嬢さんを出産されていますが、当時の働く女性にとっては今以上に妊娠出産は大変なことだったと思います。そのうえ、文部省初の女性キャリアですから、子どもを持つことについて何か話し合いなどあったのですか——

二人とも子どもが欲しいと思っていましたから、とくに抵抗などもありませんでしたね。彼女は出産直前まで満員電車に乗って通勤し、産後も短い休みを取って、すぐに復帰しました。妊娠をきっかけに義母が同居してくれて、いろいろと助けてくれましたから、そう困ることもありませんでしたし、僕もワイフが「仕事を辞める」とか「セーブする」なんて考えたことはなかったですね。それはワイフも同じだったんじゃないかなぁ。

大学１年生の頃

嘉一さんも育児を積極的にサポートされて——

平日、帰宅するのはだいたい僕の方が早かったですから、お風呂に入れたり、ミルクを飲ませたり、僕にできることは何でもやりましたよ。子どもが小さかった頃は、家は僕の職場の方に近かったですし、民間企業は早い時点で土曜日が休みになっていましたから、むしろ私は娘と接する時間がたくさんもてて幸せでしたね。

ＰＴＡにも出席されていたそうですね——

はい。一般的に母親の出番とされていたところにも、僕や義母が行きました。ママさんバレーの代用選手として出場したこともあるんですよ（笑）。楽しい思い出です。

敦子さんはどのようなお母さんでしたか——

そうですね、「教育ママ」という言葉が昔流行りましたけれども、ワイフはそういう感じではなかったです。「勉強しなさい」とうるさく言うのを聞いたこともありませんし、習い事も娘がやりたいと言ったものを習わせる程度でした。仕事で一緒にいられない時間がある分、休みはともに過ごすといったことに気を配っていたようです。何かのインタビューで、自分の事を「欠保護だったと反省している」と話したらしいのですが、過干渉の親でなかったことで、むしろ娘を伸び伸びと育てることができたと思います。それに、高校、大学の進学も自分で考えて決められる、自立心のある子どもに育ってくれたのは、ワイフが仕事にも家族にも真摯に向き合う姿を見てきたからだと、僕は思っているんですよ。

お嬢さんは、両親が共働きで淋しいようなことはおっしゃいませんでしたか――

きちんと聞いてみないと分かりませんけれども、義母が家にいてくれましたからカギっ子ではありませんでしたし、あまり淋しいとは感じない環境だっただろうと思います。ただ、毎年末の予算編成時期には泊まり込みが続きましたので、それはちょっと淋しかったかもしれません。でも僕たちが共働きだったことで、地域の人たちに助けられたり、交流会に参加したりといろいろな大人たちと自然に接する機会を与えられ、娘はとてもよく育ってくれたと思います。

仕事から帰って、敦子さんが家にいないということに抵抗は――

そういう感覚は全くありませんでしたね。僕の世代は奥さんが家にいるものという考えの人も少なくないと思いますが、僕にはそういう発想自体なかった、という方が近いかも

日吉にて　新幹線の横で（娘2歳）

しれません。それに、僕は研究職でしたから、勤務時間に比較的自由度がありました。ワイフのように深夜になったり泊まりになることは少なかったですし、土日休みで時間的にも、僕の方が余裕がありましたから。

敦子さんの役職が気になったことはありませんでしたか——

とくに意識したこともなかったと思うのですけれど。そういえば、たまたま同時期に部長になったことがあって、自宅に「部長をお願いします」という電話が入った時に、「え、どっちの?」なんて受け答えを僕がしまして、えらく怒られたことがありました(笑)。もし、お互いに公務員だったり、あるいは民間企業に入っていたりすれば、どっちが課長になった、部長になったと気になるものなのかもしれませんけれど、僕たちは別々の階段を上っていましたから、比べようもなかったんです。ただ、ワイフが文部省の部長になった時に公用車が付くようになりましてね、この時は「こりゃもう勝ち目はないなぁ」と思いましたよ(笑)。

娘の嫁ぐ日を前に(1992年3月)

お嬢さんは公務員になられたそうですね――

娘は進路を決める際、僕と同じ理系を選んだので、内心シメシメと思ったのですが（笑）、その後、公務員試験を受けて技術職の役人になったものだから、これで引き分けね、というところもあったかもしれません（笑）。

親子で霞が関に勤めた人はそういないでしょう――

そうかもしれませんね。ワイフが大臣になった時、娘は厚生労働省の本省勤務だったのですが、特別扱いされるようなことが大嫌いで、自分から親のことなど絶対に言わなかったようです。それは職場以外でもそうで、孫の小学校の運動会にワイフが行ったら、周囲の人たちは何も知らないものだから「うわぁ、大臣がきている」と騒ぎになって、校長先生もとても驚いていました。担任の先生も、おばあちゃんが大臣だなんて全然知らなかったって。

敦子さんがトルコ大使になられたときはどうでしたか――

文化庁長官を退官したあと、トルコ大使に任命されましたが、私自身も仕事を持っていましたので、一緒に行くことはできず、「逆単身赴任」となりました。その代わり、赴任した時をはじめとして、連休や夏休み、冬休みなど、人から笑われるほど何回もトルコを訪問しました。このような機会にトルコ国内の旅行へ一緒に行きました。カッパドキアやパムッカレなど有名な観光地のほかに、ヒッタイト発祥の地や、黒海沿岸、山中にあるギリシャ・ローマ時代の遺跡など、普通の観光客が行かないところも訪ねることができました。トルコ大使公邸では、大使のご主人ということで、結構厚遇を受けたのは幸いでした。

敦子さんはトルコで大病になられました――

トルコに赴任した翌年の春、大使会議で日本に帰国する予定になっていた時に、公邸の料理人から大使が大変ですという電話が入りました。現地の病院に担ぎ込まれて、胆石が暴れていると診断され、直ちに手術をしようと言われたそうです。しかし、本人は大使会議に出席するためにどうしても帰国しなくてはと、現地の病院の反対を押し切って、東京の大使会議に出席しました。その会議のあと、高熱を出して、東大病院へ急行し、そこで超音波とCT検査をした結果、直ちに家族が呼び集められました。覚悟を決めて説明に聞き入りましたが、胆石などではなく、重症の胆嚢がんだということでした。

翌々日、生体肝移植で著名な幕内雅敏教授の執刀で手術が行われ、何とか一命を取り留めました。その後も時々急な発熱などがあり、気の許せない毎日でした。その年のゴールデンウィークに赴任地のトルコへ送って行きましたが、あとは心配でしたね。でも、三年二ヶ月の期間を無事務めあげて帰国できましたので、先生には感謝の気持ちでいっぱいです。

敦子さんが大臣になられた時は驚いたのでは——

入閣前夜に突然電話が鳴りましてね、ワイフは「そんな器ではありませんから」と強く固辞していましたけれど、色々な方から何度も説得の連絡が入っていました。翌朝、私は仕事でうちを出てしまいましたが、彼女の大臣就任を知ったのは、出張中に街の電器屋さんのテレビ画面にワイフが「大臣に内定した」という昼のニュースが出ていて、本当になってしまったのだとびっくりしました(笑)。ワイフは会見で「私が一番驚いた」と言っていますが、実は私も随分驚きました。彼女はその日のうちに認証式や記者会見がありましたから、深夜にようやく帰宅して話ができました。

どのような話をされたのですか——

もうその時点では大臣になっていましたからね(笑)。ワイフは、とにかくどんな時でも全力投球をしますので、身体を悪くしないようにほどほどにやってくれ、というようなことを話した記憶があります。

大臣になられて変わったことは——

その日のうちに、大臣警護のために一メートル四方のポリスボックスが設置されて自宅におまわりさんが常駐するようになりました。ところがこのボックスはカンカン照りになるとものの

左から娘・真理、夫・嘉一、著者、孫三人、娘の夫・浅見泰司東大教授

すごく暑くて、気の毒なので運動会で使うようなテントを買ってきて日よけを作ったり、トイレがなくてわが家も日中は留守なので、庭に簡易用トイレを設置したりしました。それから、ワイフは日頃運動をする時間がなかなかとれないので、夜夫婦で三、四十分の散歩に出るのですが、そこにもおまわりさんが付いてくる、そんな生活になりました。ほかには、自宅の電話や、インターフォンには必ず私が出るようになりました。なんだか変な電話もかかってきますし、大臣が直接「もしもし」と出たら、相手だってびっくりするでしょうしね（笑）。

公式行事にパートナーとして出席されることも多かったでしょうね――

ええ、そのためにタキシードも買いました。先ほどのテントやトイレもそうですが諸々自費ですから、パートナーが大臣になるとなにかと物入りになるということを知りました（笑）。公式行事で皇居にタキシードを着て行った際、竹中平蔵財務担当大臣に「日本経済に貢献してくれましたね」と言われましたよ。

遠山大臣のお仕事ぶりはいかがでしたか――

大臣時代は、とにかく朝は早いし土日もほとんどありませんでした。出張も多いですし、仕事はもちろんですが、体力的にかなりきつかっただろうと思います。夜遅く帰宅しても、翌日の仕事の準備があります。何しろ一生懸命に取り組む人ですから、身体のことがとても心配でした。

ところで嘉一さんはお嬢さんのお子さんの育児をお手伝いされているとか――

娘は今、理解あるパートナーを得て、博士号も取得し、三人の子どもを育てながら国立の研究所で研究者として働いています。私たちも親世代に助けてもらってきましたから、彼女が仕事を続けられるようにできるかぎり手伝ってやりたいという思いはあります。娘も夫のお母さんにずいぶん助けてもらっているようです。自分を育てながらキャリアを積み上げてきた母親の姿から学ぶこともあっただろうと思います。三人目の孫ができた時には、週に二日、私が娘の家に通い家事や育児の一部を手伝っていました。今は末っ子が六歳になり大分物分かりもよくなって、娘も時間的な余裕ができてきたので、娘夫婦が出張の時など、頼まれると出かけて行っ

夏富士と湖に憩う白鳥（撮影・遠山嘉一）

てお迎えやおさんどんをしています。「イクメン」ならぬ「イクジイ」です（笑）。

嘉一さんのような理解ある夫を希望する若いお母さんたちが多いと思います――

そう難しい話ではなくて、夫婦であっても、個々に自己がありますし、当然進む道、考え方もそれぞれでしょう。だったら、お互いの生き方を尊重し合い、それぞれの可能性を大事に出来ればいいなと、そう思っているだけなんですよ。

最後に、ご夫婦がうまくやってこられた秘訣をお願いします――

そうですね、特別なことはないのですけれど…。お互いに干渉しすぎなかったということでしょうか。ああしろ、こうしろとお互いに文句を言ったり要求したりということは、ほとんどなかったです。それから、普通のエンジニアだと、国がどういう考えでどのようなことをしている、ということはあまり分からないのですけれど、僕はワイフからいろいろと聞いているうちに門前の小僧になりましてね（笑）。幅広い考え方、見方を知ることができたのはメリットだったと思います。ワイフにしましても、元々彼女の父親もエンジニアでしたから、いわゆる理系アレルギーはなかったですし、こちらの話を興味をもって聞いてくれていました。お互いの話を通じて視野を広げることができたのは、とてもよかったと思います。あえて一つ言うとすれば、ワイフが決めたことに「ノーと言わない」、ということが秘訣になるかもしれません（笑）。

遠山 嘉一（とおやま よしかず）
一九三九年東京生まれ。工学博士。六二年東京大学工学部応用物理学科卒業、六四年に東大大学院電子工学専攻修士課程を修了。同年、富士通信機製造（現・富士通）に入社、敦子と結婚。富士通研究所で、半導体デバイスの研究開発、衛星搭載用観測機器開発などに従事。東大理工連携キャリア支援室・キャリアアドバイザー、日本女子大学理学研究科客員教授・女性研究者マルチキャリアパス支援プロジェクト推進室長などを歴任。

〈年表〉

西暦（元号）	◉世界と日本の情勢 月日	事項	◉日本の教育行政の動き 月日	事項	◉私の歩み 月日	事項
一九三八（昭和13）	4・1	国家総動員法の制定	6・9	集団的勤労作業運動実施に関する通達（いわゆる学徒動員）	12	父・小沢米太郎、母・ひさの長女として、三重県桑名市に生まれる
一九三九（昭和14）	5~9 9・1	満州・ソ連の国境近くでノモンハン事件が発生 第二次世界大戦がはじまる				
一九四〇（昭和15）	9・27 10・12	日独伊三国同盟を締結 大政翼賛会発足	3・29	義務教育費国庫負担法（教員俸給の半額国庫負担）公布		
一九四一（昭和16）	4・13 12・8 12	日ソ中立条約を締結 真珠湾攻撃により太平洋戦争がはじまる 独・伊が米国に宣戦布告	3・1	「国民学校令」公布（小学校に代わって国民学校が登場）		
一九四三（昭和18）	6・5 9	ミッドウェー海戦勃発 伊が連合軍に無条件降伏	1・21 10・2	「中等学校令」公布（修業年限を四年、教科書を国定制とする） 学生生徒の徴兵猶予停止（文科系学生のいっせい入営）		父、ジャワへ出征
一九四五（昭和20）	2 5	ヤルタ会談が行われる 独の無条件降伏により	3・18	「決戦教育措置要綱」を閣議決定（国民学校初等科を除く学校の授業を原則とし	4	桑名市立大成国民学校へ入学

		欧州での戦争が終結		て4月から一年間停止）	7	桑名市大空襲により校舎焼失、市街地は全域焼夷弾攻撃を受ける
	8・6	広島に原爆投下	10・22	GHQ、「日本教育制度に対する管理政策」を指令（教授内容の改訂、教育者の調査追放等）	8・15	玉音放送を聞く
	8・9	長崎に原爆投下	10・30	GHQ、軍国主義者等のいわゆる教職追放	9	学校再開、青空教室はじまる
	8・14	ポツダム宣言受諾	12・15	GHQ、国家神道の禁止を指令		
	8・15	太平洋戦争終結	12・31	GHQ、修身、日本歴史及び地理の授業停止、従来の教科書を収集破棄		
	〃	GHQが日本を占領				
	10・24	国際連合発足				
	12	選挙法改正				
		【財閥の解体がはじまる】				
一九四六（昭和21）	11・3	「日本国憲法」公布	3・30	米国教育使節団、報告書を最高司令官に提出	秋	父、ジャワから復員
	11・16	国語審議会、答申により現代の音韻に基づく「現代かなづかい」を告示	8・10	総理大臣の諮問機関として、「教育刷新委員会」設置		
			12・27	教育刷新委員会、第一回建議（教育基本法要綱や新学制）		
一九四七（昭和22）	4	労働基準法、独占禁止法公布	3・20	学習指導要領一般編（試案）発行	4	桑名市立大成小学校となる
	5・3	日本国憲法施行	3・31	「教育基本法」「学校教育法」公布		
		【農地改革がはじまる】	4・1	新制小・中学校発足。九年の義務制となる		
			5・3	憲法第二六条で「教育を受ける権利」と「普通教育を受けさせる義務」の規定		
			6・8	日本教職員組合（日教組）結成		
一九四八（昭和23）	9・9	朝鮮が大韓民国と朝鮮民主主義人民共和国に分裂	4・1	新制高等学校発足	6	木造二階建校舎落成
	12・10	世界人権宣言		新制一二大学発足（公立一、私立一一）		
			6・22	文部省国立大学設置一一原則を決定発表（国立七〇校、県単位一校が基準）		

年	月日	社会の出来事	月日	教育関係	時期	個人
			7・15	「教育委員会法」公布		
			11・1	教育委員会発足		
一九四九（昭和24）	4・4	北大西洋条約機構成立	1・12	「教育公務員特例法」公布（2月22日施行）		
	10・1	中華人民共和国成立	4・1	新検定教科書使用開始		
	秋	湯川秀樹氏がノーベル物理学賞を受賞	5・31	「文部省設置法」公布により新文部省発足 「国立学校設置法」公布（国立新制大学六九校設置） 「教育職員免許法」公布（9月1日施行）		
			6・10	「社会教育法」公布（7月22日施行）		
			12・15	「私立学校法」公布		
一九五〇（昭和25）	6・25	朝鮮戦争がはじまる			夏	小学校の代表として桑名市の弁論大会に出場。優勝し市長杯を受ける。テーマは「一日一善」
					冬	日本赤十字社「子ども赤十字全国大会」に三重県代表として出席
一九五一（昭和26）	9・8	サンフランシスコ講和条約に調印	11・12	教育刷新委員会、中央教育審議会の設置を建議（刷新委員会最後の建議）	4	桑名市立成徳中学校に入学
					夏	父の仕事に伴い、一家で静岡へ転居
					9	静岡市立城内中学校に転入

〈年 表〉

一九五二（昭和27）	4・28	講和条約発効により、日本は主権回復	3・27 6・18 8・8	「私立学校振興会法」公布（特殊法人私立学校振興会の貸付開始） 日教組定期大会で「教師の倫理綱領」を決定し、階級闘争明確化 「義務教育費国庫負担法」復活制定	4～ 秋	生徒会副会長を務める ヘリコプターに搭乗（生徒会長と）
一九五三（昭和28）	2・1 7・27 12・25	日本放送協会（NHK）のテレビ放送がはじまる 朝鮮戦争休戦 奄美群島が米国統治下から復帰	 8・8 8・27	【日教組闘争重点主義明確化：教育二法反対闘争（昭和29年）、道徳特設反対闘争（昭和33～35年）、勤務評定反対闘争（昭和32～34年）、学力調査反対闘争（昭和36～37年）、主任制反対闘争（昭和50年～平成7年）など】 「理科教育振興法」「学校図書館法」公布 「公立学校施設費国庫負担法」公布		
一九五四（昭和29）	3・1	米国が太平洋ビキニ環礁で水爆実験を行い、「第五福竜丸」はじめ千隻以上の漁船が被爆	6・3	「義務教育諸学校における教育の政治的中立の確保に関する臨時措置法」「教育公務員特例法の一部を改正する法律」（教育二法）公布 「学校給食法」公布	4	県立静岡高校に進学。新一年生三八〇名のうち、女生徒は一二名
一九五五（昭和30）	4・18 8・6 11・15	インドネシアでアジア・アフリカ会議開催 広島で第一回原水爆禁止世界大会開催 自由民主党結成。55年体制はじまる				校内弁論大会で優勝（二年生）。テーマは「南極観測隊の壮途に思う」

年	月・日	出来事	月・日	教育	月	事項
一九五六（昭和31）	7	「もはや戦後ではない」と経済白書で戦後復興の終了を宣言	6・30	「地方教育行政の組織及び運営に関する法律（地教行法）」公布、10月から任命制の教育委員会が発足し、現在に至る		
	10・19	日ソ共同宣言に調印し、国交回復	10・22	「大学設置基準」（省令）の制定		
	12・18	日本が国際連合に加盟し、国際社会に復帰				
一九五七（昭和32）		【白黒テレビ、電気洗濯機、電気冷蔵庫が三種の神器と呼ばれる】	9・20	文部省、教員勤務評定制度の趣旨の徹底、教員の服務の厳正について通達	4	東京で大学生の兄と下宿し予備校に通う
	12・6	日ソ通商条約と貿易支払協定を締結	12・22	日教組、勤務評定反対・阻止闘争強化を決議、「非常事態宣言」発表		
一九五八（昭和33）	12・23	日本電波塔（東京タワー）が完成	5・1	「公立義務教育諸学校の学級編制及び教職員定数の標準に関する法律（義務標準法）」公布、小中学校五〇人学級に	4	東大文科一類に進学。文科一類入学者八〇〇名のうち、女性は一人であった
			7・9	市町村立学校職員給与負担法を改正し、校長に管理職手当支給		芝白金の東大女子学寮に入寮
			8・28	学習指導要領を文部大臣が告示し、教育課程の基準とする（小・中学校）		東大工学部生でのちのパートナーとなる遠山嘉一と出会う
一九五九（昭和34）	4・10	皇太子明仁親王、美智子妃ご成婚		【義務教育定数改善第一次五ヶ年計画】		
一九六〇（昭和35）		【アフリカの年（アフリカの一七ヶ国が独立）】	4・26	新安保阻止学生デモ全国各地に展開	4	本郷の法学部公法コースへ進学

	1・19	新日米安全保障条約に調印				
	9・10	テレビのカラー放送がはじまる				
	12・27	国民所得倍増計画を発表。高度経済成長政策を進める				
一九六一（昭和36）		南極観測再開、樺太犬タロ、ジロの生存確認	9・9	日教組、全国一斉学力調査反対闘争の方針決定		
			10・26	文部省、中二・三全員を対象に全国一斉学力調査を実施（旭川市永山中学校事件発生）		
一九六二（昭和37）	10	キューバ危機	3・31	「義務教育諸学校の教科用図書の無償に関する法律」公布	4	文部省（現文科省）に省内初の女性上級職として採用される。社会教育局・婦人教育課に配属
一九六三（昭和38）			12・21	「義務教育諸学校の教科用図書の無償措置に関する法律」公布（教科書の無償給与は昭和26年から部分的に実施）		
一九六四（昭和39）	10・1	東海道新幹線開通	4・3	【この頃青少年非行の第二のピーク】「国立学校特別会計法」公布	3	遠山嘉一と結婚
	10・10	東京オリンピック開幕	6・19	短期大学を恒久制度化（学教法の一部改正）	4	社会教育課・法規係に異動

年	月日	社会の出来事	月日	教育の出来事	月日	個人の出来事
一九六五（昭和40）	6・22	日韓基本条約を締結し国交正常化			4	初等中等教育局・財務課法規係へ異動、のち係長に
		ベトナム戦争激化				
	秋	朝永振一郎氏がノーベル物理学賞を受賞				
一九六六（昭和41）	春	中国で文化大革命がはじまる	10・31	中教審、期待される人間像を含めて「後期中等教育の拡充整備について」答申		
	6・29	ビートルズ初来日				
一九六七（昭和42）	7・1	欧州共同体（EC）発足			12	長女・真理を出産
一九六八（昭和43）		【日本の国民総生産が米国に次ぐ世界二位に】		【昭和43～44年学園紛争全国に波及】	4	大臣官房総務課法令審議室に異動　省内の各種法令審査にあたる
	6・26	小笠原諸島が米国統治下から復帰	4・1	教育課程の精密化、構造化		
	秋	川端康成氏がノーベル文学賞を受賞				
一九六九（昭和44）	7・20	米国のアポロ11号が人類初の月面着陸に成功	1・16	京都大学、学寮問題で封鎖　～9月21日		
			1・18	東京大学安田講堂、機動隊により封鎖解除。大学の秩序回復せず、昭和44年度の入学試験中止		
			8・7	「大学の運営に関する臨時措置法」公布、11月以降、紛争は鎮静化		
一九七〇（昭和45）	3～9	大阪で万国博覧会開催	5・18	「日本私学振興財団法」公布。私立大学等経常費補助制度の創設	4	総理府・青少年対策本部へ出向、調査と
	3	核拡散防止条約発効				

年	月日	事項	月日	事項	月日	事項
						体力づくり担当参事官補佐となる
一九七一（昭和46）	1	世界経済フォーラム設立、ダボス会議を開催	5・28	「国立及び公立の義務教育諸学校の教員の給与等に関する特別措置法」（給特法）公布（昭和47年1月から教職調整額創設）	4	専任の調査担当補佐として、世界一一ヶ国を調査対象とする「世界青年意識調査」に取り組む
	6・17	沖縄返還協定に調印	6・11	中教審「今後における学校教育の総合的な拡充整備のための基本的施策について」答申（四六答申）		
	7・20	マクドナルド日本第一号店が銀座にオープン				
	9・18	日清食品がカップヌードル発売				
一九七二（昭和47）	2・19	浅間山荘事件が発生			秋	「世界青年意識調査」を実施
	5・15	沖縄が米国統治下から復帰			9	総理府青年海外派遣南欧班副団長として、フィンランドを皮切りにドイツ、イタリアなど欧州各都市を一ヶ月かけて訪問。公私初の海外訪問
	6・11	田中角栄「日本列島改造論」を発表				
	9・29	日中共同声明により国交正常化				
一九七三（昭和48）	秋	第一次石油危機	10・1	筑波大学設置（新構想大学）（大学の管理機能強化と新教育研究組織の導入）	春	「世界青年意識調査」報告書の作成
	〃	江崎玲於奈氏がノーベル物理学賞を受賞			秋	『比較日本人論』（千石保氏と共著）出版
					10	文部省に戻り、大学学術局学術課企画担当補佐に就任

一九七四（昭和49）	秋	佐藤栄作氏がノーベル平和賞を受賞	2・25 4・11 6・1	「学校教育の水準の維持向上のための義務教育諸学校の教育職員の人材確保に関する特別措置法」（人材確保法）公布 日教組、四三都道府県で初めて全一日ストライキ（約三〇万人参加） 教頭法制化（学教法）		改組により学術国際局学術課となる
一九七五（昭和50）	4・30	ベトナム戦争終結	7・11 12・6 12・10	私立学校振興助成法公布 主任制制度化（「調和のとれた学校運営について」文部大臣見解） 日教組、主任制度化反対をかかげて半日ストライキを実施	11 12	『我が国の学術』（文部省学術国際局）を出版 父、他界
一九七六（昭和51）	2・4 4〜7	ロッキード事件が明るみに出る 南北ベトナムが統一し、ベトナム社会主義共和国が成立	1・10 3・9 3・15 5・21	専修学校制度発足 日教組、主任手当を含む人事院勧告反対ストライキ 【以後、主任手当拠出運動の展開】 昭和50年代前期高等教育計画（高等教育懇談会） 旭川学力調査事件最高裁判決―学習指導要領の法的基準性に決着	9	官房企画官に就任
一九七七（昭和52）			7・23	小・中学校学習指導要領告示（小・昭和55年、中・昭和56年実施）（教育内容を精選、標準授業時数を削減等）	9	学術国際局情報図書館課長に就任
一九七八（昭和53）	5・20 8・12	成田国際空港開港 日中平和友好条約を締結	10・1	新教育大学設置（昭和53年10月兵庫・上越、昭和56年10月鳴門）		学術情報システムの構想を練る

一九七九（昭和54）		第二次石油危機	1・13 4・1 12・14	初めての国公立大学共通一次学力試験 養護学校義務制実施 昭和50年代後期高等教育計画		学術審議会から「学術情報システム」について答申
一九八〇（昭和55）	9・22	イラン・イラク戦争がはじまる	4	【第五次定数改善一二年計画】昭和55年度～平成3年度、四〇人学級実現	6 9	ユネスコ国際部国際学術課長に就任。学術交流支援や南極観測事業支援を担当 中国北京訪問。日中教育学術交流の開始
一九八一（昭和56）	2・23 秋	ローマ教皇が初来日し、広島と長崎を訪問 福井謙一氏がノーベル化学賞を受賞	3 6・11	臨時行政調査会設置 「放送大学学園法」公布、昭和58年4月放送大学設置、昭和60年度から学生受け入れ	3	中国科学技術大学からの協力依頼により日本の研究者と中国・合肥訪問。東大との交流開始
一九八二（昭和57）			 4・8 8・26 11・24	【校内暴力ピーク】 教科書検定第二次訴訟（取消処分請求）→平成元年6月27日差戻し審で訴え却下 昭和56年度の高等学校歴史教科書検定について官房長官談話発表 教科書検定基準改正（近隣諸国条項）、文部大臣談話発表	6 7	日豪科学技術協力協定に基づく会議出席のため、オーストラリアへ 初等中等教育局中学校教育課長に就任
一九八三（昭和58）	4・15 5・26	東京ディズニーランド開園 日本海中部地震が発生	2・15 3・8	町田市立忠生中学校で教師による生徒刺傷事件発生 「最近の学校における問題行動に関する懇談会」提言	2 3	忠生中学校事件を受けて校内暴力対策に取組む。懇談会発足 提言のとりまとめ

年	月日	社会	月日	教育	月日	事項
	9・1	大韓航空機撃墜事件が発生	3・10	「校内暴力等児童生徒の問題行動に対する指導の徹底について」通知	9	『現代フレッシュマン論』を出版
			12・8	適正な進路指導について通知（業者テストへの依存を是正）		
一九八四（昭和59）	1・9	日経平均株価一万円の大台を突破	6・6	新高等教育計画昭和61年〜平成4年		
	11・1	新紙幣発行（一万円札福澤諭吉、五千円札新渡戸稲造、千円札夏目漱石）	6・29	留学生受入れ一〇万人計画		
			8・8	「臨時教育審議会」設置		
一九八五（昭和60）	3〜9	筑波で国際科学技術博覧会開催		【全国の小・中・高の半数を超える学校でいじめ発生】	7	高等教育局企画課長に就任
	4・1	日本電信電話公社が廃止、日本電信電話株式会社を設立	6・26	臨教審第一次答申【①学歴社会の弊害是正②大学入試改革③大学入学資格の自由化・弾力化④六年制中等学校の設置⑤単位制高等学校の設置】		大学改革問題に取組む
	8・12	日本航空一二三便墜落事故で、乗員乗客五二〇名が死亡				
一九八六（昭和61）	4・1	男女雇用機会均等法施行	2・1	中野区立富士見中学校の生徒がいじめを苦に自殺		大学改革協議会の設置
	4・26	ソ連でチェルノブイリ原発事故が発生	4・23	臨教審第二次答申【①生涯学習体系への移行②初等中等教育の改革③高等教育の改革：ユニバーシティカウンシルの創設④教育行財政の改革：国の基準・認可制度の見直し、教育委員会の活性化】		

年	月日	事項	月日	事項	月日	事項
一九八七（昭和62）	4・1	日本国有鉄道が分割、民営化	4・1	臨教審第三次答申【教科書制度改革、高校入試改善、高等教育機関の組織・運営の改革等】	9	大学審議会の設置
	6・26	日本の外貨準備高が世界一に	8・7	臨教審第四次答申【文部省に生涯学習局設置、秋期入学制。個性重視の原則、生涯学習体系への移行等】		
	7・1	東京都の年間地価上昇率が八五・七%に	8・20	臨教審設置期間満了		
	秋	利根川進氏がノーベル医学生理学賞を受賞	9・10	大学審議会設置のための学校教育法改正		
一九八八（昭和63）	3・13	青函トンネル鉄道開通	2	高校生等の海外留学の制度化	6	文化庁文化部長に就任
	4・10	瀬戸大橋開通	3	単位制高等学校の制度創設	11	オペラ劇場運営調査のため、ロンドン、パリ、ウィーン、ミュンヘンの歌劇場を視察
	8・20	イラン・イラク戦争停戦	7	文部省に生涯学習局設置		
一九八九（昭和64）	1・7	昭和天皇崩御				
	〃	今上天皇即位				
一九八九（平成元）	1・8	元号を「平成」に改元	3・15	小・中・高の学習指導要領告示―「新しい学力観」【①心豊かな人間の育成②基礎基本重視と個性教育推進③自己教育力育成④文化と伝統尊重、国際理解の推進】	4	文化庁次長に就任。文化財保護を含む文化行政全般の実務責任者となる
	4・1	消費税法施行。税率三%に	3・31	国立劇場法改正（現代舞台芸術に係る業務を加える）	夏〜	芸術文化振興基金創設のため奔走
	6・4	中国で天安門事件が発生	4	初任者研修制度創設（条件付採用期間も一年に延長）		第二国立劇場の土地問題に取組む
	11	アジア太平洋経済協力会議（APEC）が発足	9	教科書検定基準の簡素化		
	11・9	ベルリンの壁崩壊		大学院制度弾力化（大学院設置基準の改正）		
	12・3	米ソ冷戦の終結宣言				
	12・29	日経平均株価最高値を記録（三万八九一五円）				

年	月日	事項	月日	事項	月日	事項
			11・17	全日本教職員組合協議会（全教）結成		
			12・15	日教組臨時大会で全教加盟者を除名。日教組分裂		
一九九〇（平成2）	4～9	大阪で国際花と緑の博覧会開催	1・13	第一回大学入試センター試験実施	3・30	基金創設。余剰容積の譲渡による二国建設の目途がつく
	10・3	東西ドイツ統一	3・30	国立劇場法改正「日本芸術文化振興会法」と改称。芸術文化振興基金を振興会内に創設		
	12・2	秋山豊寛氏が日本人初の宇宙飛行士として宇宙船ソユーズに搭乗				
一九九一（平成3）		【バブル経済が崩壊、平成不況がはじまる】	5・17	高等教育計画平成5～12年（大学審議会）	6	教育助成局長に就任 普賢岳噴火後学校施設の整備
	1・17	湾岸戦争勃発	6・3	「学位規則」改正（学士を学位に位置付け、修士・博士の種類廃止）		
	6・3	雲仙普賢岳噴火による火砕流が発生	7・1	学位授与機構設置		
	12・25	ソ連崩壊				
一九九二（平成4）	6・3	地球サミット開幕	9・12	学校週五日制（月一回、第二土曜日）スタート	7	高等教育局長に就任
	6・15	国連平和維持活動協力（PKO）法成立				
一九九三（平成5）	5・15	日本プロサッカーリーグ（Jリーグ）が開幕	2・22	「高等学校入学者選抜について」（事務次官通知）（「中学校は業者テストの実施に関与することは厳に慎むべき」等）		各大学での改革をフォロー
	6・9	皇太子徳仁親王、雅子妃ご成婚	4・1	高校に総合学科を制度化（七高校で設置） 単位制高校を全日制課程でも設置可能に		
	8	非自民の連立内閣誕生、55年体制が終了				
	11・1	ヨーロッパ連合（EU）				

		発足。EU共通通貨ユーロを導入				
一九九四（平成6）	秋	大江健三郎氏がノーベル文学賞を受賞	11・27	愛知県西尾市中学生いじめ自殺事件（大河内清輝君）	7	文化庁長官に就任
			12・9	文部省が「いじめ対策緊急会議」を開き「緊急アピール」	8	母、他界
一九九五（平成7）	1・17	阪神淡路大震災が発生	4・1	学校週五日制を月二回に拡大		「新国立劇場」の命名
	3・20	地下鉄サリン事件が発生				
一九九六（平成8）	8・8	東京オペラシティ完成			1	文化庁長官を辞任（文部省を退職）
	9・10	国連総会で包括的核実験禁止条約が採択			3	大使就任準備のため、イギリス・カンタベリー郊外へ一ヶ月間遊学
	12・17	駐ペルー日本大使公邸占拠事件が発生			6・24	駐トルコ共和国特命全権大使辞令交付
					9・2	トルコ大統領官邸内にて天皇陛下からの信任状を奉呈し、駐トルコ日本大使として着任
一九九七（平成9）	2・1	神戸連続児童殺傷事件が発生	6・3	学校図書館法改正（平成16年度以降、司書教諭を必置化）	1	中東地域大使会議のため帰国。会議後緊急入院し、胆嚢がんと診断され緊急手術
	4・1	消費税率五%に	8・29	教科書検定第三次訴訟（損害賠償請求）最高裁判決（検定制度合憲）		
	7・1	香港の主権が中国に返還				

年	月日	社会の動き	月日	教育・文化の動き	月日	事項
	7 11・24 12・1	アジア通貨危機 山一證券が経営破たんし、自主廃業 地球温暖化防止京都会議開幕	10・10	新国立劇場（初台）の開場	 2末 4末 	を受ける 退院し自宅療養 トルコへ帰任 土日基金文化センター設立のための諸準備
一九九八（平成10）	2・7 6	長野冬季オリンピック開幕 FIFAワールドカップフランス大会に日本初出場	1・19 1・21 12・14	千葉大学工学部が全国で初めて実施した「飛び入学」試験で高校二年生三人が合格 放送大学が通信衛星による放送を開始、対象エリアが全国化 新学習指導要領告示（学習内容三割削減、「総合的な学習の時間」創設。いわゆる「ゆとり教育」（小・中平成14年度実施）	5・5	土日基金文化センターオープニング式典
一九九九（平成11）	9・30	茨城県東海村の核燃料施設で、日本初の臨界事故が発生 【米国市場を中心にITバブルが起こる】	4 8・13	文部省が「家庭教育手帳」を乳幼児を持つ親に、「家庭教育ノート」を小中学生を持つ親に配布 「国旗及び国歌に関する法律」公布・施行	8 9 10・6 10	トルコ・マルマラ海で大地震発生 各種の支援活動を実施 大使任期終了し、トルコより帰国 文化庁顧問に就任
二〇〇〇（平成12）	3・31 4・1 6・26 秋	北海道有珠山が噴火 介護保険制度施行 三宅島が噴火し、全島民が島外避難 白川英樹氏がノーベル化学賞を受賞	1・21 4・1 12・22	職員会議の位置付けの明確化（「校長が主宰」） 教育長の任命承認制度を廃止（地方分権一括法による地教行法の一部改正） 「教育改革国民会議」（小渕総理〈後に森総理〉の私的諮問機関）が最終報告（設置は3月24日）	4	国立西洋美術館長に就任

二〇〇一（平成13）	4・26	小泉内閣発足	1・6	中央省庁再編により文部科学省が発足 従来の七審議会を整理・統合した新中央教育審議会が発足	4・1	独立行政法人国立美術館初代理事長に就任
	9・11	米国で同時多発テロ事件発生	4・1	第七次教職員定数改善計画（平成13～17年度）：義務標準法改正（3月30日）により、都道府県教委の判断で国の基準を下回る都道府県の基準を設けることが可能となった）	4・26	民間からの文部科学大臣に就任（在任期間二年五ヶ月）
	9	日本初の狂牛病発生	6・8	大阪教育大学教育学部附属池田小学校事件	6	「遠山プラン」（国立大学法人化）の発出
	12・1	敬宮愛子内親王ご誕生	6・29	教育改革三法（地教行法、学校教育法、社会教育法の一部改正）成立（指導力不足教員への対応、出席停止制度の明確化等）	6・8	池田小学校事件を受けて対策の開始
	秋	野依良治氏がノーベル化学賞を受賞	12・4	ＯＥＣＤが生徒の学習到達度調査（ＰＩＳＡ２０００）結果を公表（「宿題や自分の勉強をする時間」が参加国中最低）	10	『トルコ—世紀のはざまで』を出版。後に英語版、トルコ語版が刊行
		【日本の失業率が五％以上に】	12・12	「子どもの読書活動の推進に関する法律」公布・施行		
		【ＩＴバブル崩壊】				
二〇〇二（平成14）	5・31	日韓共同開催ＦＩＦＡワールドカップが開幕	1・17	文部科学省が「確かな学力の向上のための２００２アピール『学びのすすめ』」を公表	1	大学問題、科学技術政策の意見交換のため、欧州各国訪問
	9・17	日朝首脳会談が開かれ、日朝平壌宣言に署名。拉致被害者五名が帰国	4・1	小中学校で新学習指導要領実施（「集団に準拠した評価」〈相対評価〉から「目標に準拠した評価」〈絶対評価〉に転換） 完全週五日制実施	1・17	「学びのすすめ」のアピールによって「ゆとり教育」に警告
	秋	小柴昌俊氏がノーベル物理学賞を、田中耕一氏が化学賞を受賞	4・22	道徳の補助教材『心のノート』を全国の小中学生に配布	12	ノーベル賞授賞式に出席。スウェーデン国王に謁見

二〇〇三（平成15）	3・20	米国軍の攻撃によりイラク戦争がはじまる	3・31	「学位規則」改正（専門職学位として「修士〈専門職〉」「法務博士〈専門職〉」を新設）	7	国立大学法人の制度化を達成
	4・1	郵政事業庁が日本郵政公社に	4・1	専門職大学院制度を創設	9	文部科学大臣を辞任
	6・6	戦後はじめて有事法制が成立	7・9	国立大学法人法成立、7月16日公布、10月1日施行 平成15年度に初めて留学生の受入数一〇万人を達成（「留学生一〇万人計画」昭和58年、中曽根内閣）		
	12	日本で鳥インフルエンザ感染が発生				
二〇〇四（平成16）	4・7	イラクで日本人人質事件発生	4・1	国立大学法人制度がスタート 法科大学院開設	3	『こう変わる学校、こう変わる大学』を出版 文明の対話会議出席のためパリのユネスコ本部へ ロンドンのロイヤル・アカデミーで日本の大学改革の動向について講演
	11・10	日本で新紙幣発行（五千円札が樋口一葉、千円札が野口英世）	4	構造改革特区法により設置可能となった株式会社立学校が開設	4	財団法人パナソニック教育財団理事長に就任
	12・13	米国軍がサダム・フセインを拘束	12・7	OECDがPISA2003の結果を公表（読解力で順位を落とし、学力低下傾向が指摘された）		
	12・26	スマトラ島沖地震が発生。津波などにより一四ヶ国以上で二二万人以上が死亡				
二〇〇五（平成17）		【日本の出生数が一一〇万人を切り、戦後初めて総人口自然減少】	1・28	中教審「我が国の高等教育の将来像」答申（「高等教育計画の策定と各種規制」から「将来像の提示と政策誘導」へ）	1	「富士山を世界遺産にする国民会議」発足に参加
	2・16	京都議定書発効	4・1	学校運営協議会を制度化（平成16年6月9日地教行法改正、「コミュニティ・ス	4	財団法人新国立劇場運営財団理事長に就任
	2・28	スペシャルオリンピッ				

年	月日	社会の動き	月日	教育の動き	月	財団の動き
		クス長野大会開幕		クール」）		
	3~9	愛知で国際博覧会「愛・地球博」開催	4	大学・短大への進学率が初めて五〇%を超える	4	「こころを育む総合フォーラム」を創始
	4・25	JR福知山線で脱線事故が発生	11・30	政府・与党が義務教育費国庫負担制度の堅持、国庫負担の割合を三分の一とすることで合意（「三位一体の改革について」）		
二〇〇六（平成18）			10・1	内閣に教育再生会議を設置（閣議決定） 認定こども園制度発足		
			12・15	教育基本法の改正、12月22日公布・施行		
二〇〇七（平成19）		【米国で住宅バブルが崩壊しサブプライムローン問題が発生。世界同時不況の発端となる】	4・1	「特殊教育」から「特別支援教育」へ（平成18年6月5日学教法改正）	1	「こころを育む総合フォーラム提言」を発表
	10・1	日本郵政公社が民営化	4・24	全国学力・学習状況等調査を実施（四三年ぶりの全国一斉調査）	3	財団法人トヨタ財団理事長に就任（兼務）
			6・20	教育三法（学校教育法、地教行法、免許法・教特法の改正）（教員免許更新制の導入等）が成立	4	財団法人日本いけばな芸術協会会長に就任
二〇〇八（平成20）	5・12	中国で四川大地震が発生	3・28	新学習指導要領告示（幼小中）（「脱ゆとり」、授業時数増、小学校で「外国語活動」を新設）	2	新国立劇場バレエ団ワシントン公演
	6・8	秋葉原通り魔事件が発生	4・1	教職大学院開設		
	9・15	米国投資銀行リーマン・ブラザーズが経営破たん。世界的金融危機が発生（リーマンショック）	4~	初めて「全国体力・運動能力、運動習慣等調査」を実施		
	秋	小林誠氏、益川敏英氏がノーベル物理学賞を、下村脩氏が化学賞を受賞	7・1	第一期「教育振興基本計画」を閣議決定（平成20~24年度の施策等）		

二〇〇九（平成21）	1・28	国際通貨基金（ＩＭＦ）が世界全体の経済成長率が第二次世界大戦後最悪となる見通しを発表	4・1	教員免許更新制を導入	9	新国立劇場バレエ団モスクワのボリショイ劇場で公演
	8	民主党政権が誕生	4	四年制大学への進学率が初めて五〇％を超える		
二〇一〇（平成22）	1	チュニジアで長期独裁政権が崩壊（ジャスミン革命）	4・1	公立高校授業料無償制・高等学校等就学支援金制度を実施	5	「トルコにおける日本年」でトルコ訪問
	春	ギリシャ国家財政粉飾決算が暴露されたのを機に、欧州債務危機が発生	4・20	全国学力・学習状況等調査を抽出方式に変更		
	6・11	アフリカ大陸で初のワールドカップが開催（ＦＩＦＡワールドカップ南アフリカ大会）				
	秋	鈴木章氏、根岸英一氏がノーベル化学賞を受賞				
二〇一一（平成23）		【世界のインターネット利用者二〇億人、携帯電話契約件数五〇億件を超える】	3・11	東日本大震災の発生、学校関係、原発関係の諸対策を実施	3・31	新国立劇場理事長を退任
		【二〇一〇年の中国国内総生産が世界二位に】	4・1	小学校で新学習指導要領全面実施	4	トヨタ財団、パナソニック教育財団の「東日本大震災支援協同プロジェクト」の立ち上げ
	1	エジプト各地で、数万人規模の反体制デモが	4・22	義務標準法等を改正（公立小学校第一学年の学級編制の標準を四〇人から三五人に引下げ）		

		発生し、独裁政権が崩壊（エジプト革命）				
	3・11	東日本大震災が発生（日本国内観測史上最大）。福島第一原子力発電所で大規模な事故が発生				
	10	国連の推計で世界人口が七〇億人に				
二〇一二（平成24）	秋	山中伸弥氏がノーベル医学・生理学賞を受賞	4・1	中学校で新学習指導要領全面実施	2・23	「富士山を世界遺産にする国民会議」理事長に就任
	12・16	自民党が政権奪取	8・10	子ども・子育て関連三法案が成立（「幼保連携型認定こども園」を新類型として規定等）	4	トヨタ財団、パナソニック教育財団が連携して、子どもたちの「居場所づくり」プロジェクトを支援事業の開始
			10	大津市いじめによる自殺問題化		
二〇一三（平成25）	1・16	アルジェリアで日本人人質拘束事件が発生	1・24	教育改革実行会議の発足	1	パリでの富士山の絵画展に参加
				大阪市立桜宮高校バスケットボール部での体罰による生徒の自殺が表面化し社会問題化		

あとがき

本書ははじめ、私が辿ってきた仕事の道筋を、ごく簡単に記録にとどめておくことをねらいとしていた。相談にのってくれた、鎌倉の文士たちからの信頼も厚いかまくら春秋社の伊藤玄二郎代表からは、幼い頃の事どもも書き加えるように、また、仕事に絡む出来事もできるだけ詳しく書き残してみてはどうか、と勧められた。書きはじめてから、思いがけず時間が過ぎてしまった。伊藤代表とは、以前から時折、静岡高校出身の友人たちとの集いにご一緒することがあった。そんな時には、高校の先輩で歌舞伎通の山川静夫さんや作家の三木卓さんらよき友人たちとともに過ごした。そのご縁で、三木卓さんからは、過分な推薦文を頂戴してしまった。

執筆にあたり、自らのことを記すのはいささか気が引けることでもあって、しばしば戸惑い、躊躇することが多かった。しかしそのたびに、激動の時代を経てきた事実を物語っておくことは、社会的にも意義があるのではと励まされて、次第にこのような書が出来上がっていった。

たしかに、私の経てきた時代を振り返ると、戦前に生まれて空襲や食糧難を体験し、小学校時代は一年生の時に終戦を迎え、戦後日本の混乱期を生き、中学校時代に日本は講和条約の締結によって主権を回復し、高校や大学時代になるとやっと日本も落ち着きを取り戻しはじめた。その後世界も驚愕する急速な経済成長期を迎えた中で私は仕事に従事することができた。二十世紀末には中東の大国トルコで働き、海外から日本を見る機会が与えられた。その頃から日本の長い経済停滞が始まり、世界における日本の存在感も低迷を続けた。二十一世紀の声を聞いた直後、私は構造改革内閣の一員として政治の荒波の渦中に立って、得難い経験を積むこととなった。わが仕事史の半世紀は、まさに日本の焦土からの立ち上がりと繁栄、そして停滞と、この国のすさまじい変遷と軌を一にしている。

今、書き終えて振り返るに、私は常に自分のおかれた場所で、ただ、為すべきことを為してきた、というに過ぎない。公務員は多くの場合、二、三年で次々に職場やポストを変わるのが常であり、仕事に慣れて適応し無難に過ごすのが賢明のようである。私は与えられた職にあって、もし何か為すべきことを見出した場合には避けずに挑戦することとし、少しでも課題解決に導くことができれば、そのポストに在ることの責務が果たせるのでは、と考えて来ただけである。幸い、命ぜられた職において、ほとんどの場合に新たな問題が待っていた。そこで、課題を明確にし、解決策を考え、さまざまな人たちの協力を得て、それらの諸課題に取り組んでみた記録が、第I部の大半を占めている。したがって、それぞれの職に伴う通常の業務内容にはふれてはおらず、問題解決に集中してきた足跡を中心に述べている。

ただ、私はいつも前を向いて走り続けてきたがゆえに、済んでしまったことに関する記録は不十分で、簡単なメモしかなく、多くは記憶に頼るしかなかった。そこで事実に誤りなきを期すため、要所、要所については当時の複数の関係者に意見を聞き、あるいは原稿に目を通してもらった。それでもなお、書き足りない事象や人物、あるいは思い違いもあるに違いない。力及ばずの点は、どうかご海容賜りたい。また、写真を提供して下さった友人にもお礼を申し上げる。


私はこれまで仕事を為すにあたって、女性であることはあまり意識せず一職業人として歩んで来た。仮に壁となる人たちが出てくると、実力のある人ならば女性であることで差別をしない、と考えることにして乗り切ってきた。今や若い世代の皆さんは、最初からそうした壁に悩むことなく、伸び伸びと優れた才能を発揮して仕事に従事してくれていることをうれしく思う。ただ、日本では女性の活躍の場はまだまだ十分ではない。今後はさらに女性たちにチャンスを提供し、その力を存分に発揮してもらうことによって、さらに活力ある国となると確信する。

日本は最近、やっと長いトンネルの彼方に光が見え始めたことを喜びとするが、将来この国を支え発展させるのは、志高く、知力と勇気をもち、困難にめげることなく情熱を抱いて前進してくれる若者たちである。私たちの世代は、「よき日本人の精神と生き様」を若者たちに伝え、世界に打って出る彼らの活躍を支え、後押しをしていきたいものである。

さて、第Ⅱ部にご登場いただいたのは、五十年間の私の仕事史の折々にともに仕事をすることができた素晴らしい方々である。これらの方々の協力があってこそ、さまざまな課題を乗り越えることができたのはいうまでもなく、深い恩義を感じている。十五人の皆様にはご多端な中、古い話も厭わずに語っていただいたうえ、当時の状況の適切な描写やご感想を述べて下さり、往事のことが生き生きと思い起こされ感懐を覚えた。加えてそれぞれの方の知見や経験の深さが反映されており、参考になり学ぶべきことが多く、ひたすら有難いという気持ちで一杯である。

インタビューはすべて編集者にお任せし、まとめにあたっても一切注文はつけていない。ただ、必ずわが短所や失敗も聞き出してもらうように頼んだが、紳士淑女の皆さんは、その点は控えられむしろ過分な言葉をいただくことになってしまった。未熟な私とは程遠いくだりもある。かくて私は、少しでも皆さんが描写して下さったような生き方に近付くべく、これからの残りの日々を過ごして参りたい。

インタビュアーとしてお話を聞き、とり纏めてくれたのは、知人から紹介された読売新聞編集局の下田陽記者と伊藤玄二郎代表ご自身である。お二人ともごく忙しい時期に、時間を割いて応じて下さったことに対してお礼の言葉も見いだせない。伊藤代表には、夫嘉一との雑談の中で話を聞き出されてしまったようである。

また、本書大扉の「来し方の記」の揮毫《きごう》は、大学同期で駐スペイン大使などを務めた外交官で、現在全国書美術振興会の荒船清彦会長が快く引き受けて下さった。巻末の年表のうち教育政策史に関しては国立教育政策研究所からの助力を得ている。そして、本書の初めから完成まで終始静かな情熱をもって、誠心支えてくれたのがかまくら春秋社の井上悦子さんである。実に多くの方々の協力を得て出来上がった書である。かかわって下さった全ての方々に心より厚くお礼を申し上げる。

私にとって本書は、いわば七十年余を生かされてきたことへの感謝の書である。幼い時の父母の教え、富士山との出会い、さまざまな仕事との出会い、そこで出会えた人々とのこと、支えてくれた家族のこと、この全てに感謝である。本書は仕事を中心とした記録であるため、実はこれ以外にも様々な出会いや体験があって、今日の私があることはいうまでもない。交友録ではないため、本書の文脈からはその方々について触れることができなかったことは残念であり、お許し願いたい。

最近、夜空の星々を眺めていた時、上空を流れ去る星の軌跡を観ることがあった。その時、こうした美しい悠久の自然の営みに比べれば、私の経てきた出来事などは、何ほどのこともないと悟った。私は、夜空に一閃の光芒を放って宇宙に消え去る流星の一つであってよいと考えている。その流星をたまさか見つけて、心に刻んでくれる人がいれば、それで十分なのである。

時は早や、私の好む早春賦の季節となった。木々は芽ぐみはじめ、早蕨《さわらび》の萌え出る春の訪れも間近と心が弾む。谷間に春一番に咲きそめる辛夷の白い花が見られる日を待ちながら、そして、いつも変わらずに支えてくれているわが人生のパートナーである夫遠山嘉一にひそかに謝意を表して、筆をおきたい。

平成二十五年三月　早春の朝　山中湖畔にて

遠山　敦子

遠山敦子（とおやま　あつこ）
1962年東京大学法学部卒業後、文部省初の女性キャリアとして入省。高等教育局長、文化庁長官、駐トルコ共和国日本国大使、国立西洋美術館長を経て、2001年小泉内閣の文部科学大臣に就任（在任期間2年5ヶ月）。その後、新国立劇場運営財団理事長を務めた。現在は、トヨタ財団理事長、パナソニック教育財団理事長、日本いけばな芸術協会会長など。著書に『トルコ 世紀のはざまで』『こう変わる学校　こう変わる大学』ほか。

来し方の記
ひとすじの道を歩んで五十年

著　者　遠山敦子
発行者　伊藤玄二郎
発行所　かまくら春秋社
鎌倉市小町二―一四―七
電話〇四六七（二五）二八六四
印刷所　ケイアール
平成二十五年四月三十日　第一刷発行

ISBN978-4-7740-0594-2 C0095